"十四五"职业教育国家规划教材

创新型人才培养系列教材

外贸单证实务

微课版　第2版

林榕　吕亚君/主编

陈广/主审

CROSS—BORDER ELECTRONIC COMMERCE

人民邮电出版社

北京

图书在版编目（CIP）数据

外贸单证实务：微课版 / 林榕，吕亚君主编. -- 2版. -- 北京：人民邮电出版社，2023.7

跨境电子商务创新型人才培养系列教材

ISBN 978-7-115-61585-5

Ⅰ. ①外… Ⅱ. ①林… ②吕… Ⅲ. ①进出口贸易—原始凭证—高等学校—教材 Ⅳ. ①F740.44

中国国家版本馆CIP数据核字(2023)第058923号

内 容 提 要

本书基于外贸单证处理流程，分为外贸单证工作认知、信用证处理、缮制出口单证、缮制进口单证 4 个项目。依据学习目标，各项目提供典型的训练任务、支撑知识、任务分析与实施等内容，最后提供对应的综合训练。

本书配有微课、动画、图片等丰富的数字资源，生成二维码并在书中相应位置进行了标注，读者可随时用手机等移动设备"扫一扫"进行在线学习。本书提供的各种单证样本与全国外经贸单证专业培训考试试卷中的单证格式一致，能为读者顺利通过考试提供有力支撑。

本书既可作为国际经济与贸易、关务与外贸服务、现代物流管理等相关专业课程的教材，也可作为企业外贸单证员的参考及培训用书。

- ◆ 主　　编　林　榕　吕亚君
　　副主编　沈　倩　陈乃源
　　责任编辑　刘　尉
　　责任印制　王　郁　彭志环
- ◆ 人民邮电出版社出版发行　　北京市丰台区成寿寺路 11 号
　　邮编　100164　电子邮件　315@ptpress.com.cn
　　网址　https://www.ptpress.com.cn
　　北京天宇星印刷厂印刷
- ◆ 开本：787×1092　1/16
　　印张：13　　　　　　　　　　　　2023 年 7 月第 2 版
　　字数：309 千字　　　　　　　　2025 年 7 月北京第 4 次印刷

定价：49.80 元

读者服务热线：(010)81055256　印装质量热线：(010)81055316
反盗版热线：(010)81055315

前言
FOREWORD

党的二十大报告提出的"推进高水平对外开放""加快建设贸易强国""维护多元稳定的国际经济格局和经贸关系"等对培养堪当民族复兴重任的复合型外经贸人才提出了更高的要求。

本书是 2022 年职业教育国家在线精品课程"外贸单证实务"的配套教材。本书在外贸单证员岗位工作任务和职业能力分析的基础上，依据与外贸单证专家组共同开发的"外贸单证实务"课程标准，打破以知识体系为线索的传统编写模式，采用以外贸单证员的工作过程为线索，体现工学结合、任务驱动、项目教学的项目教材编写模式。本书注重以学生为主体，以培养学生的职业能力为核心目标，强调对各种外贸单证操作能力的训练，紧紧围绕工作任务的需要来选取理论知识。本书通过引入典型案例、分享行业前沿动态等，增强学生建设贸易强国的信心；培养学生严谨认真、诚信守信、遵纪守法的职业素养；拓展学生的国际视野；提升学生的个人修养。

本书基于外贸单证处理流程，分为外贸单证工作认知、信用证处理、缮制出口单证、缮制进口单证 4 个项目。

本书由林榕、吕亚君任主编，沈倩、陈乃源任副主编，陈广任主审，南京万通物流有限公司刘鹏参编，其中项目一和项目三的大部分内容由林榕编写，项目二主要由陈乃源编写，项目四和任务 3.5 主要由沈倩编写，书中的项目背景介绍、训练任务资料等由刘鹏编写，吕亚君负责统稿，陈广主审，南京万通物流有限公司提供了本书的各类单证样本等业务素材。

教师在使用本书进行教学时，可以先让学生以外贸单证员的职业身份尝试完成每个项目的工作任务；然后结合学生完成工作任务的情况进行任务分析，在任务分析过程中，对相关知识进行讲解，即建立知识链接；最后让学生完成综合训练，以进一步提升学生的外贸单证操作能力。

为了紧贴外贸业务实际，本书中的图片、合同、单证等一般都仿照真实文件的外观样式，但涉及的原交易当事人、交易内容等关键信息均已隐去，换以虚拟的公司机构名称、地址、交易内容等。所述内容如不慎与真实生活中的人物、组织或事件雷同，实属巧合，谨此声明。

编者
2023 年 4 月

目录

CONTENTS

项目背景介绍

一、背景描述

江苏时尚国际贸易公司（虚拟）是一家主营服饰、家用纺织品、家用电器、医药保健等多个类别商品的进出口贸易公司。凭借良好的信誉、优质的商品和服务，该公司与多个国家和地区建立了贸易关系，与数百家境内外客商保持着长期稳定的业务关系。

二、公司基本信息

企业名称：江苏时尚国际贸易公司

(JIANGSU FASHION INTERNATIONAL TRADE CORPORATION)

企业代码：68188567-×

企业类型：股份有限公司

法人代表：王浩

省份：江苏

城市：南京

地址：南京江宁区竹山路 358 号

(#358 ZHUSHAN ROAD,JIANGNING DISTRICT,NANJING,CHINA)

邮编：210078

电话：0086-25-54530×××

传真：0086-25-54530×××

三、公司组织结构图

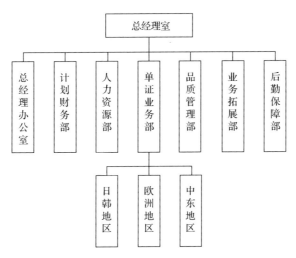

四、公司主要工作人员

王浩：公司总经理

曹帆：单证业务部经理

张华：日韩地区业务分部经理

周杰：欧洲地区业务分部经理

郑成：中东地区业务分部经理

张蓉：日韩地区业务分部资深外贸单证员，工作经验 10 年

王鸿：欧洲地区业务分部外贸单证员，工作经验 1 年

白琳：中东地区业务分部外贸单证员，工作经验 2 年

李华：某高职院校实习生

项目一

外贸单证工作认知

 **任务 1.1** 认识外贸单证工作

学习目标

能力目标：

能结合外贸单证员的职业要求不断提高自身的职业素质。

知识目标：

了解外贸单证员的职业要求及外贸单证工作的重要性。

素养目标：

拓展国际视野，增强国家使命感和社会责任感，努力树立国际贸易中的"中国形象"。

训练任务

由于业务扩展需要，公司今年准备引进 1～2 名大学生到单证业务部从事外贸单证工作。李华是即将毕业于某高职院校国际经济与贸易专业的学生，已经取得了外经贸单证专业证书，应聘成为公司的一名实习外贸单证员。为提高新进员工的业务素质，单证业务部经理曹帆要求日韩地区业务分部资深外贸单证员张蓉对李华进行为期一周的岗前培训。张蓉为李华准备了 3 份实际业务资料，要求李华利用相关知识分析实际业务资料，以提高对外贸单证工作的认识。

任务 1

公司与澳大利亚某客商签订了一份贸易合同，目的港为墨尔本。欧洲地区业务分部外贸单证员王鸿在制单时将目的港误填为悉尼，以致货物错达该地，不仅增加了公司的运输成本，而且延误了公司的交货日期。经公司和澳大利亚客商的再三交涉，最后双方以货物价值的 80%付款达成一致。请思考一名合格的外贸单证员应具备哪些职业素质、知识和能力。

任务 2

2022 年 3 月 12 日，王鸿到银行办理公司的一笔业务的议付，银行对全套单据进行审核后却予以拒付。经查，原来公司对外出口到美国的这批丝绸服装，对方开来的信用证规定"保险单一式两份，投保海洋运输货物平安险，包括转船险……"王鸿认为这批货物由启运港直达目的港，中途不转船，所以就没有投保转船险。但银行认为信用证要求投保转船险，而保险单上缺少转船险，属于单证不符。请结合本业务资料，谈谈外贸单证工作的重要性。

任务 3

公司向加拿大 A 公司出口一批牛仔服装，合同规定 4 月装运。A 公司于 4 月 10 日开来不可撤销信用证，此证按《跟单信用证统一惯例》的规定办理。证内规定：装运期不得晚于 4 月 15 日。外贸单证员考虑在短时间内公司来不及办理租船订舱业务，立即通过电子邮件要求 A 公司将装运期延至 4 月 30 日。随后 A 公司来电称：同意后延装运期，有效期也顺延半个月。公司于 4 月 25 日装船，提单签发日为 4 月 25 日，并于 4 月 25 日将全套符合《跟单信用证统一惯例》规定的单据交银行办理议付，但遭银行拒付。结合本业务资料，谈谈外贸单证工作在国际结算中的作用。

支撑知识

素养点睛：请思考一名外贸单证员应对谁承担负责？具备何种工作品质？

❋ 一、外贸单证员的职业要求

外贸单证员是指外贸企业在业务履行过程中，根据贸易合同、信用证条款进行缮制和出具各种单据、证书的工作人员。其处理的是国际商品买卖过程中的单证制作、验审等工作，工作范围包括收证、审证、制单、审单、交单、归档等一系列活动。根据外贸单证工作的特点，一名合格的外贸单证员必须具备下列职业素质、专业知识和职业能力。

1．外贸单证员职业素质要求

（1）自觉践行社会主义核心价值观，维护国家和人民的利益，坚定为中国特色社会主义共同理想而奋斗的信念和信心。

（2）充分认识外贸单证工作的重要性，热爱外贸单证工作，责任心强，对工作一丝不苟，兢兢业业，能尽力减少差错，保护企业的利益，为企业树立优良的形象。

（3）具有良好的合作意识，能从全局出发正确处理有关事宜。

（4）勤奋工作，精益求精，努力学习，积极进取。

（5）遵纪守法，遵守外贸工作纪律，遵守企业的各项规章制度。

2．外贸单证员专业知识要求

（1）掌握我国外贸工作的有关方针、政策和法律，有较丰富的国际政治、经济、法律、地理、风俗、物产、人文等方面的知识。

（2）掌握外贸的基本知识，熟悉支付方式、价格条件、各种运输方式和条款，以及保险的基本知识。

（3）具备国际结算和汇兑方面的知识，掌握并熟练运用国际现行有关信用证和托收业务的统一惯例。

（4）了解与外贸单证工作相关的外汇银行功能和银行处理进出口单证方面的基本知识，熟悉交通运输部门、海关、保险公司、商检机构、中国国际贸易促进委员会、银行等的必要工作程序，以便协调工作。

（5）熟悉世界主要港口、航线和各主要贸易国（地区）海关对于有关单据的特殊要求与惯例，了解各种运价、保费及银行、商检费用的计算方法。

3．外贸单证员职业能力要求

外贸单证员应具备单据缮制能力、单据处理能力、信息处理能力、人际沟通能力、综合管理能力、持续学习能力等职业能力。

（1）单据缮制能力

外贸单证员应能独立缮制商业发票、装箱单、保险单、汇票等进出口收付汇单据，做到所提供的单证内容完整，份数齐全，数据准确，表面清洁美观，保证单证一致、单单一致、单货一致和证同一致。

（2）单据处理能力

如果意外丢失或损坏单证，外贸单证员应能尽快与相关方联系，寻求补救措施。外贸单证员如果发现单证中的错误，应立即通知相关方并请求更正。确保双方就错误达成一致意见，并确保在以后的交易中避免再次出现类似问题。如果遇到延迟交付问题，应及时通知相关方并寻求解决方案。这可能涉及与供应商或承运人协商，以确保问题得到及时解决。

（3）信息处理能力

外贸单证员应能收集、筛选、分类、统计和汇总单据信息；能根据订单或合同编制合同号，建立客户资料档案。

（4）人际沟通能力

外贸单证员应能根据生产通知单和业务员确定的货价，联系货代并确认费用，同时建立货代资料档案；能根据进仓通知，告知业务员并通知生产部门准备发货，同时准备报关资料并寄给货代，最后进行提单确认。

（5）综合管理能力

外贸单证员应能有效进行信用风险管理和汇率风险管理，合理进行进出口融资管理，系统全面地进行整个进出口业务的操作管理。

（6）持续学习能力

外贸单证员应能及时更新资讯，跟上时代发展节奏，并通过不断学习补充进出口贸易和国际结算等的相关知识。

❊ 二、认识外贸单证工作的重要性

1．外贸单证的定义

外贸单证是在进出口业务中应用的单据、文件与证书的统称，买卖双方凭借这些单证处理货物的交付、运输、保险、商检、结汇等工作。

2．外贸单证的分类

（1）按性质，外贸单证可分为金融单证和商业单证

金融单证主要包括汇票、本票、支票及用于收款的其他单证。商业单证主要包括发票、运输单据、权利证书及其他不属于金融单证的单证。

（2）按使用频率，外贸单证可分为基本单证和附属单证

基本单证是出口商在一般情况下必须提供的单证，包括商业发票、运输单据和保险单。附属单证是指在某种特殊情况下，买方要求卖方协助提供的单证。附属单证可分两类，一类是进口国（地区）官方要求的单证，如领事发票、海关发票、原产地证书、检疫证、黑名单证明、出口许可证、装船证明等；另一类是买方要求卖方说明货物详细情况的单证，如装箱单、重量单和品质证等。

（3）按涉及的交易双方，外贸单证可分为进口单证和出口单证

进口单证是指进口国（地区）的企业及有关部门所涉及的单证，包括进口许可证、进口报关单、保险单、开证申请书等。出口单证是指出口国（地区）的企业及有关部门所涉及的单证，包括出口许可证、出口报关单、装箱单、商业发票、保险单、汇票、检疫证、原产地证书等。

（4）《跟单信用证统一惯例》对外贸单证的分类

在《跟单信用证统一惯例》2007 年修订本（以下称 UCP 600）中，其述及的单据有商业发票，多式联运单据，海运提单，不可转让的海运单，航空运单，公路、铁路或内陆水运单据，快递收据、邮政收据或投邮证明及保险单据。

3．外贸单证工作的重要性

外贸单证工作贯穿外贸企业的外销、进货、运输、收汇的全过程，工作量大，时效性强，涉及面广，除了需要外贸企业内部各部门互相合作，还必须和银行、海关、交通运输部门、保险公司、商检机构等发生多方面的联系，相互影响，互为条件。

（1）外贸单证是国际结算的基本工具

> **案例分析：**
>
> 江苏时尚国际贸易公司对外出口一批货物，合同规定4月10日交货，因4月10日前无船去该国，公司立即与进口商联系延期20天。对方表示同意以后，公司在4月25日装船，并持全套单据向议付行进行议付。银行审单后，予以拒付。为什么？

随着国际贸易的发展，国际贸易货物单据化使货物买卖通过单据买卖实现。卖方交单则意味着交付了货物，而买方付款赎单则代表买到了货物。双方的结算不再以货物为依据，而是以单据为依据。尤其是按 CIF（Cost, Insurance and Freight，成本、保险费和运费）成交并以信用证为支付方式的合同，是典型的"单据买卖合同"，即所谓的象征性交货——银行及所有当事人处理的是单据而不是实际的货物。若单据中有不符合信用证要求的地方，开证行可以拒绝承担付款责任，买方可拒付货款。UCP 600 第五条规定："银行处理的是单据，而不是单据可能涉及的货物、服务或履约行为。"第十四条 a 款又规定："按指定行事的指定银行、保兑行（如果有的话）及开证行须审核交单，并仅基于单据本身确定其是否在表面上构成相符交单。"因此，在国际贸易中，外贸单证工作中的任何差错都会给双方带来不同程度的经济损失。

素养点睛： 外贸单证是国际结算的基本工具，外贸单证员在工作中必须遵守有关法律法规和国际惯例，树立国际贸易中的"中国形象"，增强国家使命感和社会责任感。

（2）外贸单证是国际贸易合同履行的必要手段

合同签订以后，接下来的备货、装运、收取货款等环节都需要卖方完成相应单据的缮制、处理、交接和传递工作，以满足交通运输部门、银行、保险公司、商检机构、海关等对出口贸易的管理等多方面的要求。在国际贸易业务中，无论是使用信用证支付，还是使用其他如托收、汇付等支付方式，出口商不仅有交付货物的义务，还有移交单据的义务。

国际贸易合同履行过程中的外贸单证按功能可分为两类：一类具有商品属性，有表示所交货物详情的（如商业发票、装箱单），有代表货物所有权的（如海运提单），有为货物在运输途中可能遭遇的毁损和灭失承担风险的（如保险单）；另一类具有货币属性，有直接充当货币的（如汇票、本票、支票），有为支付做出承诺或保证的（如信用证、银行保证书等）。每种外贸单证都有其特定的功能，它们的签发、组合、流转和应用反映了合同履行的进程，也反映了买卖双方权责的产生、转移和终止。由此可见，外贸单证是国际贸易合同履行的必要手段。

（3）外贸单证工作是外贸企业经营管理的重要环节

> **案例分析：**
>
> 江苏时尚国际贸易公司与澳大利亚客商签订了一份贸易合同，目的港为墨尔本。外贸单证员王鸿在制单时误将目的港填为悉尼，以致货物错达该地。设想一下，此举会给公司带来哪些经济影响？

外贸单证工作是外贸企业经营管理中一个非常重要的环节，外贸单证工作组织管理的优劣直接关系到外贸企业的经济利益。进出口业务程序繁多，涉及的部门也很多，通常贸易合同的签订、信用证条款的设置、货源衔接、审证改证、交货、交单议付等业务管理环节中存在的问题，最后都会在外贸单证工作中集中反映出来。外贸单证工作如能按照信用证或合同的要求，做到及时、准确、完整地反映货、船、证等业务的管理现状，不仅可以有效减少差错事故的发生，弥补经营管理的缺陷，还可以节约各种费用，提高企业的经济效益，增加企业的创汇收入。本案例中，王鸿的疏忽一方面会造成"单证不符"，使公司不能及时、安全收汇；另一方面也会增加公司的运输成本，影响公司的经济效益。

　　素养点睛： 外贸单证出错会给企业带来经济损失，外贸单证员在工作中必须兢兢业业、减少差错，保护企业的利益，为企业树立优良的形象。

　　4. 外贸单证工作是政策性很强的涉外工作

　　外贸单证工作是一项政策性很强的涉外工作，体现了平等互利和按国际惯例办事的政策精神。一方面，外贸单证作为涉外商务文件，体现了国家（地区）的对外政策。例如进出口许可证关系到国家（地区）对某些进出口商品的计划管理，甚至还会涉及两国（地区）之间的贸易协定，因此外贸单证工作必须严格按照国家（地区）有关外贸的法规和制度进行。另一方面，外贸单证主要用于交单结汇，是发生纠纷时处理争议的重要依据，因此是重要的涉外法律文件，必须与《跟单信用证统一惯例》《关于审核跟单信用证项下单据的国际标准银行实务》《跟单信用证项下银行间偿付统一规则》《2020 年国际贸易术语解释通则》等有关国际法律、规则、惯例相适应。因此，外贸单证员不但要熟悉各种国际惯例，而且要熟悉世界各国（地区）不同的习惯、要求及有关规定，这样才能满足外贸单证工作的需要，保证及时、安全收回货款。

任务分析与实施

　　任务 1 分析： 外贸单证员是指外贸企业在业务履行过程中，根据贸易合同、信用证条款进行缮制和出具各种单据、证书的工作人员。其处理的是国际商品买卖过程中的单证制作、验审等工作。外贸单证员工作繁忙且辛苦，一名优秀的外贸单证员必须具有高尚的品德和良好的职业素养，具备与运输、装卸搬运、保管、配送、报关等相关的物流专业知识和对外贸易与国际结算方面的相关知识，具有较强的组织、协调、沟通能力，具有较强的分析及判断能力，具有较强的文字表达与书写能力，具有单据缮制能力、单据处理能力、信息处理能力、人际沟通能力、综合管理能力、持续学习能力等职业能力。

　　任务 2 分析： 根据 UCP 600 第五条和第十四条 a 款的规定，江苏时尚国际贸易公司实际交付的货物虽然符合合同及信用证要求，但公司外贸单证员对外贸单证工作没有严格把关或缺乏有关业务知识，没有按信用证要求投保转船险，造成"单证

"不符"，从而导致开证行拒付，使得公司不能安全、及时收汇。所以，正确地缮制各种外贸单证，以保证交货后能及时地收汇就显得十分重要。

任务 3 分析：信用证一经开出，即独立于合同之外，买卖双方的权利和义务皆以信用证规定为准。江苏时尚国际贸易公司和 A 公司磋商后延船期，只停留在合同层面，并没有修改信用证中的对应条款。银行在审核信用证时一旦发现单单不一致或单证不一致就会拒付，并且不会顾及买卖双方是如何约定的。外贸单证员没有严格遵守信用证修改业务流程，导致单证不一致，给及时结汇带来影响。由此可见，外贸单证是国际结算的基本工具，也是履行合同的必要手段。

 综合训练

训练 1

请结合自身实际，谈谈要成为一名合格的外贸单证员应从哪些方面提高自身的素质。

训练 2

2022 年 11 月 3 日，江苏时尚国际贸易公司与韩国 WWW 贸易有限公司签订了一份贸易合同。11 月 5 日，对方开来信用证，部分条款规定如下。

350 PARTS OF SHIRT, PRICE: USD 35.00/PART, C&F PUSAN, SHIPMENT FROM NANJING, SHIPPING MARK TO BE "WWW/381 AND 451/PUSAN" ONLY.

江苏时尚国际贸易公司根据上述信用证条款，在装运后即备齐单据向议付行交单。未料到单据寄到韩国后，开证行提出以下拒付意见。

第××号信用证项下单据存在以下不符点。

（1）你方提单及发票等单据上的运输标志与信用证上的运输标志不符。信用证上的运输标志为 "WWW/381 AND 451/ PUSAN"，你方提单及发票等单据上的运输标志为 "WWW /381 & 451/ PUSAN"。

（2）信用证规定的价格条款为 "USD 35.00/ PART, C&F PUSAN"，你方发票上显示的价格条款为 "USD 35.00/ PART, CFR PUSAN"。

根据上述单证不符情况，我行无法付款。单据暂代保管，请告处理意见。

请联系实际分析外贸单证工作的重要性。

任务 1.2 初识外贸单证缮制

学习目标

能力目标：

能结合缮制外贸单证的基本要求正确分析外贸单证工作中的不符之处。

知识目标：

掌握缮制外贸单证的基本要求、基本依据和工作流程。

素养目标：

具备严谨的工作态度和精益求精的工作精神，树立振兴我国外贸事业的信心。

训练任务

任务 1

2022 年 4 月，江苏时尚国际贸易公司出口一批服装到美国沃尔玛百货有限公司（Wal-Mart Stores, Inc.）。来证规定："24 bags of Shirts Packing: In Carton cases each containing 30 Parts.Shipping Mark to be WAL-MART/SEATTLE."（24 包，包装：纸箱，每箱装 30 件。唛头为"WAL-MART/SEATTLE"。）

江苏时尚国际贸易公司根据该证规定于 9 月 6 日装货完毕，9 月 8 日对外寄单，9 月 16 日却接到开证行的拒付电：

"第××号信用证项下的单据经我行核对，发现以下不符点。发票上对货物包装的表示为'In Carton cases each containing 30 Parts.'装箱单对货物包装的表示却为'In Carton cases each containing 30 Packages.'提单、发票、保险单和检验证书上的唛头都表示为'WAL-MART/SEATTLE'，唯独装箱单上的唛头为'As per invoice'。经联系，对于以上不符点，申请人亦不同意接受。单据暂代保管，如何处理听候你方复电。"

公司外贸单证员王鸿接到该电后，认为开证行完全是没事找事，他认为，发票上对货物包装的表示为"In Carton cases each containing 30 Parts"，装箱单对货物包装的表示为"In Carton cases each containing 30 Packages"，两者意思完全一样，其差别只是发票上将"件"表示为"Parts"，装箱单上表示为"Packages"，但从概念上讲，两者没有明显的差别。装箱单上的运输标志为"As per invoice"，表示装箱单上的唛头和发票上的唛头内容是一样的，即"WAL-MART/SEATTLE"。所以，所有单证都是单证一致的。

请根据外贸单证缮制的基本要求分析：上述外贸单证在缮制过程中是否存在不符点？

任务 2

西班牙某公司于 2022 年 4 月向江苏时尚国际贸易公司询价，拟购买机织长裤（WOVEN TROUSERS），双方经过多次讨价还价，最终在 2022 年 4 月 18 日共同签署了购销合同（SALES CONTRACT NO.：4543278641）。合同签订后，买方按照合同的规定在 2022 年 4 月 20 日开来信用证。如果你是江苏时尚国际贸易公司的外贸单证员，应做哪些外贸单证缮制准备工作？

支撑知识

素养点睛： 外贸单证员在审核一份国（境）外来证的时候，发现有几处与合同的内容不相符，但似乎不影响双方的交易，必须提出修改吗？

外贸单证工作是有严格要求的，外贸单证员必须遵守，并以严谨的工作态度和规范的工作精神争取与外商的长期合作，实现互利共赢。

外贸单证的缮制必须符合有关惯例、法令规定及实际需要，各种外贸单证原则上应做到"正确、完整、及时、简明、整洁"。

✳ 一、缮制外贸单证的基本要求

1．正确

正确缮制外贸单证至少包含以下两个方面的内容。

一方面要求各种单据必须做到严格相符，即信用证结算方式下单据与信用证相符（单证相符），非信用证结算方式下单据与合同相符（单同相符）；单据与单据相符（单单相符）；单据与实际货物相符（单货相符）。其中，单证相符（或单同相符）是前提，离开这个前提，即使单单相符，也会遭到银行拒付。对银行来说，它们通常只控制"单证相符"（或"单同相符"）和"单单相符"，外贸出口企业还需要严格控制"单货相符"，这样才能正常履约、安全收汇。

微课：缮制外贸单证的基本要求

另一方面要求各种单据必须符合有关国际惯例和进出口国（地区）的有关法令和规定。在信用证业务中，单据的正确性要求精确到不能有一字之差，同时还要求出口商出具的单据种类、份数和签署内容等必须与信用证的规定相符。所以，外贸单证员在缮制单证时一定要严格遵守信用证的要求。

2．完整

外贸单证的完整性是构成外贸单证合法性的重要条件之一，是外贸单证成为有价证券的基础，它主要包含以下 3 个方面的内容。

（1）单据内容完整。单据内容完整即每一种单据本身的内容（包括单据本身的格式、项目、文字、签章和背书等）必须完备齐全，否则就不能构成有效文件，也就不能被银行接受。

（2）单据种类完整。外贸单证在通过银行议付或托收时，要求单据必须是成套齐全的，遗漏任何一种单据都属于单据种类不完整。单据应严格按照信用证规定一一照办，除主要单据外，一些附属证明、收据一定要及时催办，不得遗漏。目前，境外有些地区开来的信用证所列条款日趋繁杂，所需外贸单证类别繁多，除商业发票、运输单据和产地证等主要单据外，还有装箱单、产地证等附属证明，外贸单证员在外贸单证的缮制过程中必须密切注意，及时催办，防止遗漏。

（3）单据份数完整。单据份数完整要求出口商提供的各种单据要按信用证或买卖合同和国际惯例的要求如数交齐，不能短缺。尤其是提单的份数应注意按要求出齐，避免多出或少出。

3．及时

外贸单证工作的时间性很强，外贸单证员在缮制外贸单证时必须把握好装运期、交单期等。及时出单包括以下两个方面的内容。

（1）各种单据的出单日期必须符合逻辑。每一种单据的出单日期不能超过信用证规定的有效期限或按商业习惯要求的合理日期。例如保险单、检疫证的日期应晚于发票的签发日期等，否则就会造成单证不符。

（2）交单议付不得超过信用证规定的交单有效期。有些信用证除了规定交单有效期外，另外规定了交单期限。如果信用证没有规定交单期限，按 UCP 600 规定："如果单据中包含一份或多份受第十九、二十、二十一、二十二、二十三、二十四或二十五条规制的正本运输单据，则须由受益人或其代表在不迟于本惯例所指的发运日之后的二十一个日历日内交单，但是在任何情况下都不得迟于信用证的截止日。"

4．简明

简明是指外贸单证的内容应力求简化。其目的是提高外贸单证的质量和减少外贸单证的差错，提高工作效率。

5．整洁

所谓整洁，是指外贸单证表面整齐洁净、美观、大方，内容简洁明了，格式的设计和外贸单证的缮制力求标准化与规范化。外贸单证内容的排列要行次整齐、主次有序、重点项目突出醒目，字迹清晰，语言通顺、语句流畅，用词简明扼要、恰如其分，更改处要盖校对章或简签。外贸单证是否整洁，不但反映出外贸单证员的业务熟练程度和工作态度，还会直接影响出单的效果。如果正确和完整是外贸单证的内在质量，那么整洁则是外贸单证的外在质量，它在一定程度上反映了一个国家（地区）和一家企业的业务水平及技术水平。

❋ 二、缮制外贸单证的基本依据

1．贸易合同

贸易合同是制单和审单的首要依据，缮制外贸单证时的商品名称、规格、数量、价格条件、运输方式、付款方式均应符合贸易合同及贸易双方函电的规定。

2．信用证

在以信用证为支付方式的交易中，信用证取代贸易合同成为主要的制单依据。信用证项下开证行承担第一性的付款责任，开证行付款的原则是"只凭信用证而不论合同"，各种单据必须完全符合信用证的规定，开证行才承担付款的责任。如果信用证的条款与贸易合同互相矛盾，则要修改信用证以求"证同一致"。如果不修改，则应以信用证为准。根据 UCP 600 第十条 c 款规定：在受益人向通知修改的银行表示接受该修改内容之前，原信用证（或包含先前已被接受修改的信用证）的条款和条件对受益人仍然有效。受益人应发出接受或拒绝接受修改的通知。如受益人未提供上述通知，当其提交至被指定银行或开证行的单据与信用证以及尚未表示接受的修改的要求一致时，则该事实即视为受益人已做出接受修改的通知，并从此时起，该信用证已被修改。

3．相关国际惯例

国际贸易中的相关国际惯例，如《跟单信用证统一惯例》《关于审核跟单信用证项下单据的国际标准银行实务》《2020 年国际贸易术语解释通则》等文件都是正确缮制外贸单证的依据。

扩展阅读/素养园地

从第二十四届中国国际投资贸易洽谈会看中国高水平对外开放

2024 年 9 月 8 日至 11 日，美丽鹭岛再迎八方来客，共商合作共赢机遇。以"投资链接世界"为主题的第二十四届中国国际投资贸易洽谈会在福建省厦门市举办，吸引了 120 个国家和地区、18 个国际组织、1000 多个境内外政府机构及工商企业团组、近 8 万名客商参展参会。

本届投洽会期间，688 个项目达成合作协议，计划总投资额达 4889.2 亿元，传递出中国与世界各国共享发展机遇、共谋合作共赢的积极信号。

2024 年 1 月至 7 月，全国新设立外商投资企业 31654 家，同比增长 11.4%，实际使用外资 5394.7 亿元，引资结构持续优化。投洽会期间发布的《中国双向投资报告 2024》显示，作为全球第二大外资流入国。中国大市场正持续打造全球创新的"强磁场"，"投资中国就是投资未来"成为各方投资者的共识。

❈ 三、缮制外贸单证的工作流程

缮制外贸单证的工作流程就是进出口双方履约的过程。进出口双方在此过程中必须加强合作，力求各项工作做到细致准确，尽量避免在某些环节中出现错漏，避免出现单证不一致的情况。

1．出口外贸单证工作流程

（1）发送订单与备货

在本阶段,进口商应按贸易合同或销售确认书规定的时间和方式向出口商发送订单，出口商在收到订单后一般需发送订单回执予以确认，然后向国内的生产商或供应商订货，签订购货合同。生产商或供应商在向外贸仓库发货的同时，要求外贸仓库签收送货单。外贸仓库收到货物后，向出口商签发进仓单。

（2）催证、审证与改证

在备货的同时，出口商应催促进口商开出信用证。收到信用证后，出口商应对信用证号码、合同号码、开证申请人、开证银行、总金额、装运期、有效期等进行登记。出口商在银行审证的基础上，应对信用证进行全面、认真、仔细的审核，若发现信用证中有与合同规定不符或与我国相关制度不符或其他影响及时安全收汇的条款，可以要求对方进行修改，在收到修改书后再组织发货。

（3）缮制商业发票和箱单

商业发票是出口单据的核心，其他单据的主要内容都是根据商业发票制作的。箱单指装箱单、重量单、尺码单等，是商业发票的补充单据。

（4）租船订舱

在 CIF 或 CFR（Cost and Freight，成本和运费）条件下，租船订舱是出口商的主要职责之一。如出口货物数量较大，需要整船装运的，则要对外办理租船手续；如出口货物数量不大，无须整船装运的，可由外运公司代为洽订班轮或租订部分舱位。

（5）出境货物检验检疫申请并报验

出口商备齐货物，将货物按合同规定包装并刷涂好运输标志准备装运。凡属国家规定或合同规定必须检验检疫的商品，在货物备齐后，出口商应于报关或装运前向海关申请检验检疫，填写《海关出境货物检验检疫申请》。经检验检疫合格，海关才准放行。货物经检验检疫合格，出口商应在有效期内将货物运出，如超出有效期，出口商应申请展期，并由海关复验合格后才能出口。申请检验检疫时，出口商根据需要提交下列单据：合同、信用证、商业发票、装箱单、厂检单、包装性能结果单、许可/审批文件等。

（6）缮制出口货物报关单并报关

货物出运 24 小时前，出口商应填写"出口货物报关单"，随附合同、商业发票、装箱单、装运单或运单等，如有需要，还需提供出口许可证等特殊管理证件。报关时，出口商凭报关单向海关申报，海关验明货物无误后对货物放行，然后货物才能装上运输工具出运。

（7）缮制保险单证

对于以 CIF 或 CIP［Carriage and Insurance Paid to，运费、保险费付至（指定目的地）］条件成交的合同，在货物集港之前，出口商应该缮制投保单，凭此向保险公司申请办理保险，并取得相应的保险单。保险单由保险公司缮制并签发。

（8）缮制运输单据

① 在 CFR 或 CIF 条件下，海运提单是承运人或其代理人应托运人的要求所签发的货物收据。卖方（发货方）将货物交给承运人（船方）后，承运人向卖方开具一套海运提单。

② 在空运情况下，由航空公司凭出口商的"空运货物委托书"的内容缮制并签发"航空运单"。

③ 在陆路运输的情况下，由外运公司缮制并签发"承运货物收据"。

④ 在大陆桥运输的情况下，由外运公司缮制并签发"联合运输单据"。

上述单据是出口商向银行议付的重要单据，外运公司等应严格按合同、信用证的规定缮制。同时，在货物装运后，出口商应及时向进口商发出装运通知，使对方及时掌握装运信息，做好相关准备。

（9）审单与交单结汇

各种外贸单证缮制或获取完毕后，外贸单证员要对所有外贸单证进行审核。外贸单证的审核方法有纵横审单法、先数字后文字审单法、按装船日期审单法、分地区客户审单法、先读后审法、先审后读法等。在确认单证完备、单证一致、单单一致、单同一致后，出口商应在信用证的有效期和交单期内向当地银行交单议付。

2．进口外贸单证工作流程

（1）申请开立信用证

进口合同签订后，进口商应该按合同规定的时间向银行申请开立信用证。

（2）开证和改证

银行应根据申请人的申请开出信用证并寄交境外通知行，境外通知行对信用证进行审核后将其转交给出口商。若信用证需要修改，应立即由开证申请人向开证行递交修改申请书，要求开证行办理修改手续。

（3）租船订舱与投保

① 租船订舱。对于按 FCA（Free Carrier，货交承运人）或 FOB（Free on Board，装运港船上交货）条件成交的进口合同，进口商在接到出口商预计装船日期的通知后应及时办理租船订舱手续，并将船名、航次及船期通知出口商，以便出口商备货装运。

② 投保。对于按 FOB、CFR、FCA 和 CPT ［Carriage Paid to，运费付至（指定目的地）］ 条件成交的进口货物，进口商应自行办理保险。为简化投保手续和避免漏保，一般采用预约保险的做法，即被保险人（投保人）和保险人就保险标的物的范围、险别、责任、费率及赔款处理等条款签订长期性的保险合同。投保公司在获悉每批货物启运时，应将船名、开船日期及航线、货物品名及数量、保险金额等内容，以书面形式定期通知保险公司。属于预约保险合同范围内的货物一经启运，保险公司即自动承担保险责任。

未与保险公司签订预约保险合同的进口商，则采用逐笔投保的方式，即在接到境外出口商的装船通知或发货通知后，立即填写装货通知或投保单，注明有关保险标的物的内容、装运情况、保险金额和险别等后交给保险公司，保险公司接受投保后签发保险单。

（4）审单付汇

信用证项下的全套单据经开证行审核后送交进口商，进口商审核认可后，开证行即对外付款。托收项下的货运单据也由银行转交给进口商，但不管是出口商的托收银行还是进口商的代收银行均不负单据审核的责任，因此进口商有必要加强对单据的审核。

（5）进口报关

货物运达进口商指定目的地后，进口商缮制"进口货物报关单"并附进口许可证正本（如需要）和贸易合同、进口发票、装箱单、运输单据等的副本，向进口地海关申报进口，经海关查验单据和货物相符、核定进口关税，进口商付清关税及进口环节税后即可凭正本运输单据或有关证明向承运企业或其代理商办理提货。

（6）货物到达后的检验

货物到达后，进口商应抓紧做好数量和质量的检验工作，属于法定检验商品的必须由海关检验。对于在合同索赔有效期内取得海关的检验证书，并列入国家（地区）规定的动植物检疫范围的进口货物，进口商应申请进行消毒和检疫。货物卸下后发现有残损的，进口商须及时通知保险公司做残损检验并协商赔款事宜。

 任务分析与实施

任务 1 分析：外贸单证的缮制必须做到单证一致、单单一致。信用证规定的计量单位为"Parts"，则所有单据都必须以"Parts"表示。而本业务中的发票上表示为"Parts"，装箱单上却表示为"Packages"。虽然，公司外贸单证员王鸿解释"Parts"与"Packages"都表示单位"件"，但银行只考虑两种单据在表面上是否完全相符，表面上不相符就是单与单之间不相符。信用证明确规定了具体的唛头，外贸单证员王鸿在缮制其他单据时都依照信用证规定做了表示，而唯独装箱单与其表示不一致。即使按外贸单证员王鸿所解释的"As per invoice"（按照发票）与发票上所表示的唛头一样，但是与哪一份发票一样呢？装箱单上并未说明"与第××号发票一样"。因此，单与单之间明显不相符。

任务 2 分析：在本业务中，外贸单证员在整个贸易过程中要完成以下外贸单证的缮制、审核工作：审核信用证、制作发票与装箱单、办理托运并审核运输单据、办理商检手续、办理原产地证书、办理投保并审核保险单（CIF、CIP 术语需要）、办理出口报关手续、发送装运通知、制作受益人证明、出具汇票（如信用证要求）等。

综合训练

训练 1

江苏时尚国际贸易公司拟开展钛合金材料进口贸易业务，计划进口钛合金材料2000 千克，并交本公司业务拓展部与单证业务部办理。接受任务后，日韩地区业务分部经理张华首先对拟进口的商品进行商品归类并查阅我国对该类商品的贸易管制规定。他了解到拟进口的钛合金材料属于法定检验商品，未实施许可证或配额限制管理。业务拓展部经多方调研和查询，最终选择日本某公司作为供货商。经双方多次磋商，江苏时尚国际贸易公司与日本某公司签订了进口合同。请以江苏时尚国际贸易公司外贸单证员的身份分析本业务所需的全套进口单证及基本制作流程。

训练 2

江苏时尚国际贸易公司凭即期不可撤销信用证出口一批服装，合同规定装运期为 2022 年 8 月。签约后，对方及时开来信用证，江苏时尚国际贸易公司根据信用证的要求及时将货物装运出口，但在制作单据时，外贸单证员王鸿将商业发票上的商品名称按照信用证的规定缮制为"women's jacket"，而运输单据上填写的该商品的名称为"jacket"。

请根据制单要求分析：开证行可否以信用证与运输单据不符为由拒付货款？为什么？

训练 3

江苏时尚国际贸易公司收到一份境外开来的信用证，信用证规定：最后装船日为2022 年 8 月 15 日，信用证有效期为 2022 年 8 月 30 日，交单期为提单日期后 15 天但

必须在信用证的有效期内。由于货源充足，公司将货物提前运出，开船日期为 2022 年 7 月 29 日。8 月 18 日，公司将准备好的全套单据送银行议付，遭到银行的拒绝。

请根据制单要求分析：为什么银行会拒绝议付？江苏时尚国际贸易公司将面临怎样的风险？

训练 4

某银行分行于 2022 年 2 月 16 日对外开出金额为 44 万美元的即期、自由议付信用证，信用证规定的最迟装运期为 2022 年 1 月 20 日，信用证有效期为 2022 年 2 月 28 日，信用证允许单据日期可早于开证日期。

2022 年 3 月 9 日，开证行收到国外议付行寄来的单据，审核单据后，提出以下 3 个不符点。

（1）保险证明的签发日期不对，在保险证明中，签发日期为 2022 年 1 月 17 日，而所注 B/L（Bill of Lading，提单）日期为 220117，并且注明保险的有效期为 2022 年 3 月 1 日起。

（2）SGS（Societe Generale Surveillance S.A.，通用公证行）质检证明上的签发日期为 2022 年 1 月 17 日，而在保险证明中，REPORT/ANALYSIS DATE 为 220123。

（3）汇票、发票、装箱单的签发日期不对。汇票、发票、装箱单的签发日期为 2022 年 1 月 17 日，而开证行开证日期为 2022 年 2 月 16 日，单据上引用了"L/C No."，且未盖校正章。

请根据制单要求分析，上述 3 点是否构成不符点？

　**相关链接**

《跟单信用证统一惯例》

《跟单信用证统一惯例》（Uniform Customs and Practice for Documentary Credits，UCP）被各国（地区）银行和贸易界广泛采用，成为信用证业务的国际惯例，是国际银行界、律师界、学术界自觉遵守的"法律"。

70 多年来，160 多个国家和地区组成的 ICC（International Chamber of Commerce，国际商会）和不断扩充的 ICC 委员会持续为 UCP 的完善努力工作着，分别于 1951 年、1962 年、1974 年、1978 年、1983 年、1993 年对 UCP 进行了多次修订，2006 年 10 月 25 日，国际商会对 1993 年修订的 UCP 500 进行了修订，并称 2007 年版的为 UCP 600。

文本：UCP 600 中英文对照版

项目二

信用证处理

任务 2.1　申请开立信用证

学习目标

能力目标：

能够根据销售合同办理信用证的开立手续。

知识目标：

熟悉申请开立信用证的程序，掌握开证申请书的填写。

素养目标：

达到外贸单证员岗位素质要求，坚定成为诚实守信、遵纪守法的外贸单证员的信心和决心。

训练任务

某日，张蓉要求李华根据公司的一份合同填写信用证的开证申请书，并到中国银行江苏分行办理开立信用证的相关手续。

（一）合同资料

合同号：LGC_20221207

买方：江苏时尚国际贸易公司

南京江宁区竹山路 358 号

电话：0086-25-54530×××

卖方：LG CHEM, LTD

LG TWIN TOWER 20 YOIDO-DONG YONGDUNGPU-GU, SEOUL, KOREA

TEL：0082-10-3×××

品名：PLASTIC CORES

单价：70 美元/个　　FOB 釜山

数量：30 个

包装：每个装一个木托盘

装运时间：2022 年 10 月 7 日前，不准分批装运和转运

装运港：釜山

目的港：南京

开证方式：电开

支付方式：不可撤销即期汇票自由议付跟单信用证

保险：由买方投保

单据条款：商业发票一式五份

装箱单一式三份

全套清洁已装船正本提单，做成凭托运人指示，通知开证申请人，注明运费到付

海关出具的品质检验证书一份

开户行及账号：中国银行江苏分行，1289098765××

（二）中国银行开证申请书样本

Irrevocable documentary credit application

（1）To:		（2）Date:		
（3）Beneficiary（full name and address）		（4）L/C No. Contract No.		
		（5）Date and place of expiry of the credit		
（6）Partial shipments □allowed □not allowed	（7）Transhipment □allowed □not allowed	（8）□issue by airmail □with brief advice by teletransmission □issue by express delivery □issue by teletransmission (which shall be the operative instrument)		
（9）Loading on board /dispatch/ taking in charge at/from Not later than For transportation to		（10）Amount (both in figures and words)		

（11）Description of goods:	（12）Credit available with
	□by sight payment
	□by acceptance
	□by negotiation
Packing	□by deferred payment at_____
	against the documents detailed herein
	□and beneficiary's draft for_____of the invoice value draw on_____ at _____ .
	（13） □FOB □CFR □CIF □or other terms

（14）Documents required : (marked with ×)

1. (   ) signed commercial invoice in_____copies indicating L/C No. and contract No.

2. (   )full set of clean on board ocean bills of lading made out to_____and blank endorsed, marked freight[   ] to collect /[   ]prepaid[   ]indicating freight amount notifying _____.

3. (   ) air waybills showing freight[   ]to collect /[   ]prepaid [   ]indicating freight amount and consigned to _____.

4. (   ) memorandum issued by_____consigned to _____.

5. (   )insurance policy / certificate in _____copies for _____% of the invoice value showing claims payable in China, in currency of the draft, blank endorsed, covering [   ] ocean marine transportation /[   ]air transportation /[   ] over land transportation [   ]All Risks, [   ]War Risks.

6. (   ) packing list /weight memo in_____copies issued by quantity /gross and net weights of each package and packing conditions as called for by the L/C.

7. (   ) certificate of quantity /weight in _____copies issued by an independent surveyor at the loading port, indicating the actual surveyed quantity /weight of shipped goods as well as the packing condition.

8. (   )certificate of quality in _____copies issued by [   ] manufacturer /[   ]public recognized surveyor.

9. (   )beneficiary's certified copy of cable / telex dispatched to the accountees within_____hours after shipment advising[   ]name of vessel /[   ]flight No./ [   ]wagon No., date, quantity, weight and value of shipment.

10. (   ) beneficiary's certificate certifying that extra copies of the documents have been dispatched according to the contract terms.

11. (   )shipping co's certificate attesting that the carrying vessel is chartered or booked by accountee or their shipping agents.

12. (   )other documents, if any.

（15）Additional instructions

1. (   ) all banking charges outside the opening bank are for beneficiary's account.

2. (   )documents must be presented within_____days after the date of issuance of the transport documents but within the validity of this credit.

3. (   )third party as shipper is not acceptable, short form / blank back   B/L is not acceptable.

4. (   )both quantity and amount ____% more or less are allowed.

5. (   )prepaid freight drawn in excess of L/C amount is acceptable against presentation of original charges voucher issued by shipping co. / air line/ or it's agent.

6. (   )all documents to be forwarded in one cover, unless otherwise stated above.

7. (   )other terms, if any.

（16）

Account No.:   with _____ (name of bank)

Transacted by:

(Applicant:name, signature of authorized person)

Telephone No.:   (with seal)

支撑知识

在以信用证方式支付的进出口实务中，开立信用证是履行进口合同的第一步，是进口业务的重要环节，进口商必须在合同规定的时间内向中国银行或其他经营外汇业务的银行申请开立信用证，流程如图 2-1 所示。

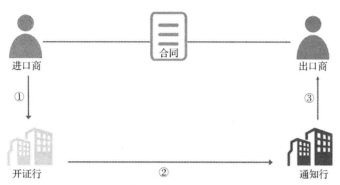

图 2-1　开立信用证流程

说明：①进口商持开证申请书向开证行申请开证，并缴纳保险金、手续费；
　　　②开证行根据开证申请书开立信用证，寄送通知行；
　　　③通知行审核信用证后，将信用证寄送出口商审核。

✤ 一、申请开立信用证的程序

1．递交有关合同的副本及附件

进口商在向银行申请开证时，要向银行递交进口合同的副本，如需要还要附上进口许可证、进口配额证、某些部门的审批文件等附件。首次到银行开立信用证的进口商，应递交营业执照副本、客户隶属关系批件（如有）及法人代表授权书。

2．填写开证申请书

进口商必须按合同条款的具体规定，填写由银行专门印发的开证申请书，写明信用证的各项要求，内容应明确、完整。开证申请书一般一式三份，一份由银行结算部门留存，一份由银行信贷部门留存，一份由开证申请人留存。

开证申请书（Irrevocable Documentary Credit Application）有正面和背面两部分内容。正面内容主要包括受益人名称和地址、信用证及合同号、信用证的到期日期及到期地点、装运期、信用证的性质、货物的描述、对单据的要求、信用证的金额和种类、信用证中的特别条款及其他条款等。背面内容是开证行与开证申请人之间的约定，即开证申请人承诺书，一般由开证行根据相关的国际惯例和习惯做法事先确定并印制，开证申请人只需签字盖章即可。

3．缴纳保证金

信用证一经开出，开证行就要承担第一性的付款责任，所以开证行为了保证自身资金的安全和信誉，会对不同的开证申请人采取不同的办法，收取不同比例的保证金或抵押品，或要求第三方进行担保等。这样做主要是为了规避开证申请人违约、

破产或因为市场行情的变动导致开证申请人无力付款赎单的风险。开证行向开证申请人收取保证金一般有以下几种方法。

（1）开证申请人与开证行有业务往来，资信好，或办理了抵押、质押手续的，或有其他金融机构、有实力的公司为其出面担保的，开证行免收保证金。

（2）开证申请人与开证行有业务往来，但账户金额有限，或有不良记录、信誉欠佳的，或首次申请开证且无担保和抵押品、质押品的，开证行要收取全额保证金。

（3）开证申请人在开证行的账户余额或抵押品、质押品的价值低于开证金额，或担保人不愿全额担保等，开证银行要收取一定比例的保证金。保证金实行专户管理，每笔保证金应与信用证一一对应，专款专用。开证行或开证申请人均不得将保证金挪作他用或提前支取。

4．支付开证手续费

进口商在申请开证时，必须按规定支付一定金额的开证手续费，一般为开证金额的 0.15%。

开证行对上述内容审核无误，并收取保证金或抵押品、质押品后，即按开证申请书的要求开立信用证，并根据开证申请人指定的传递方式向通知行发出信用证，同时将信用证副本送交开证申请人。

文本：信用证通知费案例分析

❉ 二、开证申请书的填写

各银行印制的开证申请书的格式和内容大同小异，训练任务中采用的是中国银行印制的开证申请书，下面对其进行介绍。

（1）致（To）：填写开证行名称。

（2）申请日期（Date）：填写申请开立信用证的日期。

（3）受益人（Beneficiary）：填写受益人的全称及详细地址，并注明联系电话、传真号码等。

（4）信用证号码（L/C No.）：此栏由开证行填写。

合同号码（Contract No.）：此栏根据合同内容填写。

（5）信用证到期日期和地点（Date and place of expiry of the credit）：填写信用证的到期日期及到期地点。

（6）分批装运（Partial shipments）：按合同规定在选择的项目前打"×"。

（7）转运（Transhipment）：按合同规定在选择的项目前打"×"。

（8）信用证的 4 种传递方式：信开（issue by airmail）、简电后随寄电报证实书（with brief advice by teletransmission）、快递（issue by express delivery）、电开（issue by teletransmission），填写时在选择方式前打"×"。

（9）装运地（港）、最迟装运日期、目的地（港）的名称（Loading on board / dispatch/ taking in charge at / from、Not later than、For transportation to）：根据合同填写，如允许有转运港的，也应列明。

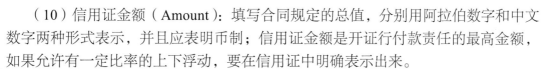

（10）信用证金额（Amount）：填写合同规定的总值，分别用阿拉伯数字和中文数字两种形式表示，并且应表明币制；信用证金额是开证行付款责任的最高金额，如果允许有一定比率的上下浮动，要在信用证中明确表示出来。

（11）商品描述（Description of goods）：合同规定的货物描述有商品名称、规格、包装、单价条款、唛头等；所有内容都必须与合同内容一致，尤其是价格条款、数量条款；包装条款如有特殊要求，如规格、包装物等，应具体、明确表示。

（12）汇票要求（Credit available with）：

① 信用证有效兑付方式有 4 种，即期支付（by sight payment）、承兑支付（by acceptance）、议付（by negotiation）、延期支付（by deferred payment at），应根据合同规定，在所选方式前的框中打"×"；

② 合同规定所有货款都用信用证支付，则应填写信用证项下汇票金额的"100%"。

（13）贸易术语：有 FOB、CFR、CIF 及 or other terms（其他条件）4 个备选项目，根据合同成交的贸易术语在相应项目前的框中打"×"；如是"其他条件"，则在该项目后面写明。

（14）单据条款（Documents required）：信用证申请书中已印就单据条款 12 条，第 12 条是"其他单据"，对上述 11 条中没有的单据可全部填写在该处。

① 已签署的包含信用证（号码）和合同（号码）的商业发票_____份。

② 全套清洁、已装船、运费到付或预付的以_____为抬头、通知_____、空白背书的海运提单。

③ 空运单，含有"运费到付 / 预付 / 显示运费额"和运送给_____。

④ 由_____签署的备忘录，被传递给_____。

⑤_____份空白背书保险单 / 保险凭证，在中国索赔有效，按照发票金额的_____%投保（海洋运输 / 航空运输 / 陆运）保险的一切险和战争险。

⑥ 按照信用证所要求的提供包含每个包装的总重、净重或数量，以及包装条件的_____份装箱单或重量单。

⑦ 装运港由一个独立检验机构所签发的数量或重量的_____份检验证明材料，含有已装船货物实际的数量或重量及包装条件。

⑧ 由制造厂 / 某公证检验机构签发的_____份质量证书。

⑨ 提供装船后在_____小时内受益人通知开证申请人有关船名 / 航班号 / 货车号、日期、数量、重量和货值等的电报 / 电传复印件。

⑩ 受益人证明，表明额外的单据已经按照合同规定寄给开证行。

⑪ 船公司证明核实装运船只由开证申请人或货代租用或预定。

⑫ 其他单据。

（15）附加指示（Additional instructions）：此栏有 7 个条款，其中第 1 个至第 6 个是具体的条款要求，如需要可在前面的括号里打"×"，内容不完整的，可根据合同的需要和买方的需要填写清楚；第 7 个是"其他条款"，即除以上 6 个外还有附加条款的，可填在此处，有几个就按顺序添加几个。

① 所有开证行以外的费用由受益人承担。

② 单据必须在运输单据后_____天内送达银行并且在信用证的有效期内。

③ 第三方作为托运人是不能接受的，简式背面空白提单不可接受。

④ 每项数量与金额允许增减_____%。

⑤ 若有承运人签署运费单正本，预付运费超过信用证金额是可以接受的。

⑥ 除另有规定外，所有单据一次寄给我行（开证行）。

⑦ 其他条款。

（16）申请书末尾处是有关开证申请人的账户号码、开户银行、授权人签字（法人代表）及电话号码、传真等内容。

▋ 任务分析与实施

根据支撑知识，完成训练任务，具体如下。

Irrevocable documentary credit application

（1）To : BANK OF CHINA JIANGSU BRANCH　　　　　　　　（2）Date:SEP.01，2022

（3）Beneficiary (full name and address) LG CHEM，LTD. LG TWIN TOWER 20 YOIDO-DONG YONGDUNGPU-GU，SEOUL，KOREA TEL：0082-010-3×× ×		（4）L/C NO. Contract No. LGC20221007
		（5）Date and place of expiry of the credit OCT.15，2022 KOREA
（6）Partial shipments □allowed ☒ not allowed	（7）Transhipment □allowed ☒ not allowed	（8）□issue by airmail □with brief advice by teletransmission □issue by express delivery ☒ issue by teletransmission (which shall be the operative instrument)
（9）Loading on board /dispatch/ taking in charge at/from BUSAN Not later than　　OCT.07，2022 For transportation to NANJING		（10）Amount (both in figures and words) USD 2 100.00 SAY US. DOLLARS TWO THOUSAND ONE HUNDRED ONLY
（11）Description of goods: PLASTIC CORES Packing PACKED　IN　30 WOOD PALLETS		（12）Credit available with ANY BANK □by sight payment □by acceptance ☒ by negotiation □by deferred payment at_____ against the documents detailed herein ☒ and beneficiary's draft for <u>100 %</u> of the invoice value draw on <u>ISSUING BANK</u> at <u>SIGHT</u>
		（13） ☒ FOB　□CFR　□CIF　□or other terms

（ **14** ）Documents required : (marked with ×)

1. (×) signed commercial invoice in ___5___ copies indicating L/C No. and contract No.

2. (×)full set of clean on board ocean bills of lading made out to___ORDER___and blank endorsed， marked freight[×] to collect /[ ]prepaid[ ] indicating freight amount notifying ___APPLICANT___ .

3. ( ) air waybills showing freight[ ]to collect /[ ]prepaid [ ]indicating freight amount and consigned to _____ .

4. ( ) memorandum issued by_____consigned to _____ .

5. ( )insurance policy / certificate in _____ copies for _____ % of the invoice value showing claims payable in China，in currency of the draft， blank endorsed， covering [ ] ocean marine transportation /[ ]air transportation / [ ]over land transportation [ ]All Risks， [ ]War Risks .

6. (×) packing list /~~weight memo~~ in___3___copies issued by quantity /gross and net weights of each package and packing conditions as called for by the L/C.

7. ( ) certificate of quantity /weight in _____ copies issued by an independent surveyor at the loading port, indicating the actual surveyed quantity /weight of shipped goods as well as the packing condition .

8. (×)certificate of quality in ___1___ copies issued by [ ] manufacturer / [×]public recognized surveyor .

9. (×)beneficiary's certified copy of cable / telex dispatched to the accountees within ___24___hours after shipment advising [×]name of vessel /[ ]flight No./ [ ]wagon No., date, quantity, weight and value of shipment.

10. (×) beneficiary's certificate certifying that extra copies of the documents have been dispatched according to the contract terms.

11. ( )shipping co's certificate attesting that the carrying vessel is chartered or booked by accountee or their shipping agents .

12. ( )other documents, if any .

（ **15** ）Additional instructions

1. (×) all banking charges outside the opening bank are for beneficiary's account .

2. (×)documents must be presented within___21___days after the date of issuance of the transport documents but within the validity of this credit .

3. ( )third party as shipper is not acceptable, short form / blank back B/L is not acceptable.

4. ( )both quantity and amount ____% more or less are allowed.

5. ( )prepaid freight drawn in excess of L/C amount is acceptable against presentation of original charges voucher issued by shipping co. / air line/ or it's agent.

6. (×)all documents to be forwarded in one cover， unless otherwise stated above.

7. ( )other terms，if any.

（ **16** ）

Account No.: 1289098765× ×   with   BANK OF CHINA (name of bank)

Transacted by: JIANGSU FASHION INTERNATIONAL TRADE CORPORATION
                        (Applicant:name， signature of authorized person)

Telephone No.: 0086-25-54530× × ×   王浩 (with seal)

　　开证申请人（进口商）在填写开证申请书时应注意以下问题。

　　（1）如合同规定了开证日期，就必须在规定限期内开立信用证；如合同规定了装运期的起止日期，那么最迟必须让出口商在装运期开始前的最后一天收到信用证；如合同只规定了最后装运期，那么进口商应在合理的时间内开立信用证，一般在合同规定的交货期前半个月或一个月开给出口商。总之，进口商要让出口商在收到信用证以后能在合同规定的装运期内装运货物。

　　（2）申请开证前，要落实进口批准手续并确认外汇来源。

　　（3）开证时要注意"证同一致"，必须以对外签订的买卖合同（包括修改后的买卖合同）为依据，合同中规定要在信用证上列明的条款都必须列明，一般不能使用"参阅第××号合同"或"第××号合同项下货物"等条款，也不能将有关合同作为信用证附件附在信用证后，这是因为信用证是一个独立的文件，不依附于贸易合同。

（4）如合同规定付款方式为远期付款时，要明确付款期限，价格条款必须与相应的单据要求及费用负担、表示方法等相符合。如在 CIF 条件下，开证申请书应明确要求出口商提交"运费预付"提单及保险单（列明了保险内容、保险范围及投保金额）。

（5）由于银行是凭单付款，不管货物质量如何，都不受买卖合同的约束，所以为使货物质量符合合同规定，进口商可在合同及信用证中要求出口商提供商品检验机构出具的装船前检验证明，并明确规定货物的规格品质、指定商品检验机构，这样，交单时如发现检验结果与证内规定不一致，可拒付货款。

（6）信用证内容必须明确无误，应明确规定各类单据（商业发票、保险单和运输单据除外）的出单人及各单据应表述的内容。

（7）在信用证支付方式下，只要单据表面条款与信用证条款相符合，开证行就必须按规定付款。在申请开证时，进口商对出口商的要求应按合同有关规定转化成有关单据，并在信用证中进行具体规定。如果开证申请书中含有某些条件而未列明应提交与之相应的单据，银行将认为未列此条件。

（8）信用证是不可撤销的；根据 UCP 600 的规定，信用证是不可撤销的，即使未如此表明。

（9）境外通知行由开证行指定，进口商不能指定，但如果出口商在订立合同时，坚持指定境外通知行，进口商可在开证申请书上注明，供开证行在选择境外通知行时进行参考。

（10）不准分批装运、不准中途转运、不接受第三者装运等内容均应在信用证中明确规定，否则将被认为允许分批装运、允许中途转运、接受第三者装运。

（11）对进口商开出的信用证，如出口商要求由其他银行或通知行保兑，进口商在原则上不能同意（在订立买卖合同时，进口商应说服出口商免提保兑要求，以免开证时被动）。

（12）我国银行一般不开可转让信用证（因为我国银行难以掌握第二受益人的资信状况，特别是对于跨国家和地区的转让）。但在特殊情况下，如在大额合同项下开证要求多家出口商交货，进口商根据实际需要可与银行协商开立可转让信用证。另外，我国银行一般不开有电报索偿条款（T/T reimbursement clause）的信用证。

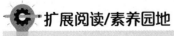 扩展阅读/素养园地

让守信者得"甜头"，让失信者有"痛感"

"早餐奶奶"毛师花、打造国产好奶粉的吴松航，"诚信之星"带动周围人以信用立身兴业；福州推出"茉莉分"、杭州上线"钱江分"，将市民的"信用画像"

与便民服务挂钩，营造出知信、用信、守信的社会氛围……"诚信建设万里行"主题宣传活动开启以来，让守信者得"甜头"，让失信者有"痛感"，使守信成为全社会的共识。

用历史广角镜看，从熟人社会到陌生人社会、从传统经济到市场经济，诚信的润滑剂作用日益显现。当人们脚力所至、目力所及的范围不断拓展时，信用的"应用场景"也从担保、租赁等授信活动，拓宽到衣食住行的各个方面。现如今，网络端数以亿元计的交易依靠信用来托底；说到做到、承诺了就办好，政务诚信让干群关系更加密切；合作共赢的国家交往，同样依靠信用来维系。从个人到国家、从商务到政务，信用之光洒遍社会的每个角落，与你我如影随形。

诚信是"百行之源"。"言必信，行必果""言顾行，行顾言"等古语，"一诺千金"等故事，无不证明言行一致是诚信的重要内涵。手艺人诚实守信、生意人童叟无欺，干部立政德、公民守公德、从业人员遵循职业道德，诚信是不言自明的标准。无论假冒伪劣，还是流量造假，只要逾越了诚信道德规范，那就是失信。守信构成道德的基础，我们为人处世无不需要以诚信为立身名片。

从严惩假冒伪劣到大力保护知识产权，经济发展到一定阶段，必然会出现信用经济。诚信建设是实现高质量发展的地基，也是完善社会主义市场经济的必需。对突出的诚信缺失问题，政府部门既要抓紧建立覆盖全社会的征信系统，又要完善守法诚信褒奖机制和违法失信惩戒机制，使人不敢失信、不能失信。诚信建设成为推进国家治理现代化的重要内容，加强社会信用体系建设，形成褒扬诚信、惩戒失信的制度机制和社会风尚，国富民强才有厚实根基。

信用无处不在，诚信建设也应无处不在。回望历史，与改革开放同龄的全国"质量月"，让中国产品有口皆碑；20世纪90年代发起"百城万店无假货"活动，"打假"一词家喻户晓。今天，"诚信建设万里行"活动在全国掀起"信旋风"，助推一个健全规范的社会诚信体系拔地而起。特别是社会信用代码基本实现全覆盖，不良经济活动面对"百行征信"系统无处遁形，在法律、行政、经济等手段的联合惩治下，"老赖"寸步难行，制度的刚性确保失信行为无缝可钻。制度、技术、法治处处用力，各地区、各领域共同出击，共同护佑一个全面、立体的信用社会加速到来。

当每个人都视信用如生命，打造以质取胜的中国制造，遵循取信于民的为政之道，激励以身许国的家国情怀，培育亲密清澈的人际交往，中国一定能更自如地走向世界、赢得未来。

素养点睛：信用证的发展和广泛运用，深刻地体现出"诚信"这种价值品质无论是对个人的发展还是对世界经济贸易的发展都起到了巨大的作用。反之，如果"诚信"缺失，那么无论是个人还是社会或者全球的经济贸易往来，都将产生巨大的交易成本。

综合训练

根据贸易合同填写信用证开证申请书。

PURCHASE CONFIRMATION

NO.：PSK0308

DATE：JUNE 25，2022

SELLER: PARMIX SPORTSWEAR INC

ADDRESS：59L, EAST LAMEN STREET, TORONTO，CANADA

BUYER: JIANGSU FASHION INTERNATIONAL TRADE CORPORATION

ADDRESS：#358 ZHUSHAN ROAD，JIANGNING DISTRICT，NANJING，CHINA

THE UNDERSIGNED SELLERS AND BUYERS HAVE AGREED TO CLOSE THE FOLLOWING TRANSACTION ACCORDING TO THE TERMS AND CONDITIONS STIPULATED BELOW：

NAME OF COMMODITY AND SPECIFICATION	QUANTITY	UNIT PRICE	AMOUNT
WOVEN LADIES 2-PC SUTT STYLE NO. 167C/168C	1 200 SETS	FOB TORONTO USD10.00/SET	USD12 000.00

SHIPMENT: TO BE EFFECTED BEFORE THE END OF AUGUST, 2022 FROM TORONTO, CANADA TO NANJING CHINA WITH PARTIAL SHIPMENT PROHABITED AND TRANSSHIPMENT ALLOWED

PAYMENT: TO BE MADE BY LETTER OF CREDIT AT 60 DAYS SIGHT WHICH SHALL REACH THE SELLER 15 DAYS BEFORE THE MONTH OF SHIPMENT AND REMAIN VALID FOR NEGOTIATION IN CANADA UNTIL THE 15TH DAYS AFTER DATE OF SHIPMENT

PACKING: PACKED IN CARTONS OF ONE DOZEN EACH

MARKS & NOS.: FASHION

NANJING

INSURANCE: TO BE COVERED BY THE BUYER

THE BUYER   THE SELLER

JIANGSU FASHION INTERNATIONAL TRADE CORPORATION

PARMIX SPORTSWEAR INC

开证行：HUAXIA BANK CO., LTD

申请日期：2022-07-15

有效期：2022-09-15

素养点睛：在填写信用证开证申请书过程中，外贸单证员的诚信精神和职业道德修养起着关键作用。外贸单证员要做到诚信至上、秉持职业道德底线，要牢固树立诚信理念，秉承公开、公正和透明的机制，灵活应对多变的国际贸易环境。

任务 2.2 分析审核信用证

学习目标

能力目标：

能够读懂信用证的重点内容，分析信用证的条款。

知识目标：

掌握信用证的含义、基本内容、种类，掌握信用证支付流程及信用证的审核。

素养目标：

规范法律意识，遵守国际惯例和规则，提升外贸风险防范能力。

训练任务

公司收到由中国银行发来的由日本银行开具的一份信用证，日韩地区业务分部经理张华要求李华在资深外贸单证员张蓉的指导下进行信用证的分析与审核。

（一）公司与日本 ABC 贸易公司签订的销售合同

江苏时尚国际贸易公司

JIANGSU FASHION INTERNATIONAL TRADE CORPORATION

中国南京江宁区竹山路 358 号

#358 ZHUSHAN ROAD, JIANGNING DISTRICT, NANJING, CHINA

电话 (Tel)：0086-25-54530×× 　传真 (Fax)：0086-25-54530×××

销 售 合 同

SALES CONTRACT

合同号　NO.：FC266

日期 DATE：08/20/2022

（1）买方：

Buyer：ABC TRADING CO., LTD. JAPAN

（2）地址：

Address：56, NISHIKI 6-CHOME, NAKAKU NAGOYA, JAPAN

（3）电话：

Tel: 0081-52-45678×××

（4）传真：

Fax：0081-52-45678×××

兹经买卖双方同意成交下列商品订立条款：

The undersigned Sellers and Buyers have agreed to close the following transaction according to the terms and conditions stipulated below:

唛头 SHIPPING MARK	品名及规格 COMMODITY AND SPECIFICATION	数量 QUANTITY	单价及价格条款 UNIT PRICE	总额 AMOUNT
ABC FC266 NAGOYA C/NO.1－300	Men's Shirt (100% cotton), As per the Seller's sample of Aug. 15, 2022, packed in carton, 30 pieces per carton	9 000 pieces	CIF NAGOYA USD 12.00 per pieces	USD 108 000.00

（5）总值：

Total Value：SAY US DOLLARS ONE HUNDRED AND EIGHT THOUSAND ONLY.

（6）装运期限：

Time of Shipment：In November，2022

（7）装运港：

Port of loading：Shanghai

（8）目的港：

Port of Destination：Nagoya

（9）分批装运：

Partial shipment: Not allowed

（10）转运：

Transhipment: Not allowed

（11）保险：

Insurance: Insurance is to be covered by the Seller against All Risks and War Risk as per the Ocean Marine Cargo Clause of the People's Insurance Company of China dated Sept.18, 2009.

（12）付款条件：

Terms of payment:L/C at sight

（13）品质／数量异议：品质异议须于货到目的口岸之日起 60 天内提出，数量异议须于货到目的口岸之日起 30 天内提出，但均须提供经卖方同意的公证行的检验证明；如责任属于卖方，则卖方于收到异议 20 天内答复买方并提出处理意见。

Quality/Quantity Discrepancy: In case of quality discrepancy, claim should be lodged by the Buyers within 60 days after the arrival of the goods at the port of destination，while for quantity discrepancy，claim should be lodged by the Buyers within 30 days after the arrival of the goods at the port of destination. In all cases，claims must be accompanied by Survey Reports of Recognized Public Surveyors agreed to by the Sellers. Should the responsibility of the subject under claim be found to rest on the part of the Sellers，the Sellers shall，within 20 days after receipt of the claim， send their reply to the Buyers together with suggestion for settlement.

（14）不可抗力：因不可抗力使卖方不能在本销售合同规定期限内交货或不能交货，卖方不负责任，但是卖方必须立即以电报通知买方；如果买方提出要求，卖方应以挂号函向买方提供由中国国际贸易促进委员会或有关机构出具的证明，证明事故的存在；买方未领到进口许可证，不能被认为系属不可抗力范围。

Force Majeure：The Sellers shall not be held responsible if they fail，owing to Force Majeure cause or causes，to make delivery within the time stipulated in this Sales Contract or cannot deliver the goods. However，the Sellers shall inform immediately the Buyers by cable. The Sellers shall deliver to the Buyers by registered letter，if it is requested by the Buyers，a certificate issued by the China Council for the Promotion of International Trade or by any competent authorities，attesting the existence of the said cause or causes. The Buyers' failure to obtain the relative Import Licence is not to be treated as Force Majeure.

（15）仲裁：凡因执行本合同或有关本合同所发生的一切争执，双方应以友好方式协商解决，如果协商不能解决，应提交中国国际经济贸易仲裁委员会，根据相关的仲裁规则进行仲裁；仲裁结果是最终的结果，对双方都有约束力。

Arbitration：All disputes arising in connection with this Sales Contract or the execution thereof shall be settled by way of amicable negotiation. In case no settlement can be reached，the case at issue shall then be submitted for arbitration to the China International Economic and Trade Arbitration Commission in accordance with the provisions of the said Commission. The award by the said Commission shall be deemed as final and binding upon both parties.

买方：
THE BUYER：
ABC TRADING CO., LTD. JAPAN

卖方：
THE SELLER：
JIANGSU FASHION INTERNATIONAL TRADE CORPORATION

TAKAHASHI

王　浩

（二）日本银行名古屋分行根据销售合同开立的信用证的有关条款

SEQUENCE OF TOTAL	*27: 1/1
FORM OF DOCUMENTARY CREDIT	*40A: IRREVOCABLE
DOCUMENTARY CREDIT NUMBER	*20: X53557
DATE OF ISSUE	*31C: 220825
APPLICABLE RULES	*40E:UCP LATEST VERSION
DATE AND PLACE OF EXPIRY	*31D: 221010 IN JAPAN
APPLICANT	*50: ABC TRADING CO., LTD. JAPAN 56，NISHIKI 6-CHOME，NAKAKU NAGOYA，JAPAN
BENEFICIARY	*59: JIANGSU FASHION INTERNATIONAL TRADE CORPORATION #358 ZHUSHAN ROAD，JIANGNING DISTRICT，NANJING，CHINA

CURRENCY CODE, AMOUNT	*32B: USD108 000.00
POS./NEG.TOL. (%)	39A: 10/10
AVAILABLE WITH... BY...	*41D: BANK OF CHINA，JIANGSU BRANCH
DRAFTS AT...	42C: AT SIGHT
DRAWEE	42D: BANK OF JAPAN，NAGOYA BRANCH
PARTIAL SHIPMENTS	43P: NOT ALLOWED
TRANSHIPMENT	43T: ALLOWED
PORT OF LOADING/AIRPORT OF DEPARTURE	44E: SHANGHAI
PORT OF DISCHARGE/AIRPORT OF DESTINATION	44F: NAGOYA
LATEST DATE OF SHIPMENT	44C: 220920
DESCRIPTION OF GOODS AND /OR SERVICES	45A: MEN'S SHIRT AS PER S/C NO. FC266 CIF NAGOYA
DOCUMENTS REQUIRED	46A:

+COMMERCIAL INVOICE IN QUADRUPLICATE.

+FULL SET (AT LEAST THREE) ORIGINAL CLEAN SHIPPED ON BOARD BILLS OF LADING ISSUED TO ORDER OF SHIPPER，NOTIFY APPLICANT，SHOWING "FREIGHT COLLECT" AND BEARING THE NUMBER OF THIS CREDIT.

+PACKING LIST IN 3 COPIES.

+INSURANCE POLICY OR CERTIFICATE ISSUED BY PEOPLE'S INSURANCE COMPANY OF CHINA INCORPORATING THEIR OCEAN MARIE CARGO CLAUSES ALL RISKS AND WAR RISK FOR 110% PERCENT OF CIF INVOICE VALUE，WITH CLAIMS PAYABLE IN NAGOYA.

+CERTIFICATE OF ORIGIN IN DUPLICATE ISSUED BY CHINA COUNCIL FOR THE PROMOTION OF INTERNATIONAL TRADE.

ADDITIONAL CONDIITIONS	47A:

+INSURANCE WILL BE COVERED BY THE BENEFICIARY.

+ALL DOCUMENTS TO BE ISSUED IN ENGLISH LANGUAGE.

+TRANSPORT DOCUMENTS BEARING A DATE PRIOR TO THE L/C DATE ARE NOT ACCEPTABLE.

CHARGES	71D:

ALL BANKING CHARGES OUTSIDE JAPAN ARE FOR ACCOUNT OF BENEFICIARY

PERIOD OF PRESENTATION IN DAYS	48:21
CONFIRMATION INSTRUCTIONS	*49: WITHOUT

 支撑知识

素养点睛：信用证既是贸易双方履行合同的一环，又是一份受益人与开证行间单独的契约。各有关当事人都需要有平等观念、权利意识，遵守交易规则和约定，明确契约精神的重要性。在贸易中，合同履行过程包括信守合同和违约的善后处理。

一、信用证的含义

信用证（Letter of credit，L/C）是银行做出的有条件的付款承诺。它是开证行根据开证申请人（进口商）的请求和指示，向受益人（出口商）开具的有一定金额，并在一定期限内凭规定的单据承诺付款的书面文件。信用证一般具有以下几个特点。

微课：信用证的含义与业务流程

1．银行信用

在信用证结算方式下，只要出口商提交的单据完全符合信用证的规定，开证行必须向其或其指定人付款，而不以进口商付款为前提条件。因此，与汇款、托收方式不同，信用证依靠的是银行信用，开证行负第一性的付款责任。

2．自足文件

信用证的开立是以销售合同为依据的，信用证一经开出，就成为独立于销售合同以外的另一种契约，不受销售合同的约束。UCP 600 第四条 a 款规定："就其性质而言，信用证与可能作为其开立基础的销售合同或其他合同是相互独立的交易，即使信用证中含有对此类合同的任何援引，银行也与该合同无关，且不受其约束。因此，银行关于承付、议付或履行信用证项下其他业务的承诺，不受申请人基于与开证行或与受益人之间的关系而产生的任何请求或抗辩的影响。"所以，信用证是独立于有关合同以外的契约，开证行和参与信用证业务的其他银行只按信用证的规定办事。

3．单据交易

UCP 600 第五条规定："银行处理的是单据，而不是单据可能涉及的货物、服务或履约行为。"在信用证业务中，银行付款、承兑或议付的依据是"单证一致""单单一致"，而不是与单据有关的货物、服务或履约行为。所以，信用证结算方式是一种纯粹的单据业务。信用证开立后，只要出口商严格按照信用证规定的条款执行，做到"单证一致""单单一致"，就能及时收到货款。

信用证结算方式以银行信用代替商业信用，解决了进出口商之间缺乏了解和信任的问题；银行在结算过程中一边收单、一边付款，为进出口商的资金融通提供了便利，极大地促进了国际贸易的发展。但同时，信用证也有其自身的缺陷：一是不问商品，只问单据，给欺诈活动制造可乘之机；二是手续复杂，耗时较长，费用也较高。尽管如此，信用证结算方式仍然是目前国际贸易结算中使用最多的结算方式。

❋ 二、信用证当事人

（1）开证申请人（Applicant）：指申请开立信用证的一方。开证申请人一般是进口商，在信用证中又称开证人或申请人。

微课：信用证的
当事人

（2）开证行（Opening Bank / Issuing Bank）：指接受开证申请人请求，同意开立信用证的银行。开证行一般为进口商所在地银行，它承担按信用证规定条件保证付款的责任，代替开证申请人成为信用证中的第一付款人。

（3）通知行（Advising Bank）：指应开证行的要求通知信用证的银行。通知行一般为开证行的往来银行或出口商指定的银行，它只证明信用证的真实性，不承担其他义务。

（4）受益人（Beneficiary）：指信用证上指定的有权使用信用证的一方，一般为出口商。

（5）议付行（Negotiating Bank）：又称押汇银行，是根据信用证开证行的授权买入或贴现受益人开立和提交的符合信用证条款规定的汇票或单据的银行。议付行一般为出口商所在地银行或开证行指定的银行。

（6）付款行（Paying Bank）：指开证行指定的对信用证项下付款或充当汇票付款人的银行。付款行一般为开证行，也可以是开证行指定的银行。无论汇票的付款人是谁，付款行必须对提交了符合信用证要求的单据的出口商履行付款义务。

（7）保兑行（Confirming Bank）：指应开证行的授权或请求对信用证加具保兑的银行。保兑行和开证行均对受益人承担第一性的付款责任。在实际业务中，保兑行通常由通知行兼任。

（8）偿付行（Reimbursement Bank）：又称清算行（Clearing Bank），是指接受开证行在信用证中委托代其偿还垫款的第三国（地区）银行。偿付行通常是开证行的存款银行或开证行的分行、支行。

❋ 三、信用证的基本内容

信用证虽然没有统一的格式，但其基本内容主要包括以下几方面。

1．对信用证本身的说明

（1）信用证的种类（TYPE OF L/C）。

（2）信用证证号及开证日期（L/C NO.AND ISSUING DATE）。

（3）受益人（BENEFICIARY），一般为出口商。

（4）开证申请人（APPLICANT），一般为进口商。

（5）信用证金额（AMOUNT）。

（6）有效期限（VALIDITY），一般应写明到期地点及时间。

2．对货物的要求

（1）名称（NAME OF COMMODITY）。

（2）规格（SPECIFICATION）。

（3）数量（QUANTITY）。

（4）包装（PACKING）。

（5）价格条件和单价（TRADE TERMS AND UNIT PRICE）。

3．对运输的要求

（1）装运港或启运港（PORT OF LOADING OR SHIPMENT FROM）。

（2）卸货港或目的港（PORT OF DISCHARGE OR DESTINATION）。

（3）装运期（TIME OF SHIPMENT）。

（4）可否分批装运（PARTIAL SHIPMENT ALLOWED OR NOT ALLOWED）。

（5）可否转运（TRANSHIPMENT ALLOWED OR NOT ALLOWED）。

（6）运输方式（MODE OF SHIPMENT）。

4．对单据的要求

（1）货物单据，以商业发票（COMMERCIAL INVOICE）为中心，包括装箱单（PACKING LIST）、重量单（CERTIFICATE OF WEIGHT）、产地证（CERTIFICATE OF ORIGIN）、商检证明书（INSPECTION CERTIFICATE）。

（2）运输单据（TRANSPORT DOCUMENT）。

（3）保险单据（INSURANCE DOCUMENT）。

（4）其他单据（OTHER DOCUMENTS）。

5．对汇票的要求

（1）付款人（DRAWEE/PAYER）。

（2）汇票期限（TENOR）。

6．其他事项

开证行对受益人及汇票持有人保证付款的文句。

✳ 四、信用证的种类

（1）根据信用证项下的汇票是否附有货运单据，信用证可分为跟单信用证和光票信用证。跟单信用证（Documentary Credit）是凭跟单汇票或单据付款的信用证。此处的单据指代表货物所有权的单据（如海运提单等），或证明货物已交运的单据（如铁路运单、航空运单、邮包收据）。光票信用证（Clean Credit）是凭不随附货运单据的光票（Clean Draft）付款的信用证。银行凭光票信用证付款时，可要求受益人附交一些非货运单据，如发票、垫款清单等。在国际贸易的货款结算中，大部分使用跟单信用证。

（2）信用证是不可撤销的。根据 UCP 600 的规定，信用证是不可撤销的，即使未如此表明。开证行自开立信用证之时起即不可撤销地承担承付责任。

（3）根据有无另一家银行加以保证兑付，信用证可分为保兑信用证和不保兑信用证。保兑信用证是指开证行开出的信用证，由另一家银行保证对符合信用证条款规定的单据履行付款义务。不保兑信用证是指开证行开出的信用证没有经另一家银行保兑。

（4）根据付款时间的不同，信用证可分为即期信用证、远期信用证和假远期信用证。即期信用证是指开证行或付款行收到符合信用证条款的跟单汇票或装运单据后，立即履行付款义务的信用证。远期信用证是指开证行或付款行收到信用证的单据时，在规定期限内履行付款义务的信用证。假远期信用证是指规定受益人开立远期汇票，付款行负责贴现，且一切利息和费用由开证人承担的信用证。

（5）根据受益人对信用证的权利可否转让，信用证可分为可转让信用证和不可转让信用证。可转让信用证是指信用证的受益人（第一受益人）可以要求授权付款、承担延期付款责任、承兑或议付的银行（统称"转让行"），或当信用证是自由议付时，可以要求信用证中特别授权的转让行，将信用证全部或部分转让给一个或数个受益人（第二受益人）使用的信用证。开证行在可转让信用证中要明确注明"可转让"（Transferable）字样，且只能转让一次。不可转让信用证是指受益人不能将信用证的权利转让给他人的信用证。凡未注明"可转让"字样的信用证，即不可转让信用证。

（6）其他特殊信用证，主要包括循环信用证、对开信用证、背对背信用证、预支信用证和备用信用证等。

循环信用证是指信用证被全部或部分使用后，其金额可恢复到原金额并再次使用，直至达到规定的次数或规定的总金额为止，它通常在分批均匀交货的情况下使用。在按金额循环的信用证条件下，恢复到原金额的具体做法有自动循环、非自动循环、半自动循环3种。自动循环是指每期用完一定金额后，不需等待开证行的通知，即可自动恢复到原金额；非自动循环是指每期用完一定金额后，必须等待开证行的通知到达，信用证才能恢复到原金额；半自动循环是指每期用完一定金额后若干天内，开证行未提出停止循环使用的通知，自若干天后可自动恢复到原金额。

对开信用证是指两张信用证的申请人互以对方为受益人开立的信用证。两张信用证的金额相等或大体相等，可同时互开，也可先后开立，它多用于易货贸易或来料加工和补偿贸易业务。

背对背信用证又称转开信用证，是指受益人要求原证的通知行或其他银行以原证为基础，另开一张内容相似的新信用证。背对背信用证的开证行只能根据不可撤销信用证开立。背对背信用证的开立通常是中间商转售他人货物，或两国（地区）不能直接进行进出口贸易时，通过第三方以此种办法开展贸易。原信用证的金额（单价）应高于背对背信用证的金额（单价），背对背信用证的装运期应早于原信用证的规定。

预支信用证是指开证行授权代付行（通知行）向受益人预付全部或一部分信用

证金额，由开证行保证偿还货款并负担利息，即开证行付款在前，受益人交单在后，与远期信用证相反。预支信用证凭受益人的光票付款，也可要求受益人附一份负责补交信用证规定单据的说明书，当货运单据交付后，付款行在付剩余货款时，将扣除预支货款的利息。

备用信用证又称保证信用证或担保信用证，是指开证行根据开证申请人的请求对受益人开立的承诺承担某项义务的凭证，即开证行保证在开证申请人未能履行其义务时，受益人只要凭备用信用证并提交开证申请人违约的证明，即可取得开证行的偿付。对受益人来说，备用信用证是其在开证申请人违约时取得补偿的一种方式。

❋ 五、信用证支付流程

采用信用证方式结算货款，需要经过多道环节，并办理各种手续。一般来说，信用证支付流程包括 8 个基本环节，如图 2-2 所示。

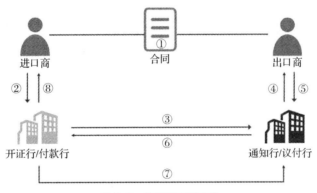

图 2-2 信用证支付流程

① 进出口商在贸易合同中，规定使用信用证方式支付货款。

② 进口商向当地银行提出申请，填写开证申请书，依照合同填写规定和要求，并交纳押金或提供其他保证，请银行（开证行）开证。

③ 开证行根据开证申请书的内容，向出口商（受益人）开出信用证，寄交出口商所在地分行或代理行（统称通知行）。

④ 通知行核对印鉴无误后，将信用证交给出口商。

⑤ 出口商审核信用证与合同相符后，按信用证规定装运货物，并备齐各项货运单据，开出汇票，在信用证有效期内，送请当地银行（议付行）议付。议付行按信用证条款审核单据无误后，按照汇票金额扣除利息，把货款垫付给出口商。

⑥ 议付行将汇票和货运单据寄交开证行（或其指定的付款行）索偿。

⑦ 开证行（或其指定的付款行）核对单据无误后，付款给议付行。

⑧ 开证行（或其指定的付款行）要求进口商付款赎单。

❖ 六、信用证的审核

信用证是国际贸易中使用最普遍的付款方式之一。其特点是受益人（通常为出口商）在提供了符合信用证规定的有关单证的前提下，开证行承担第一性的付款责任，其性质属于银行信用。在满足信用证条款的情况下，利用信用证付款既安全又快捷。但必须特别注意信用证付款方式强调"单单相符、单证相符"的严格符合原则，如果受益人提供的文件有错漏，不仅会产生额外费用，而且会遭到开证行的拒付，从而对安全、及时收汇带来很大的风险。受益人事先对信用证条款进行审核，将不符合合同规定或无法办到的信用证条款及时提请开证人（通常为进口商）进行修改，可以大大避免今后提交单证被认定为不符合信用证规定的情况的发生。因此，受益人一般应在收到信用证的当天，对照有关合同认真地按下列各项仔细审核。

1. 审核信用证的付款保证是否有效

审核时，如果发现信用证存在以下问题，那么此信用证就不是一项有效的付款保证，或该项付款保证是存在缺陷的。

（1）信用证明确表示是可以撤销的。

（2）应该保兑的信用证未按要求由有关银行进行保兑。

（3）信用证未生效。

（4）信用证有生效条件，如"待获得进口许可证后才能生效"。

（5）信用证密押不符。

（6）信用证简电或预先通知。

（7）信用证由开证申请人直接寄送。

2. 审核信用证的付款时间是否与有关合同规定一致

（1）若信用证规定有关款项须在向银行交单后若干天内或见票后若干天内付款等，受益人应检查此类付款时间是否符合合同规定或公司的要求。

（2）规定信用证在境外到期，有关单据必须寄送境外。由于无法掌握单据到达境外银行所需的时间且容易延误或丢失，有一定的风险，所以，通常要求在境内交单付款。在来不及修改的情况下，受益人必须提前一个邮程（邮程的长短应根据地区远近决定）以邮寄速度最快的方式寄送单据。

（3）如信用证中的最迟装运期（简称装期）和效期是同一天，即通常所称的"双到期"，在实际业务操作中，受益人应将装期提前一定的时间（一般在效期前10天），以便有充足的时间制单结汇。

3. 审核信用证受益人和开证人的名称和地址是否完整与准确

受益人应特别注意信用证上的受益人名称和地址应与相关文件上的名称和地址是否一致，是否完整与准确。

4. 审核装期的有关规定是否符合要求

超过信用证规定装期的运输单据将构成不符点，银行有权不付款。受益人在审核信用证规定的装期时应注意：能否在信用证规定的装期内备妥有关货物并按期出运，如无法按期装运，应及时与开证人联系修改；实际装期与交单期是否相距太短，能否按信用证中规定的分批出运的时间和数量进行出运，任何一批货物未按期出运，以后各期即告失效。

5. 审核能否在信用证规定的交单期内交单

信用证中可能规定了向银行交单的日期不得迟于运输单据日期后若干天，且超过限期或单据不齐、有错漏，银行有权不付款。一般来说，信用证中有此规定的，受益人应按信用证规定的交单期向银行交单；信用证没有规定的，根据 UCP 600 第十四条 c 款规定：如果单据中包含一份或多份受第十九、二十、二十一、二十二、二十三、二十四或二十五条规制的正本运输单据，则须由受益人或其代表在不迟于本惯例所指的发运日之后的二十一个日历日内交单，但是在任何情况下都不得迟于信用证的截止日。

6. 审核信用证内容是否完整

UCP 600 规定，电讯传输的和预先通知的信用证和修改，以经证实的电讯方式发出的信用证或信用证修改即被视为有效的用证或修改文据，任何后续的邮寄确认书应被不予理会。如电讯声明"详情后告"（或类似用语）或声明以邮寄确认书为有效信用证或修改，则该电讯不被视为有效信用证或修改。开证行必须随即不迟延地开立有效信用证或修改，其条款不得与该电讯矛盾。开证行只有在准备开立有效信用证或做出有效修改时，才可以发出关于开立或修改信用证的初步通知（预先通知）。开证行做出该预先通知，即不可撤销地保证不迟延地开立或修改信用证，且其条款不能与预先通知相矛盾。

7. 审核信用证的通知方式是否安全、可靠

信用证一般是通过受益人所在国家（地区）的通知行或保兑行通知受益人的。这种信用证通知方式比较安全，因为根据 UCP 600 的有关规定，信用证及其任何修改可以经由通知行通知给受益人。非保兑行的通知行通知信用及修改时不承担承付或议付的责任。通知行通知信用证或修改的行为表示其已确信信用证或修改的表面真实性，而且其通知准确地反映了其收到的信用证或修改的条款。

8. 审核信用证上的金额、币制是否符合合同规定

信用证上的金额应该与事先协商的一致，信用证中的单价与总值要准确，内容要一致。如果数量上可以有一定幅度的增减，信用证中也应相应规定允许金额有一定幅度的增减。如果在金额前使用了"大约"一词，其意思一般为允许金额有 10% 的增减。检查币制是否正确，如合同中规定的币制是"英镑"，而信用证中使用的币制是"美元"，就应加以注意。

9. 审核信用证的数量是否与合同规定一致

除信用证规定的数量不能增减外，在付款金额不超过信用证金额的情况下，大宗货物的数量允许有 5% 的增减，但此规定对以包装或以个体为计算单位的货物

不适用。

10．审核价格条款是否符合合同规定

不同的价格条款涉及具体的费用（如运费、保险费）由谁分担。如果合同中规定"FOB SHANGHAI USD50/PC"，根据此价格条款，有关的运费和保险费由买方即开证人承担；如果信用证中的价格条款没有按合同规定做上述表示，而表示为"CIF NEW YORK USD50/PC"，对此条款如不及时修改，那么受益人将承担有关的运费和保险费。

11．审核货物是否允许分批装运和转运

除信用证另有规定外，货物是允许分批装运和转运的。若信用证中规定了每一批货物出运的确切时间，则必须按此照办，否则必须修改。

12．审核有关的费用条款

信用证中规定的有关费用如运费或检验费等应事先协商一致，否则，原则上受益人对于额外的费用不应承担；银行费用如事先未商定，应以双方共同承担为宜。

13．审核信用证规定的文件能否及时提供

这是指一些需要认证的单据，特别是使馆认证等能否及时办理和提供，由其他机构或部门出具的有关文件如出口许可证、运费收据、检验证明等能否及时提供，信用证中指定船龄、船籍、船公司或不准在某港口转运等条款能否做到等。

14．审核信用证中有无陷阱条款

受益人应特别注意信用证中是否有以下陷阱条款。

（1）1/3 正本提单直接寄送开证申请人的条款。受益人如果接受此条款，将随时面临货、款两空的风险。

文本：信用证软条款解析　　文本：信用证软条款案例分析

（2）将客户检验证作为议付文件的条款。接受此条款，受益人正常处理信用证业务的主动权在很大程度上将被掌握在对方手里，影响安全收汇。

15．检查信用证中有无矛盾之处

例如，空运要求提供海运提单；价格条款是 FOB，保险应由买方办理，信用证中却要求提供保险单等。

16．检查有关信用证是否受《跟单信用证统一惯例》约束

文本：信用证欺诈案分析

明确信用证受《跟单信用证统一惯例》的约束，可以使相关当事人在具体处理信用证业务时，对信用证的有关规定有一个公认的解释和理解，避免因对某一规定的不同理解而产生争议。

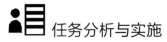 任务分析与实施

根据支撑知识，完成训练任务，具体如下。

信用证审核记录单

收证日期：220828

信用证证号	X53557		合同号	FC266		开证日期	220825
开证行	BANK OF JAPAN，NAGOYA BRANCH						
开证人	ABC TRADING CO., LTD.JAPAN, 56，NISHIKI 6-CHOME，NAKAKU NAGOYA，JAPAN						
受益人	JIANGSU FASHION INTERNATIONAL TRADE CORPORATION #358 ZHUSHAN ROAD，JIANGNING DISTRICT，NANJING，CHINA						
货物名称	MEN'S SHIRT	数量	9 000 PIECES		金额		USD108 000.00
装运期	220920	到期日期和地点	221010 JAPAN		交单期		21 天
装运港	SHANGHAI	目的港	NAGOYA		可否分批		NOT ALLOWED
贸易术语	CIF NAGOYA	汇票期限	AT SIGHT		可否转运		ALLOWED

特殊条款	INSURANCE WILL BE COVERED BY THE BENEFICIARY. ALL DOCUMENTS TO BE ISSUED IN ENGLISH LANGUAGE. TRANSPORT DOCUMENTS BEARING A DATE PRIOR TO THE L/C DATE ARE NOT ACCEPTABLE.

单据种类及份数	发票	装箱单	重量单	尺码单	保险单	提单正本	提单副本	原产地证	GSP产地证	品质证	重量证	植检证	船公司证明	寄单证明	装船通知	受益人证明	邮包收据
	4	3			√	3	2								1	1	

需要修改的内容	1. DATE AND PLACE OF EXPIRY *31D: 221010 IN JAPAN 2. TRANSHIPMENT 43T: ALLOWED 3. DOCUMENTS REQUIRED 46A: SHOWING "FREIGHT COLLECT"	修改后的条款内容	1. DATE AND PLACE OF EXPIRY *31D: 221010 IN CHINA 2. TRANSHIPMENT 43T: NOT ALLOWED 3. DOCUMENTS REQUIRED 46A: SHOWING "FREIGHT PREPAID"
外贸单证员签字	张蓉	部门经理签字	张华

 综合训练

请根据下面的江苏时尚国际贸易公司的销售合同分析信用证，并审核信用证中的错误及江苏时尚国际贸易公司做得不够好的地方。

（一）销售合同

销售合同

SALES CONTRACT

NO.: LT07060   DATE: AUG.10，2022

The sellers：JIANGSU FASHION INTERNATIONAL TRADE CO.

#358 ZHUSHAN ROAD，JIANGNING DISTRICT，NANJING，CHINA

The buyers：BBB TRADING CO.

56，NISHIKI 6-CHOME，NAKAKU NAGOYA，JAPAN

兹经买卖双方同意成交下列商品订立条款：

The undersigned Sellers and Buyers have agreed to close the following transaction according to the terms and conditions stipulated below:

品名与规格 COMMODITY AND SPECIFICATION	数量 QUANTITY	单价 UNIT PRICE	金额 AMOUNT
LADIES SKIRTS			CIF NAGOYA
65% POLYESTER 35% COTTON			
STYLE NO.A101	200 DOZ	USD 60.00/DOZ	USD 12 000.00
STYLE NO.A102	400 DOZ	USD 84.00/DOZ	USD 33 600.00
TTL:	600 DOZ		USD 45 600.00
ORDER NO. HMW0501			

总值 TOTAL VALUE: SAY US DOLLARS FORTY FIVE THOUSAND AND SIX HUNDRED ONLY

装运口岸 PORT OF LOADING: NANJING

目的地 DESTINATION: NAGOYA

转运 TRANSHIPMENT: ALLOWED

分批装运 PARTIAL SHIPMENTS: ALLOWED

装运期限 SHIPMENT: IN DECEMBER，2022

保险 INSURANCE: BE EFFECTED BY THE SELLERS FOR 110% INVOICE VALUE COVERING F.P.A. RISKS OF PICC CLAUSE

付款方式 PAYMENT: BY TRANSFERABLE CONFIRMED L/C PAYABLE 60 DAYS AFTER B/L DATE，REACHING THE SELLERS 45 DAYS BEFORE THE SHIPMENT

一般条款 GENERAL TERMS:

（1）质地、重量、尺寸、花形、颜色均允许合理差异，对合理范围内差异提出的索赔，概不受理。

Reasonable tolerance in quality，weight，measurement，designs and colors is allowed，for which no claims will be entertained.

（2）买方对下列各点造成的后果承担全部责任。

① 使用指定的包装、花形或图案等。

② 不及时提供生产所需的商品规格或其他细则。

③ 不按时开信用证。

④ 信用证条款与销售合同不符合，却不及时修改。

The buyers are to assume full responsibilities for any consequences arising from：

① the use of packing，designs or pattern made of order；

② late submission of specifications or any other details necessary for the execution of this sales confirmation；

③ late establishment of L/C；

④ late amendment to L/C inconsistent with the previsions of this sales confirmation.

David King   王浩

买方（the buyers）   卖方（the sellers）

请在本合同签字后寄回一份

Please sign，and return one copy

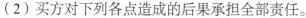

（二）银行开具的信用证

MTS 700 ISSUE OF A DOCUMENTARY CREDIT

Sender: BKCHJPJTNGY

BANK OF CHINA NAGOYA BRANCH

SAKURA-DORI MID BUILDING

FLOOR 1 3-23-20, MARUNOUCHI, NAKA-KU

NAGOYA JAPAN

Receiver: BKCHCNBJ940

BANK OF CHINA JIANGSU BRANCH

NO. 2 GUANG ZHOU ROAD, NANJING, CHINA

SEQUENCE OF TOTAL	*27: 1/1
FORM OF DOCUMENTARY CREDIT	*40 A: IRREVOCABLE
DOCUMENTARY CREDIT NUMBER	*20: 70/1/5822
DATE OF ISSUE	*31C: 221007
APPLICABLE RULES	*40E: UCP LATEST VERSION
DATE AND PLACE OF EXPIRY	*31D: 221010 IN JAPAN
APPLICANT BANK	51D: SUMITOMO MITSUI BANKING CORPORATION
APPLICANT	*50: BBB TRADING CO.
	56，NISHIKI 6－CHOME，NAKAKU NAGOYA，JAPAN

BENEFICIARY	*59: JIANGSU FASHION INTERN-ATIONAL TRADE CO.
	#358 ZHUSHAN ROAD, JIANGNING DISTRICT,NANJING,CHINA
CURRENCY CODE, AMOUNT	*32 B: HKD 45 600.00
AVAILABLE WITH... BY...	*41D: BANK OF CHINA, NANJING BRANCH BY DEF PAYMENT
NEGOTIATION/DEFERRED PAY MENT DETAILS	42 P: 60 DAYS AFTER SIGHT
PARTIAL SHIPMENTS	43 P: NOT ALLOWED
TRANSHIPMENT	43T: ALLOWED
PORT OF LOADING/AIRPORT OF DEPARTURE	44E: SHANGHAI
PORT OF DISCHARGE/AIRPORT OF DESTINATION	44F: NAGOYA
LATEST DATE OF SHIPMENT	44 C: 221130
DESCRIPTION OF GOODS AND /OR SERVICES	45 A:

LADIES SHIRTS 65% POLYESTER 35% COTTON

STYLE NO. A101 200DOZ @ USD60.00/PC

STYLE NO. A102 400DOZ @USD84.00/PC

ALL OTHER DETAILS OF GOODS ARE AS PER

CONTRACT NO. LT 07006 DATED AUG 11, 2022

DELIVERY TERMS: CFR NAGOYA (INCOTERMS 2020)

DOCUMENTS REQUIRED   46 A:

+ COMMERCIAL INVOICE MANUALLY SIGNED IN 2 ORIGINALS PLUS 1 COPY MADE OUT TO BBB TRADING CO. 56, NISHIKI 6-CHOME, NAKAKU NAGOYA, JAPAN.

+ FULL SET(3/3) OF ORIGINAL CLEAN ON BOARD BILL OF LADING PLUS 3/3 NON NEGOTIABLE COPIES, MADE OUT TO ORDER OF ISSUING BANK AND BLANK EN-DORSED, NOTIFY THE APPLICANT, MARKED FREIGHT COLLECT, MENTIONING GROSS WEIGHT AND NET WEIGHT.

+ ASSORTMENT LIST IN 2 ORIGINALS PLUS 1 COPY.

+ CERTIFICATE OF ORIGIN IN 1 ORIGINAL PLUS 2 COPIES SIGNED BY CCPIT.

+ MARINE INSURANCE POLICY IN THE CURRENCY OF THE CREDIT ENDORSED IN BLANK FOR CIF VALUE PLUS 30 PCT MARGIN COVERING ALL RISKS OF PICC CLAUSES INDICATING CLAIMS PAYABLE IN JAPAN.

ADDITIONAL CONDIITIONS   47A:

+ ALL DOCUMENTS MUST BE ISSUED IN ENGLISH.

+ SHIPMENTS MUST BE EFFECTED BY FCL.

+ B/L MUST SHOW SHIPPING MARKS: BBB，S/C LT07060，NAGOYA，C/NO.

+ ALL DOCS MUST NOT SHOW THIS L/C NO. 70/1/5822

+ FOR DOCS WHICH DO NOT COMPLY WITH L/C TERMS AND CONDITIONS，WE SHALL DEDUCT FROM THE PROCEEDS A CHARGE OF JPY 5 000 PAYABLE IN USD EQUIVALENT PLUS ANY INCCURED SWIFT CHARGES IN CONNECTION WITH.

CHARGES   71 D:

ALL BANKING COMM/CHRGS OUTSIDE JAPAN ARE ON BENEFICIARY'S ACCOUNT.

PERIOD OF PRESENTATION IN DAYS   48: 15

CONFIRMATION INSTRUCTIONS   *49: WITHOUT

INSTRUCTIONS TO THE PAYING/ACCEPTING/NEGOTIATING BANK   78:

WE SHALL REIMBURSE AS PER YOUR   INSTRUCTIONS

（三）通过分析信用证找出下面的相关内容

（1）信用证种类

（2）信用证证号

（3）开证日期

（4）信用证的有效期

（5）信用证的到期地点

（6）开证申请人的名称、地址

（7）受益人的名称、地址

（8）开证行的名称

（9）信用证金额及货币单位

（10）分批运输

（11）转运

（12）装运港（地）、目的港（地）

（13）最迟装运期

（14）品名与规格

（15）价格术语

（16）交单期限

（17）信用证要求的单据

（18）信用证特别条款

（四）根据分析结果和销售合同，审核信用证中存在的问题

素养点睛：通过分析和审核信用证，同学们要着力培养在今后缮制外贸单证工作中的细致谨慎、严格把关、灵活机动和善于思考的工匠精神。

任务 2.3 修改信用证

 学习目标

能力目标：

能根据不符点及修改意见撰写改证函并修改信用证。

知识目标：

掌握修改信用证的原则、业务流程和要求。

素养目标：

工作中自觉维护国家利益、社会利益、集体利益和公司利益，养成诚实守信的职业素养。

训练任务

资深外贸单证员张蓉要求李华根据信用证审核记录单（信用证审核记录单见任务 2.2）撰写改证函。

支撑知识

❋ 一、修改信用证的原则

外贸单证员在修改信用证时要遵循"利己不损人"的原则，即在不影响进口商正常利益的基础上，维护我方的合法利益，具体处理原则有以下几条。

微课：修改信用证的原则和流程

（1）对我方有利，且不影响对方利益的内容，一般不改。例如信用证的装运港为"CHINESE MAIN PORT"，与合同中的"NANJING, CHINA"不一致。

信用证中的装运港是中国主港，包括南京港，增加了受益人可选择的范围，对我方有利，又不影响对方的利益，一般不改。

（2）对我方有利，但会严重影响对方利益的内容，一般要改。例如信用证中的单价错误会导致我方收入增加、对方收入减少等。

（3）对我方不利，但是在不增加或基本不增加成本的情况下可以保证安全收汇的内容，可以不改。例如转运港填写错误会使我方的运输线路发生变化，但只要此变化不增加或基本不增加成本，又不影响正常的托运操作，可以不改。

（4）对我方不利，且要在增加较大成本的情况下才可以完成的内容，若对方愿意承担成本，则不改，否则就要修改。

（5）对我方不利且不改会严重影响安全收汇的内容，坚决要改。

素养点睛：市场经济不仅是法治经济，更是诚信经济，诚信是一切才能的基础，只有获得别人的信任，才能铸就自己的信誉。党的十八大首次将"诚信"纳入社会主义核心价值体系，强调要"加强政务诚信、商务诚信、社会诚信和司法公信建设"；党的十九大则对加强"公信力""诚信""社会信用"提出了具体要求；党的二十大报告指出要"弘扬诚信文化，健全诚信建设长效机制"。理论和实践表明，社会信用体系是社会主义市场经济体制和社会治理机制的重要组成部分，加快社会信用体系建设是培育和践行社会主义核心价值观的重要内容，是完善社会主义市场经济体制的重要基础，是加强社会治理体系和治理能力现代化的重要手段，对增强公民诚信意识、营造良好营商环境、提升社会整体文明水准、促进经济发展和社会进步具有重要意义。

同学们在今后的工作中要坚守"诚信"二字，在修改信用证的时候，要自觉维护国家利益、社会利益、集体利益和公司利益，要忠实履行合同，因为这是基本的行业道德要求。

❋ 二、修改信用证的业务流程

不可撤销信用证开出后，对其中任何条款的修改均关系到各有关当事人的权利和义务的改变，所以，在信用证有效期内，任何一方的任何修改，都必须经买卖双方协商一致同意后，由开证申请人通过开证行办理修改。开证行可依据开证申请人提交的信用证修改申请书受理该笔业务。修改信用证的业务流程如图 2-3 所示。

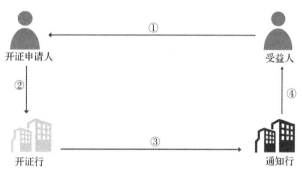

图 2-3　修改信用证的业务流程

① 受益人给开证申请人发改证函，协商改证事宜。一份规范的改证函主要包括 3 个方面的内容：感谢对方开来信用证；列明不符点并说明如何修改；感谢对方合作，并希望对方早日开出信用证修改申请书。

② 协商一致后，开证申请人填写信用证修改申请书，向开证行提出改证申请。信用证修改申请书是开证申请人在修改信用证条款时向开证行提交的书面文件。开证申请人提交信用证修改申请书时，必须由原信用证的开证申请人填写并提交到原开证行办理修改业务。信用证修改申请书中须写明原信用证的受益人、金额、编号等，并详列各项所需修改的内容及信用证修改申请书应以什么方式发出。对于修改的内容，一般先列出原信用证的有关条款，再写出相应的修改条款。开证申请人提交信用证修改申请书时，必须缴纳修改手续费，一般按次收取，另加电

报费或邮费。如信用证需延长有效期或增加金额，则开证行会按其费率表追加相应的开证费用。

③ 开证行审查并受理。开证行接到信用证开证申请人的信用证修改申请书后，必须按照信用证修改申请书所列信用证号调出原信用证副本对照审核，审核的主要内容如下：信用证修改申请书中的编号是否正确；所要求修改的条款内容是否符合国际惯例和本国（地区）法律；所要求修改的条款对原信用证有无不利之处；所要求修改的条款之间有无相互矛盾之处，与原信用证的其他条款有无相互矛盾之处。如果有相互矛盾之处，开证行应提醒开证申请人做相应的修改，使修改后的信用证的各条款相互吻合、前后协调。若信用证修改申请书中提出要增加信用证总金额，则开证行要增收保证金。开证行收取的修改手续费若需由受益人支付，则应在信用证修改申请书中列明，等到开证申请人付款时一并扣除。

开证行同意后，向信用证的原通知行发出信用证修改书。

④ 通知行审核无误后，根据信用证的修改要求，按原信用证的传递路线向受益人发出信用证修改通知书。

三、修改信用证的要求

出口商在对信用证进行全面审核后，如果发现问题，应分情况及时处理。对于影响安全收汇、难以接受或做到的信用证条款，出口商必须要求进口商进行修改。

微课：修改信用证的要求

1．信用证修改规则

（1）只有进口商（开证申请人）有权决定是否向开证行提出修改信用证。出口商（受益人）只能向开证申请人提出修改请求，经开证申请人同意后再由其通知开证行。

（2）受益人只有在收到并接受开证行通过通知行转递的信用证修改通知书后，对信用证的修改才有效。直接由受益人向开证行提出的改证申请是无效的。

2．修改信用证的注意事项

（1）凡是需要修改的内容应做到一次性向对方提出，避免出现多次修改信用证的情况。

（2）对于不可撤销信用证中任何条款的修改，都必须取得当事人的同意后才能生效。

（3）受益人收到信用证修改通知书后，应及时检查修改内容是否符合要求，并根据情况表示接受或提出重新修改。对于同一信用证修改通知书的内容，要么全部接受，要么全部拒绝，对信用证修改通知书的部分接受是无效的。

（4）有关信用证的修改必须通过原通知行传递才真实、有效；通过开证申请人直接寄送的信用证修改通知书或其复印件均是无效的。

（5）明确修改费用由谁承担，一般按照责任归属确定。

（6）保兑行有权对修改不保兑，但它必须不延误地将该情况通知开证行及受益人。

（7）受益人提出修改信用证，应通知开证申请人，同时规定信用证修改申请书到达的时限。

（8）受益人应对开证行的修改发出接受或拒绝的通知。根据 UCP 600 的规定，在受益人告知通知修改的银行接受该修改之前，原信用证（或含有先前被接受的修改的信用证）的条款对受益人仍然有效。受益人应提供接受或拒绝修改的通知。如果受益人未能给予通知，当交单与信用证以及尚未表示接受的修改的要求一致时，即视为受益人已做出接受修改的通知，并且从此时起，该信用证被修改。

3．交单时发现不符点的处理方式

（1）受益人在议付行交单时发现有不符点，凡是来得及并可以修改，就直接修改这些不符点，使之与信用证相符，从而保证正常议付货款。

（2）受益人在议付行交单时发现有不符点，但来不及修改，或单据寄到开证行被发现有不符点时已无法修改，则可以通知开证申请人，说明单据中的不符点，请其来电确认接受不符点，并向开证行表示接受单据中的不符点，则仍可以收回货款。若采取这种处理方式，实际上已经将结算方式由信用证性质变成托收性质，即银行从承担第一性的付款责任的地位退到托收行的地位。因此，信用证结算的首要问题就是一定要做到"单证相符"和"单单相符"，这样才能保证安全收汇。

素养点睛：古人云："诚信者，天下之结也。"这句话的意思是诚信是结交天下的根本。中国将坚持对外开放的基本国策，发挥超大规模市场优势和内需潜力，着力推动规则、规制、管理、标准等制度型开放，不断加大知识产权保护力度，持续打造市场化、法治化、国际化营商环境，为中外企业提供公平公正的市场秩序。

任务分析与实施

根据支撑知识，完成训练任务，具体如下。

Dear Sir,

Thanks very much for your L/C No. X53557, We have carefully checked. There are some points which have to be modified, these are:

1. The L/C expiry place should be in CHINA, not in JAPAN.

2. Transhipment should be "not allowed", not "allowed".

3. It should be "FREIGHT PREPAID" instead of "FREIGHT COLLECT", as CIF delivery means that you are responsible for transporting up to the port with goods on board.

All remaining points are ok.

Please amend the L/C as above required and send it through the bank. Thank you.

Yours truly

JIANGSU FASHION INTERNATIONAL TRADE CORPORATION

ZHANGRONG

AUG.29, 2022

综合训练

1. 请根据江苏时尚国际贸易公司的审证意见，给进口商 ABC Company Limited, 35-36 Street，London，UK 拟写一份改证函。

JIANGSU FASHION INTERNATIONAL TRADE CORPORATION.
#358 ZHUSHAN ROAD，JIANGNING DISTRICT, NANJING, CHINA

Tel: 0086-25-54530×××   Fax: 0086-25-54530×××

审 证 意 见

信用证号：H982/M056378

合同号：HY88CLM98

开证行：英国米兰银行 (MIDLAND BANK LTD.)

申请人：ABC COMPANY LTD.

审证结果：

（1）信用证中的大小写金额不一致，大写金额错误，合同上的金额是 USD500 000；

（2）汇票付款期限为见票后 60 天付款，与合同规定的即期付款不符合；

（3）合同规定允许分批装运和转运，信用证中却禁止分批装运和转运；

（4）保险加成率合同规定为 110%，信用证中却规定为 150%；

（5）信用证中要求运输单据签发后 5 天内交单议付，交单日太紧，建议改为 15 天；

根据以上审证意见，遵照信用证修改原则，撰写改证函。

2. 2022 年 2 月 10 日，美国纽约 N 银行向中国银行江苏分行开立了一个金额为 65 万美元的即期不可撤销信用证。信用证规定最迟装船期为 3 月 25 日，受益人为江苏时尚国际贸易公司。3 月 2 日，中国银行江苏分行收到开证行（N 银行）传来的信用证修改申请书，要求将最迟装船期提前至 3 月 15 日及修改货物描述等内容。中国银行江苏分行立即通知受益人，受益人向中国银行江苏分行书面确认表示拒绝修改，随即中国银行江苏分行向开证行发出同样内容的电报。4 月 1 日，受益人交单，中国银行江苏分行经审核无误后议付，并向开证行寄单索汇。4 月 10 日，中国银行江苏分行收到开证行的电报称：该单据迟装并且装船期超过信用证规定的最迟装船期，并以此拒付退单。经查，此笔单据的装船日为 3 月 25 日，完全符合原信用证的要求，据此，受益人和中国银行江苏分行反驳了开证行提出的不符点。请分析：开证行提出的拒付理由是否成立？

素养点睛：诚信是社会主义核心价值观的基本内容。同学们要重视诚实守信的职业素养的养成，早日成为一名优秀的外贸单证员。

 相关链接

请查阅跟单信用证中的常见条款及短语。

文本：跟单信用证中
的常见条款及短语

项目三

缮制出口单证

任务 3.1 缮制商业发票

 学习目标

能力目标：

能根据合同、信用证和货物情况缮制商业发票。

知识目标：

理解商业发票的含义和作用，掌握商业发票的内容和缮制要点。

素养目标：

厚植家国情怀，培养精益求精的工匠精神。

训练任务

资深外贸单证员张蓉要求李华根据公司与日本 ABC 贸易公司的业务资料及日本银行名古屋分行开立的信用证，缮制该笔业务的商业发票。

（一）信用证的有关条款

图片：出口业务流程

| SEQUENCE OF TOTAL | *27: 1/1 |
| FORM OF DOCUMENTARY CREDIT | *40A: IRREVOCABLE |

DOCUMENTARY CREDIT NUMBER	*20: X53557
DATE OF ISSUE	*31C: 220825
APPLICABLE RULES	*40E:UCP LATEST VERSION
DATE AND PLACE OF EXPIRY	*31D: 221010 IN CHINA
APPLICANT	*50: ABC TRADING CO., LTD. JAPAN 56，NISHIKI 6-CHOME，NAKAKU NAGOYA，JAPAN
BENEFICIARY	*59: JIANGSU FASHION INTERNATIONAL TRADE CORPORATION #358 ZHUSHAN ROAD，JIANGNING DISTRICT，NANJING，CHINA
CURRENCY CODE, AMOUNT	*32B: USD108 000.00
POS./NEG.TOL. (%)	39A: 10/10
AVAILABLE WITH... BY...	*41D: BANK OF CHINA，JIANGSU BRANCH
DRAFTS AT...	42C: AT SIGHT
DRAWEE	42D: BANK OF JAPAN，NAGOYA BRANCH
PARTIAL SHIPMENTS	43P: NOT ALLOWED
TRANSHIPMENT	43T: NOT ALLOWED
PORT OF LOADING/AIRPORT OF DEPARTURE	44E: SHANGHAI
PORT OF DISCHARGE/AIRPORT OF DESTINATION	44F: NAGOYA
LATEST DATE OF SHIPMENT	44C: 220920
DESCRIPTION OF GOODS AND /OR SERVICES	45A:
	MEN'S SHIRT AS PER S/C NO. FC266 CIF NAGOYA
DOCUMENTS REQUIRED	46A:

+COMMERCIAL INVOICE IN QUADRUPLICATE.

+FULL SET (AT LEAST THREE) ORIGINAL CLEAN SHIPPED ON BOARD BILLS OF LADING ISSUED TO ORDER OF SHIPPER, NOTIFY APPLICANT, SHOWING "FREIGHT PREPAID" AND BEARING THE NUMBER OF THIS CREDIT.

+PACKING LIST IN 3 COPIES.

+INSURANCE POLICY OR CERTIFICATE ISSUED BY PEOPLE'S INSURANCE COMPANY OF CHINA INCORPORATING THEIR OCEAN MARIE CARGO CLAUSES ALL RISKS AND WAR RISK FOR 110% PERCENT OF CIF INVOICE VALUE，WITH CLAIMS PAYABLE IN NAGOYA.

+CERTIFICATE F ORIGIN IN DUPLICATE ISSUED BY CHINA COUNCIL FOR THE PROMOTION OF INTERNATIONAL TRADE.

ADDITIONAL CONDIITIONS　　　　　47A:

+INSURANCE WILL BE COVERED BY THE BENEFICIARY.

+ALL DOCUMENTS TO BE ISSUED IN ENGLISH LANGUAGE.

+TRANSPORT DOCUMENTS BEARING A DATE PRIOR TO THE L/C DATE ARE NOT ACCEPTABLE.

CHARGES　　　　　　　　　　　71D:

ALL BANKING CHARGES OUTSIDE JAPAN ARE FOR ACCOUNT OF BENEFICIARY

PERIOD OF PRESENTATION IN DAYS　　48:21

CONFIRMATION INSTRUCTIONS　　　*49: WITHOUT

（二）业务附加说明

发票号：F2201

数量：9000 件

价格：每件 12.00 美元　　CIF 名古屋

发票日期：2022 年 9 月 1 日

唛头：ABC /FC266/ NAGOYA /C/NO.1-300

贸易方式：GENERAL

男式衬衫的 HS 编码：6205200099

集装箱号：COSCO 0602141

图片：商业发票
样本（1）

图片：商业发票
样本（2）

（三）商业发票样本

商业发票
Commercial Invoice

1. 出口商 Exporter		4. 发票日期和发票号 Invoice Date and No.		
		5. 合同号 Contract No.	6. 信用证号 L/C No.	
2. 进口商 Importer		7. 原产国（地区） Country/region of origin		
		8. 贸易方式 Trade mode		
3. 运输事项 Transport details		9. 交货和付款条款 Terms of delivery and payment		
10. 运输标志和集装箱号 Shipping marks, Container No.	11. 包装类型及件数、商品编码、商品描述 Number and kind of packages，Commodity No.，Commodity description	12. 数量 Quantity	13. 单价 Unit price	14. 金额 Amount
15. 总值（用数字和文字表示）Total amount (in figure and word)				
	16. 出口商签章 Exporter stamp and signature			

支撑知识

 扩展阅读/素养园地

中国发票的前世今生

发票是一个历史范畴，它是随着人类"核算"行为的产生而产生的，是为逐步满足"核算"的需求而发展起来的，是社会生产力发展到一定阶段的产物。

《周易·系辞下》记载："上古结绳而治，后世圣人易之以书契。"因此，"书契"是发票的雏形。早期经营交易活动有限，当时"书契"多为地契。人们在纸上注明土地的数量、地点、价格，由买方、卖方和见证者三方签字盖印，以此证明土地、房屋进行了转让。这种通过"书契"凭证记载交易内容的形式随着时代的变迁和商品交易的兴起逐步"升级"。东晋时期，"书契"凭证开始成为官府稽征税款的依据；宋清时期，"书契"凭证内容被官方统一，间接带动了商品经济的发展。

清朝晚期，大量真正可以被称为发票的凭据出现，民间出现了较为频繁的商品交易，买卖双方很希望有一种能证明交易过程的真实性的证据。1912 年到 1949年，当时政府出于对印花税的"热切渴望"，对法律环境进行了相应的完善，发票也随着"印花热潮"获得"官方认证"，从此逐步确立了在经济社会中的地位。

中国的税务主管部门在成立之初就十分重视对发票的管理，力求稳定物价水平、平衡财政收支，新的经济发展环境、频繁复杂的商品交易给发票注入新的活力，人们对发票的内容、开具及操作流程的要求越来越高，烦琐的书契式发票逐渐走向衰落，科学严谨的表格式发票顺应时代发展在全国广泛推广。1986 年，财政部制定颁发了《全国发票管理暂行办法》，详细规定了发票管理制度、内容种类、印刷格式等，规定了"发票"作为经济生活中唯一合法的购销凭证，标志着我国发票管理由此进入一个划时代的新阶段。随着互联网时代的到来，电子商务、在线支付等新兴商业模式逐渐占据了人们的日常生活，传统的发票制度在信息化冲击中寻求发展。2017 年，国家税务总局发布《关于进一步做好增值税电子普通发票推行工作的指导意见》。电子发票的推广应用，标志着我国发票管理体制出现了根本性的变革。2022 年，发票通企业数字化税务协同管理平台全新升级"数电票"功能，在继承传统税控设备开票的基础上，依托发票通平台"数电票"开具能力，可对接企业业务或 ERP 系统，集中或分散开具"数电票"，同时在进项发票管理中，可对接收的"数电票"进行集中的查验、认证，为企业推进"数电票"的试点提供方案及系统支撑。自 2023 年 12 月 1 日起，"数电票"开票试点实现全国范围覆盖。"数电票"是全面数字化的电子发票，简称全电发票，它与纸质发票具有同等法律效力，不以纸质形式存在，不用介质支撑，无须申请领用、发票验旧及申请增版增量。

素养点睛： 商业发票是整套单据的核心，其他单据均是以商业发票为核心缮制的，在外贸制单工作中，一般也是先缮制好商业发票，然后再制作其他单据。

❋ 一、商业发票

1．商业发票的含义

商业发票是出口商开立的载有货物名称、数量、价格等内容的价目清单，它是买卖双方交接货物和结算货款的主要单据，也是进出口报关，办理产地证、许可证、保险索赔与理赔，以及出口交单的必备单据。

微课：商业发票的含义和作用

2．商业发票的作用

（1）商业发票是出口商履约情况的证明文件

商业发票可用于证明出口商是否履行了合同规定的义务，以维护进口商的利益。

（2）商业发票是买卖双方记账及核算的依据

出口商可以通过商业发票了解销售收入，核算盈亏，按不同的支付方式记好外汇账，并及时了解收汇情况。进口商可以根据发票逐笔记账，按时结算货款，履行付款义务。

（3）商业发票是报关纳税的依据

商业发票是进出口商报关、海关验放及进行海关统计的重要文件，其有关货物的描述（如商品名称、价格、原产地等）是海关确定进出口关税的依据。

微课：商业发票的内容和制作

（4）商业发票可代替汇票作为付款的依据

在不使用汇票的情况下，商业发票可以代替汇票作为结算货款的凭据。在征收印花税的国家（地区），使用汇票须计征印花税，因此一些国家（地区）的进口商在信用证或托收方式下不要求出口商提供汇票，而以商业发票代替，以免缴印花税。

3．商业发票的内容和缮制要点

商业发票无统一格式，一般由出口商自行设计，但内容必须符合信用证或合同的规定。缮制商业发票是一项复杂而细致的工作，缮制时要求符合规范，保证质量，做到清楚、干净、页面合理美观、数字计算准确。

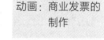

动画：商业发票的制作

商业发票的内容通常包括出口商和进口商的名称及地址、运输事项、发票日期和发票号、合同号、信用证号、原产国（地区）、贸易方式、交货和付款条款、运输标志和集装箱号等。

（1）出口商：填写出口商的名称及地址，该内容必须同合同中的签约人及信用证中对出口商的描述一致。

（2）进口商：填写进口商的名称及地址，填写时注意公司名称和地址要分行填写，名称一般占一行，地址则可合理分行填写。

（3）运输事项：必须与其他单据保持一致，并且要填上具体的地名，不要用统称。一般只简单地表明运输路线及运输方式，如"FROM...TO...BY..."。如货物需转运，应在目的港（地）之后将转运港（地）名称通过 W/T 加以体现。

（4）发票日期和发票号：一般情况下，一套结汇单据中，发票日期是最早的，但不得早于信用证的开证日期，也不得迟于信用证的有效期。因商业发票是全套单据的中心，所以它的编号可以代表整套单据的编号，一般由出口商根据公司的实际使用情况自行编制。

（5）合同号：因商业发票是证明出口商履行合同或订单条款情况的文件，因此必须注明合同号。一笔交易有多个合同号时，商业发票上应分别列出。

（6）信用证号：注明信用证号。

（7）原产国（地区）：生产或制造货物的国家（地区），当出现不一致的情况时，应在自由处置区说明。

（8）贸易方式：根据国际贸易惯例在合同中指明贸易方式。

（9）交货和付款条款：买卖双方商定的卖方交货给买方的条款和买方付款条款。

（10）运输标志和集装箱号：运输标志又叫"唛头"，应与合同或信用证的规定一致。如无规定可由卖方按 ISO（International Organization for Standardization，国际标准化组织）标准自行设计。若是散装货，可注明"N/M"或"NO MARKS" 或"IN BULK"字样；若是裸装货，则可注明"NAKED"字样。如果为集装箱运输，此栏还需要填写集装箱号。

（11）包装类型及件数、商品编码、商品描述：商业发票上显示的包装类型及件数不得与其他单据上的同种数据相矛盾；商品编码为以海关规定的商品分类编码规则确定的出口货物的商品编号；商品描述必须与信用证规定的完全一致，品名不可有遗漏或随意简写，同时商品描述必须真实反映实际货物，如果贸易术语是货物描述的一部分，则商业发票上必须加以显示。

（12）数量：货物数量的描述受到信用证和提单两个方面的约束，不能有出入；在信用证无相关规定时，根据 UCP 600 第三十条 a,b 款规定："约"或"大约"用于信用证金额或信用证规定的数量或单价时，应解释为允许有关金额或数量或单价有不超过10%的增减幅度。在信用证未以包装单位件数或货物自身件数的方式规定货物数量时，货物数量允许有 5%的增减幅度，只要总支取金额不超过信用证金额；一般按合同的规定标明装运数量，而且必须标明数量单位。

（13）单价：单价是商业发票中一项极为重要的内容，一般要与信用证严格一致；不同的货物标明相应的单价，注意商业发票规定的货币单位及数量单位要与信用证规定的一致。

（14）金额：按指定行事的指定银行、保兑行（如有的话）或开证行可以接受金额大于信用证允许金额的商业发票，其决定对有关各方均有约束力，只要该银行对超过信用证允许金额的部分未作承付或者议付。

（15）总值：与小写金额一致，用英文大写表述。

（16）出口商签章：可有可无，若信用证要求签署，则签章要与出口商名称一致。按 UCP 600 的规定，发票"无须签名"。

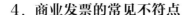
4．商业发票的常见不符点

（1）出单人名称与信用证受益人的名称不符。

（2）进口商名称与信用证开证申请人的名称不符。

（3）货物描述与信用证不符。

（4）商业发票总金额不在信用证允许增减的范围之内。

（5）货物数量不在允许增减的范围之内。

（6）单价不在允许增减的范围之内。

（7）信用证要求注明运费和保险费，而商业发票上未注明。

（8）信用证要求签证，而商业发票上未签证。

（9）信用证要求签字，而商业发票上未签字。

（10）商业发票的份数不足。

（11）商业发票表示分批装运，而信用证不允许。

（12）信用证上的其他条款未被执行。

素养点睛：掌握商业发票的缮制要点，熟悉 UCP 600 等国际惯例对商业发票的要求，做到精益求精，立志打造外贸"匠心服务"。

✸ 二、国际贸易中其他常见的发票

1．详细发票

若信用证规定"DETAILED INVOICE"，发票内印有"INVOICE"字样，则前面须加"DETAILED"，发票内容应将货物名称、规格、数量、单价、价格条件、总值等详细列出。

2．证实发票

证实发票是证明所载内容真实、正确的一种发票，证实发票的内容视进口商的要求而定，如发票内容真实无误，货物的真实产地、商品品质与合同相符，价格正确等。如果信用证规定"CERTIFIED INVOICE"，发票名称应照打，同时划去发票下通常印就的"E.&.O.E."字样，通常在发票内注明"WE HEREBY CERTIFY THAT THE CONTENTS OF INVOICE HEREIN ARE TRUE & CORRECT"。

有些国家（地区）的进口商可凭证实发票代替海关发票办理清关或取得关税优惠，或凭证实发票证明佣金未包括在货价内，借以索取价外报酬。

3．签证发票

如果信用证规定"VISAED INVOICE"（签证发票），并指定签证人，则需由签证人在发票上签字盖章，并加注证明文句；若信用证未指定签证人，则以出口国（地区）商会作为签证人，其余要求与证实发票相同。

4．收妥发票（钱货两讫发票）

若信用证规定"RECEIPT INVOICE"，则照打名称，并在发票结文签字处加注货款已收讫条款：VALUE/PAYMENT RECEIVED UNDER CREDIT NO.×××　ISSUED

BY ×××　BANK。这种发票多用在即期付款信用证下，其目的是以收妥发票代替货款收据，而不需再开立汇票。

5．厂商发票

厂商发票是出口货物的制造厂商出具的以本国（地区）货币表示出厂价格的销货凭证，其目的是供进口国（地区）海关估价、核税及检查是否有削价倾销行为，常在征收反倾销税时使用。若信用证要求"MANUFACTURERS INVOICE"，发票名称应照打，且外贸单证员在缮制时应注意以下几点。

（1）厂商发票的出票日期应早于商业发票的出票日期。

（2）价格为以出口国（地区）币制表示的国（境）内市场价。

（3）发票内应加注证明制造商的语句"WE HEREBY CERTIFY THAT WE ARE ACTUAL MANUFACTURER OF THE GOODS INVOICED"。

（4）抬头人为出口商，但当出单人为制造厂商时，应由厂方负责人在发票上签字盖章。

（5）货物出厂时，一般无出口装运标记，因此除非信用证有明确规定，厂商发票不必缮制唛头。

6．形式发票（预开发票）

形式发票主要用于供进口商接受报价时做参考，或签约后向本国（地区）贸易管理当局或外汇管理当局申请进口许可证或批汇时使用。它是出口商应进口商要求，在成交前开立的非正式参考性发票。其中的价格仅为估计价，不能作为结算单据，且对交易双方无最终约束力。正式交易时还需另开正式发票。

若信用证规定"PROFORMA INVOICE"，发票名称应照打，且发票内注明"THIS PROFORMA INVOICE IS ISSUED ONLY FOR THE PURPOSE OF APPLYING FOR IMPORT LICENSE BY THE IMPORTER"或"THE TERMS AND CONDITIONS CONTAINED HEREIN WILL BE DEEMED VALID ONLY AFTER ITS FINAL APPROVAL BY THE SELLER"等字样。一旦进口商接受形式发票，即为一份肯定合约，双方应依形式发票的内容办理各项业务。

7．样品发票（小发票）

样品发票是出口商向进口商寄样品时出具的清单，供进口报关时使用。

8．领事发票

领事发票是出口商根据进口国（地区）驻出口国（地区）领事馆制定的固定格式填写并经领事馆签章的发票。部分拉丁美洲国家（地区）规定必须凭领事发票进口，或用以确定货物的原产地，或用以明确差别待遇关税，或用以核定发票售价是否合理，或用以确定是否存在倾销问题等。领事发票属官方单证，格式一般相对固定，但有些国家（地区）要求出口商出具的商业发票上须由该国（地区）领事签章，这种发票称为领事签证发票（CONSULAR LEGALIZED INVOICE）。领事发票中应注明的内容视信用证上的发票认证条款而定，一般须注明"THE SHIPMENT IS MANUFACTURED / PRODUCED BY ××(EXPORTER)。

9．寄售发票

寄售发票是货物寄售时出口商开给进口商作为定价依据的发票。

10．海关发票

海关发票是进口国（地区）海关规定的进口报关时必须提供的特定格式的发票，主要用作估价完税、确定原产地、征收差别待遇关税或征收反倾销税的依据。因此，海关发票又称为估价和原产地联合证书（COMBINED CERTIFICATE OF VALUE AND ORIGIN，C.C.V.O.）。

海关发票在不同国家（地区）有不同的固定格式，使用时要注意不能混用。有些国家（地区）允许以海关发票替代商业发票。外贸单证员在缮制海关发票时应注意：如成交条件为 CIF，应分别列明 FOB、运费、保险共 3 个部分的金额，且其和应与 CIF 货值相等；签字人和证明人须以个人身份出现，二者不能为同一人，个人签字手签方有效。

由于海关发票不利于自由贸易的发展，目前在国际贸易中有使用减少的趋势。

任务分析与实施

根据支撑知识，完成训练任务，具体如下。

商业发票
Commercial Invoice

1. 出口商 Exporter JIANGSU FASHION INTERNATIONAL TRADE CORPORATION #358 ZHUSHAN ROAD, JIANGNING DISTRICT, NANJING, CHINA		4. 发票日期和发票号 Invoice Date and No. SEP.01,2022 F2201		
		5. 合同号 Contract No. FC266		6. 信用证号 L/C No. X53557
2. 进口商 Importer ABC TRADING CO., LTD. JAPAN 56, NISHIKI 6-CHOME, NAKAKU NAGOYA, JAPAN		7. 原产国（地区）Country/region of origin CHINA		
		8. 贸易方式 Trade mode GENERAL		
3. 运输事项 Transport details FROM SHANGHAI TO NAGOYA BY SEA		9. 交货和付款条款 Terms of delivery and payment CIF L/C AT SIGHT		
10. 运输标志和集装箱号 Shipping marks, Container No.	11. 包装类型及件数、商品编码、商品描述 Number and kind of packages, Commodity No., Commodity description	12. 数量 Quantity	13. 单价 Unit price	14. 金额 Amount
ABC FC266 NAGOYA C/NO.1 – 300 COSCO 0602141	HS CODE：6205200099 *300 CARTONS OF MEN'S SHIRT AS PER S/C NO. FC266*	9000 PIECES	CIF NAGOYA USD 12.00/PC	USD 108 000.00

15. 总值（用数字和文字表示）Total amount(in figure and word)	
USD 108000.00 SAY US DOLLARS ONE HUNDRED AND EIGHT THOUSAND ONLY	
	16.出口商签章 Exporter stamp and signature JIANGSU FASHION INTERNATIONAL TRADE CORPORATION

综合训练

请根据以下信用证（节选部分内容）信息缮制商业发票。

SEQUENCE OF TOTAL	*27: 1/1
FORM OF DOCUMENTARY CREDIT	*40A: IRREVOCABLE
DOCUMENTARY CREDIT NUMBER	*20: MTL22-58234
DATE OF ISSUE	*31C: 220103
APPLICABLE RULES:	*40E: UCP LATEST VERSION
DATE AND PLACE OF EXPIRY	*31D: 220610 IN CANADA
APPLICANT	*50: RICH KINGDOM CO. 209, PEAN PARK DR. UNIT 101 MARKHAM, MONTARIO, CANADA, L3R 1H3
BENEFICIARY	*59: JIANGSU FASHION INTERNATIONAL TRADE CORPORATION #358 ZHUSHAN ROAD, JIANGNING DISTRICT, NANJING, CHINA
CURRENCY CODE, AMOUNT	*32B: USD18043.00
AVAILABLE WITH / BY	*41D: ANY BANK BY NEGOTIATION
DRAFTS AT…	42C: AT SIGHT
DRAWEE	42D: HONGKONG AND SHANGHAI BANKING CO., MONTREAL BRANCH
PARTIAL SHIPMENTS	43P: NOT ALLOWED
TRANSHIPMENT	43T: NOT ALLOWED
PORT OF LOADING/AIRPORT OF DEPARTURE	44E: SHANGHAI
PORT OF DISCHARGE/AIRPORT OF DESTINATION	44F: VANCOUVER
LATEST DATE OF SHIPMENT	44C: 220522

DESCRIPTION OF GOODS   45A: LUGGAGE SET

"E"TROLLEY CASE 110 SETS (550 PCS) USD47.5/SET

"D"SUITCASE CASE 260 SETS (1300 PCS) USD49.3/SET

PRICE TERM: FOB SHANGHAI

DETAILS AS PER CONTRACT NO. NJF-012

SHIPPING MARK: R & K

                VANCOUVER

            MADE IN CHINA

                1-UP

DOCUMENTS REQUIRED   46A:

SINGED COMMERCIAL INVOICE IN 5 FOLDS INDICATING L/C NO. AND CONTRACT NO. NJF-012

…

CONFIRMATION INSTRUCTIONS   *49: WITHOUT

素养点睛：在完成综合训练的过程中，同学们要有意识地培养知法守法与运用法律保护自身合法权益的意识和能力，同时要注意养成细致耐心的工作习惯，因为良好的工作习惯可以直接反映出外贸单证员的职业素养。

任务 3.2　缮制包装单据

 学习目标

能力目标：

能根据合同、信用证和货物实际情况缮制装箱单。

知识目标：

了解包装单据的含义和作用，理解包装单据的种类，掌握装箱单的内容和缮制要点。

素养目标：

立志成为有知识、有技术、有工匠精神的外贸人才。

训练任务

根据任务 3.1 的训练任务中的信用证和相关资料缮制装箱单。

图片：装箱单样本（1）

图片：装箱单样本（2）

（一）相关资料

包装：300 个纸箱，每箱装 30 件

净重：每箱 15 千克

毛重：每箱 15.2 千克

尺寸：50 厘米×50 厘米×60 厘米/CTN

（二）公司装箱单样本

装 箱 单

Packing List

1. 出口商 Exporter		3. 装箱单日期 Packing list date	
2. 进口商 Importer		4. 合同号 Contract No.	5. 信用证号 L/C No.
		6. 发票日期和发票号 Invoice Date and No.	
7. 运输标志和集装箱号 Shipping marks, Container No.	8. 包装类型及件数、商品编码、商品描述 Number and kind of packages, Commodity No., Commodity description	9. 毛重 kg Gross weight	10. 净重 kg Net weight	11. 体积 m³ Cube
	12. 出口商签章 Exporter stamp and signature			

支撑知识

在运输过程中，除谷物、煤炭、矿砂等散装商品无须包装外，大多数商品为了避免在搬运、装卸和运输途中发生碰撞、振动或受外界其他影响而遭受损伤，都需要经过适当的包装才能装运出口，这样便于进口商对商品进行分拨转售或对商品的包装、数量及重量等进行了解和掌握，也便于商品到达目的港（地）时，供境外海关检查和核对。因此，进口商往往要求出口商提供包装单据。

动画：备货业务流程

❋ 一、包装单据的含义和作用

包装单据是指记载或描述商品包装情况的单据，是商业发票的补充，也是货运单据中的一项重要单据。出口商在向银行交单并要求付款、承兑或议付时，除散装商品外，一般均需要提供包装单据。进口地海关验货、公证行检验、进口商核对商品时，通常都以包装单据为依据。包装单据的作用如下。

微课：包装单据的种类

（1）包装单据是出口商缮制商业发票及其他单据时计量、计价的基础资料。

（2）包装单据是进口商清点数量或重量及销售商品的依据。

（3）包装单据是海关查验商品的凭证。

（4）包装单据是公证行的参考资料。

❋ 二、包装单据的种类

1. 装箱单（Packing List）

装箱单是表明装箱商品的名称、规格、数量、重量、唛头、箱号、件数、包装形式和包装内容的单据。

2. 重量单 / 磅码单（Weight List）

当进口商对以重量计价的商品比较重视，或当商品的重量对其质量有一定的反映时，一般要求出口商提供重量单。重量单应尽量清楚地标明商品每一包装单位的毛重、净重及总重量情况。

3. 规格单（Specification List）

从内容上来讲，规格单与装箱单基本一致，只是名称要与信用证的规定相符，并重点说明包装的规格，如每箱装 30 件，每 5 件装一小盒，每件用塑料袋包装等细节。

4. 尺码单（Measurement List）

尺码单偏重于说明所装运商品的体积，即每件商品的包装尺码及总尺码。尺码单一般在装箱单的基础上对每个不同规格项目的尺码和总尺码进行重点说明。

5. 中性包装单（Neutral Packing List）

中性包装单不显示出具单位和进口商的名称、地址，也不显示产地，且不要求盖章、签字，只用于确认与信用证上规定的有关包装条件、包装规格、包装重量等的一致性。

6. 包装声明（Packing Declaration）

包装声明是关于出口商品包装材料的一种声明，主要用于目的港（地）的清关。有些国家（地区）担心出口国（地区）的出口商品的包装材料中含有可能危害进口国（地区）的森林资源的虫类，因此要求出口国（地区）提供包装声明，主要描述包装材料中有无稻草、树皮一类的东西。目前，需要提供包装声明的国家（地区）主要有澳大利亚、新西兰等。

包装声明要求填写发票号、船名航次、集装箱号、提单号。此外，关于鉴别包装材料的选择性内容，出口商只需要根据实际情况确认包装材料中是否有稻草、树皮等东西，以及是否会对进口国（地区）的自然环境产生负面影响即可。

❋ 三、装箱单的内容和缮制要点

装箱单暂无统一的格式，出口商可根据信用证或合同的要求及商品特点自行设计，通过对商品的包装件数、规格、唛头、重量等项目的填制，明确阐述商品的包装情况，但主要内容基本一致。

（1）出口商：一般情况下，填写出口商（即受益人）的名称及地址。

（2）进口商：一般情况下，填写进口商（即开证人）的名称及地址。

（3）装箱单日期：一般填写发票的签发日期，装箱单的日期可以晚于发票的签发日期。

（4）合同号：注明合同号，一笔交易有多个合同号的，装箱单上应分别列出。

（5）信用证号：注明信用证号码。

（6）发票日期和发票号：填写发票日期和发票号。

微课：装箱单的内容和制作

（7）运输标志和集装箱号：运输标志要与发票和信用证上的规定一致，也可以只注明"as per invoice No. ×××"；如果为集装箱运输，此栏还需要填写集装箱号。

（8）包装类型及件数、商品编码、商品描述：装箱单显示的包装类型及件数不得与其他单据上的同种数据矛盾；商品编码为以海关规定的商品分类编码规则确定的出口商品的商品编号；装箱单中所标明的商品应为发票中所描述的商品，除非信用证明确规定装箱单上必须注有商品描述，否则银行可接受没有商品描述的装箱单，只要装箱单的内容与发票有充分的联系即可。

动画：装箱单的制作

（9）毛重：毛重应注明此包装件内相同规格、品种、花色的商品的总毛重，最后标注所有商品的总毛重。

（10）净重：净重应注明此包装件内相同规格、品种、花色的商品的总净重，最后标注所有商品的总净重。

（11）体积：体积应注明此包装件内相同规格、品种、花色的商品的总体积，最后标注所有商品的总体积。

（12）出口商签章：填写出口商的名称，如信用证没有要求，可以不签字、盖章。

❋ 四、缮制装箱单的注意事项

（1）装箱单一般不应显示商品的单价和总值，因为进口商把商品转售给第三者时，不愿泄露其购买成本，只需交付装箱单和商品。

（2）当信用证要求使用中性装箱单（Neutral Packing List）时，装箱单上不应显示出口商的名称，也不得签章。

（3）装箱单必须与信用证的要求一致。如信用证要求提供详细的装箱单，装箱单上应载明每件（包、箱）商品的内容清单和有关情况。

（4）装箱单的出具日期应不早于发票日期或与发票日期相同。如果信用证不做规定，装箱单上可不注明出单日。

（5）装箱单是发票的附属单据，填写装箱单时应注意其内容与发票内容的一致性。

📖**案例分析：**

2022年2月，江苏时尚国际贸易公司向菲律宾客户出口一批大米，对方开来即期信用证，江苏时尚国际贸易公司审核信用证后很快按照信用证要求办理装运。3月10日，江苏时尚国际贸易公司向银行交单，议付行审核无误后向开证行交单。4月20号，江苏时尚国际贸易公司收到开证行的拒付通知，拒付理由是"信用证中规定货物重量单位使用公吨，但装箱单上的货物重量单位为千克"。开证行的拒付理由成立吗？

装箱单应尽可能详细地描述包装细节，包括商品的包装件数、规格、运输标志、重量等。开证行提出的不符点是装箱单的货物重量单位与信用证的要求不一致，且在装箱单的关键内容上构成了"单证不一致"，因此，开证行的拒付是合理的。

素养点睛： 我们在信用证项下缮制装箱单时，要严格做到"单证一致"，同时还要做到"单单一致""单货一致"，努力成为有知识、有技艺、有工匠精神的外贸人才。

任务分析与实施

根据支撑知识，完成训练任务，具体如下。

装　箱　单

Packing List

1. 出口商 Exporter JIANGSU FASHION INTERNATIONAL TRADE CORPORATION #358　ZHUSHAN　ROAD，JIANGNING　DISTRICT，NANJING，CHINA		3. 装箱单日期 Packing list date SEP.01, 2022		
2. 进口商 Importer ABC TRADING CO. LTD. JAPAN 56,NISHIKI 6-CHOME, NAKAKU NAGOYA，JAPAN		4. 合同号 Contract No. FC266	5. 信用证号 L/C No. X53557	
		6. 发票日期和发票号 Invoice Date and No. SEP.01, 2022, F2201		
7. 运输标志和集装箱号 Shipping marks, Container No. ABC FC266 NAGOYA C/NO.1 － 300 COSCO 0602141	8. 包装类型及件数、商品编码、商品描述 Number and kind of packages, Commodity No., Commodity description HS CODE：6205200099 300 CARTONS OF MEN'S SHIRT AS PER S/C NO. FC266	9. 毛重 kg Gross weight 4 560kg	10. 净重 kg Net weight 4 500kg	11. 体积 m³ Cube 45CBM
	12. 出口商签章 Exporter stamp and signature JIANGSU FASHION INTERNATIONAL TRADE CORPORATION			

 综合训练

根据信用证（节选部分内容）和补充资料缮制装箱单。

（一）信用证

SEQUENCE OF TOTAL	*27: 1/1
FORM OF DOCUMENTARY CREDIT	*40 A: IRREVOCABLE
DOCUMENTARY CREDIT NUMBER	*20: LRT0402457
DATE OF ISSUE	*31 C: 221125

APPLICABLE RULES:	*40E: UCP LATEST VERSION
DATE AND PLACE OF EXPIRY	*31 D: 230110 PLACE CHINA
APPLICANT	*50 : A.B.C. CORP.
	AKEKSANTERINK AUTO P. O. BOX 9, FINLAND
BENEFICIARY	*59 : JIANGSU FASHION INTERNATIONAL TRADE CORPORATION
	#358 ZHUSHAN ROAD, JIANGNING DISTRICT, NANJING, CHINA
CURRENCY CODE, AMOUNT	*32 B: USD 67 500.00
PERCENTAGE CREDIT AMOUNT TOLERANCE	39 A: 05 / 05
AVAILABLE WITH/BY	*41 D: ANY BANK IN CHINA BY NEGOTIATION
DRAFTS AT…	42 C: AT SIGHT
DRAWEE	42 D: MERITA BANK LTD., FINLAND
PARTIAL SHIPMENTS	43 P: ALLOWED
TRANSHIPMENT	43 T: ALLOWED
PORT OF LOADING/AIRPORT OF DEPARTURE	44E: SHANGHAI
PORT OF DISCHARGE/AIRPORT OF DESTINATION	44F: HELSINKI
LATEST DATE OF SHIPMENT	44 C: 221226
DESCRIPTION OF GOODS	45 A:

TRANGLE BRAND 3U – SHAPE ELECTRONIC ENERGY SAVING LAMP,

TR – 3U – A 110V 5W   E27/B22 5 000PCS USD2.50/PC
TR – 3U – A 110V 7W   E27/B22 5 000PCS USD3.00/PC
TR – 3U – A 110V 22W   E27/B22 5 000PCS USD3.80/PC
TR – 3U – A 110V 26W   E2s7/B22 5 000PCS USD4.20/PC

CIF HELSINKI AS PER S/C 04SGQ468001

| DOCUMENTS REQUIRED | 46 A: |

+ PACKING LIST IN 5 COPIES

| CONFIRMATION INSTRUCTIONS | *49: WITHOUT |

（二）补充资料

（1）Shipping Mark:　　　　　ABC

　　　　　　　　　　　　HELSINKI

　　　　　　　　　　　　No.1-400

（2）2022 年 12 月 3 日开出装箱单，12 月 13 日装船，船名为 SUISUN V. 103

（3）G.W. 为 3 600 kg，N.W. 为 3 500 kg

（4）尺码：（50×50×28）cm³/CTN

任务 3.3　缮制出口订舱委托书

📖 学习目标

能力目标：

能根据合同、信用证和货物实际情况缮制出口订舱委托书并办理货物托运。

知识目标：

掌握海运出口货物订舱委托书的内容和缮制要点；熟悉货物托运流程。

素养目标：

增强民族自豪感，树立热情大度、以人为本、客户至上的服务理念。

图片：出口订舱委托书样本

👆训练任务

根据任务 3.1 的训练任务中的信用证和相关资料缮制出口订舱委托书。

以下为出口订舱委托书样本。

出口订舱委托书样本

委托单位：　　　　　　　　　　　　　　　　　　　　　制表日期：　　年　　月　　日

装运港：	目的港：	合同号：	进口国（地区）：

唛头标记及号码	包装件数	货物描述	重量	尺码
				价格条件：

托运人	需要提单正本　　份 　　　　　　副本　　份
收货人	信用证号： 装期： 效期：
被通知人	可否分批： 可否转运： 运费支付：

特约事项：

委托单位名称：

联系人：　　　　　　　　　电话：　　　　　　　　　传真：

支撑知识

出口订舱委托书是出口商在报关前向船方申请租船订舱的依据，是日后制作提单的主要背景材料。尽管它不直接影响收汇，但是若未正确缮制、及时缮制等，就会影响结汇单据的正确缮制和快速流转，从而影响出口商安全收汇。

一、订舱基础知识

1. 订舱的定义

订舱是货物托运人或其代理人根据其具体需要，选定适合的船舶向承运人（即班轮公司或其营业机构）以口头或订舱函电的方式进行预约洽订舱位装货、申请运输，承运人对这种申请给予承诺的行为。

图片：出口托运流程

2. 订舱的准则

出口商根据船公司提供的船期表掌握船、货情况，在船舶抵达港口或截止签单前，及时办理托运手续。

出口商办理订舱手续时，力求准确无误，尽量避免加载（增加订舱数量）、退载和变载的情况发生，以免影响承运人和船、货代理人及港务部门的工作。

对于特殊货物的订舱，如散装油类、冷藏货物和鲜活货物的订舱，出口商应事先通知承运人或船、货代理人，并列明要求。

动画：出口托运流程

3. 租船订舱的程序

（1）进出口商委托外运公司办理托运手续，填写托运单（Shipping Note），也称"订舱委托书"，递送外运公司作为订舱依据。

（2）外运公司收到托运单后，审核托运单，确定装运船舶后，将托运单的配舱回单退回，并将全套装货单（Shipping Order）交给进出口商填写，然后由外运公司作为进出口商的托运人向外轮代理公司办理货物托运手续。

图片：订舱流程

（3）货物装上船后，即由船长或大副签发"收货单"（又称大副收据，Mates Receipt）。收货单是船公司签发给托运人的表明货物已装妥的临时收据。

4. 船期的定义

船期是船公司对船舶的使用计划，简单来讲，就是什么类型的船舶什么时间从启运港到目的港的时间安排，即货物海运出货的时间、货物所装船的出港日期，也指在海运途中的时间。按照装载货物的不同，船期可以分为整箱船期和散杂船期。整箱船期指装载集装箱的船舶的使用计划；散杂船期指装载大宗散货的船舶的使用计划。进出口商可以直接向船公司查询船期或者在专业的海运行业网站（公司）查询船期。

5．影响船期的因素

（1）不可抗力，例如台风、战争、海啸等。

（2）市场供求关系，例如每年 12 月，临近圣诞节，为了满足市场上的运输需求，西方国家（地区）的船公司一般会增加和调整原有的船期。

（3）船公司的原因，例如船公司之间的并购重组，导致原有的船期被改变或取消。

 扩展阅读/素养园地

中国首制全球最大 24000TEU 集装箱船出坞

2021 年 12 月 29 日，中国首制全球最大 24000TEU 集装箱船在中国船舶集团有限公司旗下沪东中华造船（集团）有限公司长兴造船基地一号船坞顺利出坞，标志着中国船舶工业在超大型集装箱船建造领域取得又一重大突破。如今，中国已经成为全球公认的造船大国，由中国建造的全球最大的集装箱船堪称"海上巨无霸"，各项性能均领先世界。

集装箱船结构复杂，并且为了能够运输更多的集装箱，采用了特殊的导轨设计，既可以方便集装箱的移动，也能够固定住集装箱。这种运输船往往会堆叠多层集装箱，以增强其运输能力，所以这种运输船的重心问题就必须被重点考虑，如果重心偏高，那么在进行转向时，运输船就可能倾覆。设计这种运输船，对任何国家（地区）而言都不是一件容易的事情。

集装箱船建造发展初期，中国并不能建造特大吨位的该型船舶，订单只能交给日本与韩国的造船厂，随着中国对海运需求量的不断上升，再加上国内已经建成了多座大型港口，这些都需要大型集装箱船做支撑，所以中国也开始了大型集装箱船的研制工作。现如今，沪东中华造船（集团）有限公司建造的 24000TEU 超大型集装箱船是世界上最顶尖的运输船之一，不少国家（地区）想要直接引进。这款运输船不仅运载量大，装卸货的效率高，而且科技感十足，在节能减排的大背景下，还兼顾了环保。各国（地区）的远洋货轮为了节约成本，往往会采用重油作为动力来源，在燃烧过程中，会产生大量的污染，而中国的集装箱船已经能够做到以天然气为动力，在全球节能减排的大背景下，中国集装箱船无疑符合时代潮流。

✿ 二、订舱委托书的含义

订舱委托书（Booking Note）简称托书，是进出口商为了买卖商品，通过船公司和货代公司进行船运订舱的申请书。

✿ 三、出口订舱委托书的内容和缮制要点

出口订舱委托书没有固定格式，不同出口商缮制的委托书不尽相同，但主要内容包括委托单位、制表日期、装运港、目的港、合同号、进口国（地

动画：出口订舱委托书的制作

微课：订舱委托书的制作

区）、唛头标记及号码等。

（1）委托单位：一般填写托运人的名称。

（2）制表日期：填写申请时间。

（3）装运港：填写信用证规定的启运港，如信用证未规定具体的启运港，则填写实际装运港的名称。

（4）目的港：填写信用证规定的目的港，如信用证未规定具体的目的港，则填写实际卸货港的名称。

（5）合同号：填写相关交易的合同号。

（6）进口国（地区）：填写进口商所在国家（地区）。

（7）唛头标记及号码：填写货物的唛头标记及号码。

（8）包装件数：要与实际货物相符，若有两种以上不同的包装单位，应分别填写，散装货只填"IN BULK"。

（9）货物描述：填写货物的品名、规格等。

（10）重量：按货物的实际情况填写总毛重、总净重。

（11）尺码：按货物的实际情况填写总体积。

（12）价格条件：填写成交的贸易术语，如 FOB、CFR、CIF 等。

（13）托运人：填写出口商（信用证受益人）。

（14）收货人：填写信用证规定的提单收货人。

（15）被通知人：填写信用证规定的提单被通知人。一般在订舱委托书上会注明托运人、收货人、被通知人这 3 栏为提单项目要求，船公司签发的提单上相应栏目的填写也会参照订舱委托书的写法，这 3 栏的填写应该按照信用证中提单条款的相应规定填写。

（16）需要提单正本、副本份数：应按信用证的要求填写，如果信用证无明确要求或要求"FULL SET"，填写"全套"，如有具体数量要求，注明具体数量，否则船公司会按照出单习惯签出正本数量。

（17）信用证号：填写相关交易的信用证号。

（18）装期：填写信用证规定的装运期限。

（19）效期：填写信用证的有效期。

（20）可否分批：根据信用证条款，如允许分批，填"YES"，反之，则填"NO"，如信用证未对分批做具体的规定，则应该按照合同的有关规定填写。

（21）可否转运：根据信用证条款，如允许转运，填"YES"，反之，则填"NO"，如信用证未对转运做具体的规定，则应该按照合同的有关规定填写。

（22）运费支付：根据信用证中提单条款的规定填写"FREIGHT PREPAID"（运费预付）或"FREIGHT COLLECT"（运费到付）。

（23）特约事项：如托运人对所订舱位有特殊要求，可以填在该栏中。

（24）委托单位名称：一般填写托运人的名称。

（25）联系人、电话、传真：分别填写委托单位的联系人姓名、电话号码、传真号码。

✳ 四、使用订舱委托书的注意事项

（1）确认订舱委托书所载商品是否是危险品，是否是液体（船公司对运载液体及电池有特殊要求），确认货物是否符合海关监管条件。

（2）确认件数，确认货物尺码是否超过运输船的装载装箱能力，确认是否有单件货物超过 3 吨，如果超过 3 吨，需要和仓库确认是否有装箱能力。

（3）订舱委托书是预配舱单和提单确认的初步依据，如果订舱委托书完全正确，可为提单确认省去许多麻烦。

（4）如需要投保、熏蒸、打托缠膜、拍照、换单等，要在订舱委托书中的显要位置注明。

（5）所订船期受到合同、备货时间、商检时间等制约，根据时间合理安排订舱日期。

（6）遇到拼箱出口未能按时出运、未按时撤载时，出口商会产生亏舱费。

💡 扩展阅读/素养园地

海运纠纷多，怎样保障货主的货物和资金安全？

当前的海运市场存在"一舱难求""甩箱""甩柜"等海运难题，这些难题让货主备受煎熬。货运成本和货运风险均大幅增加，令货主特别是中小货主措手不及。如何为他们排忧解困，保障他们的权益？这是外贸服务行业及相关人员应该考虑的问题。

由于大多数货主对订舱流程了解甚少，一般会选择通过货代公司订舱。但由于货代公司鱼龙混杂，不少货主在货代订舱环节"踩了雷"，最后只能自己买单。例如某货主通过多层货代连环委托订舱，但其中一家货代企业出现资金问题，人去楼空，造成处于中间环节的货代间产生商业纠纷，最终导致货主遭受经济损失。类似的"货代破产""货代跑路"事件时有发生，由此引发的海运纠纷增加了货权失控的风险，损害了货主利益。为保障货主权益，规避上述风险，外贸服务行业应建立"线上+线下"的服务体系，除线下专业负责的客服团队第一时间响应货主需求外，还要配备线上 AI 客服，全年 24 小时不间断提供服务，从订舱响应、放箱、发票提供到中转服务等环节，提供标准化服务。例如，遇到台风等可能会影响货物安全的自然灾害时，通过邮件及时告知货主关于货物的运输情况；面对缺箱、订舱难的情况，尽力保证货主所需集装箱和舱位的供应；如货物急需中转，应通过协调，实现优先中转；拖车服务更加智能化，做到通过地图，精确到工厂送货点，直接给出拖车费；休息日也配有值班人员，协助货主完成各项工作。

中央多次提出"助力中小企业和困难行业持续恢复"，切实降低成本是当前支持中小企业发展的关键。为此，国家发展和改革委员会表示，要落实各项降低成本政策，增强中下游制造业企业的投资动力。央行也通过改革降低贷款利率，支持中小微企业的发展。为进一步响应国家政策，航运企业应着力缓解中小货主的运费压力，当货主遇到资金困难时，航运企业可对其实施零首付政策，待货主资金到位后再支付。

素养点睛： 展望运输行业前景，选择全面、安全、高效的运输服务，始终是广大货主最关心的问题之一。货权可维护，风险可规避，才能谈得上真正的资金链安全，货主特别是中小货主的合法权益才能得到保障。切实推动中小货主的"高质量"发展，为增强货主的发展活力扫清后顾之忧。作为未来外贸服务行业的一员，从现在开始就要树立热情大度、以人为本、客户至上的服务理念。

任务分析与实施

根据支撑知识，完成训练任务，具体如下。

海运出口货物订舱委托书

委托单位：JIANGSU FASHION INTERNATIONAL TRADE CORPORATION　　　　　制表日期：2022 年 9 月 2 日

装运港： SHANGHAI	目的港： NAGOYA	合同号： FC266	进口国（地区）： JAPAN
唛头标记及号码	包装件数	货物描述	重量	尺码

唛头标记及号码	包装件数	货物描述	重量	尺码
ABC FC266 NAGOYA C/NO.1 – 300	300 CARTONS	MEN'S SHIRT AS PER S/C NO. FC266	G.W.: 4 560KG N.W.: 4 500KG	45CBM 价格条件：CIF

托运人(**SHIPPER**)： JIANGSU FASHION INTERNATIONAL TRADE CORPORATION #358 ZHUSHAN ROAD,JIANGNING DISTRICT,NANJING,CHINA	需要提单正本　　3　　份 副本　　份
收货人(**CONSIGNEE**)： TO ORDER OF SHIPPER	信用证号：X53557 装期：SEP.20,2022 效期：OCT.10,2022
被通知人(**NOTIFY PARTY**)： ABC TRADING CO., LTD. JAPAN 56, NISHIKI 6-CHOME, NAKAKU NAGOYA, JAPAN	可否分批: NO 可否转运: NO 运费支付：FREIGHT PREPAID
特约事项：	
委托单位名称：JIANGSU FASHION INTERNATIONAL TRADE CORPORATION	
联系人：张蓉　　　　电话：0086-25-54530×××　　　　　传真：0086-25-54530×××	

 综合训练

根据信用证（节选部分内容）的有关内容，缮制海运出口货物订舱委托书。

本信用证项下货物的交接方式为 CY—CY，整批货物被装在 2 个 20 英尺（1 英尺等于 0.3048 米，余同），编号分别为 COSCO071341、COSCO050143 的集装箱内，由 QUEEN V.218 号船于 8 月 30 日装运出海。该批货物的合同号为 CO12345，体积为 56 立方米，每个纸箱重 0.15 千克，唛头由受益人自行设计。

MTS 700 ISSUE OF A DOCUMENTARY CREDIT

SENDER: FBOLUS6LXXX

FIRST BANK

OLIVE BOULEVARD 11901

CREVE COEUR,MO, UNITED STATES OF AMERICA

RECEIVER: BEASCNSHNJG

THE BANK OF EAST ASIA (CHINA) LIMITED NANJING BRANCH

ROOM 101 AND 102 NO 23 HONG WU ROAD

BAI XIA CITY,   JIANG SU PROVINCE 210005 CHINA

SEQUENCE OF TOTAL	*27: 1/1
FORM OF DOCUMENTARY CREDIT	*40A: IRREVOCABLE
DOCUMENTARY CREDIT NUMBER	*20：FBLC2209124
DATE OF ISSUE	*31C:220801
APPLICABLE RULES:	*40E: UCP LATEST VERSION
DATE AND PLACE OF EXPIRY	*31D: 220921 PLACE CHINA
APPLICANT BANK	51D：FIRST BANK OF ALABAMA 120 E NORTH STREET TALLA-DEGA, AL 35160 UNITED STATES OF AMERICA
APPLICANT	*50:BAMA SEA PRODUCTS.INC. 1499 BEACH DRIVE S.E.ST PELERSURG.FL33701,USA
BENEFICIARY	*59:JIANGSU FASHION INTERNA-TIONAL TRADE CORPORATION #358 ZHUSHAN ROAD,JIANGNING DISTRICT,NANJING,CHINA
CURRENCY CODE, AMOUNT:	*32B:USD 170,450.00
AVAILABLE WITH ···BY···	*41D：ANY BANK BY NEGOTIATION
DRAFTS AT	42 C: AT SIGHT
DRAWEE	42A: FBOLUS6LXXX FIRST BANK
PARTIAL SHIPMENTS	43P: ALLOWED
TRANSHIPMENT	43T：CONDITIONAL
PORT OF LOADING/AIRPORT OF DEPARTURE	44E: NANJING,CHINA
PORT OF DISCHARGE/AIRPORT OF DESTINATION	44F: TAMPA,FL,USA
LATEST DATE OF SHIPMENT	44C: 220831
DESCRIPTION OF GOODS	45 A: 34000KG SHRIMP PACKED 6×2KG/CTN. CFR TAMPA FL.USA

DOCUMENTS REQUIRED   46A:

FULL SET（3/3）CLEAN ON BOARD COMBINED TRANSPORT BILLS OF LADING CONSIGNED TO THE ORDER OF BAMA SEA PRODUCTS INC.,1499 BEACH DRIVE S.E., ST, PELERSBURG, FL.33701 MARKED "FREIGHT PREPAID" NOTIFYING WILLIAMS CLARKE, INC., 603 NORTH FRIES AVENUE, WILMINGTON, CA 90744,USA. AND MUST INDICATE CONTAINER(S) NUMBER AND STATE THAT CONTAINER(S) HAVE BEEN MAINTAINED AT ZERO DEGREES FAHRENHEIT OR BELOW. IF COMBINED TRANSPORT BILL OF LADING IS PRESENTED, MUST BE INDICATE VESSEL NAME.

ADDITIONAL CONDITIONS   47A: TRANSHIPMENT PERMITTED ONLY FROM NANJING, CHINA FOR TRANSPORTATION TO LONG BEACH, CA. USA. WITH FINAL PORT OF DESTINATION TAMPA, FL,USA

CONFIRMATION INSTRUCTIONS   *49: WITHOUT

 **缮制原产地证书**

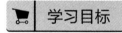 学习目标

能力目标：

能根据货物要求缮制一般原产地证书（非优惠原产地证书）。

知识目标：

了解原产地证书的作用及种类，掌握原产地证书的申领手续，掌握一般原产地证书（非优惠原产地证书）的内容及缮制要点。

素养目标：

弘扬爱国情怀，增强民族自豪感。

 训练任务

根据任务 3.1 的训练任务中的信用证以及相关资料缮制一般原产地证书（非优惠原产地证书）。

（一）相关资料

原产地证书申请日期：2022 年 9 月 2 日

（二）一般原产地证书（非优惠原产地证书）样本

1.Exporter（full name and address）:	CERTIFICATE No.: **CERTIFICATE OF ORIGIN** OF THE PEOPLE'S REPUBLIC OF CHINA
2.Consignee （full name and address）:	

3.Means of transport and route :	5. For certifying authority use only:
4.Country/Region of destination :	

6.Marks and numbers of packages	7.Description of goods, Number and kind of packages	8. HS CODE	9.Quantity or weight	10.Number and date of invoices

11. Declaration by the exporter The undersigned hereby declares that the above details and statements are correct, that all the goods were produced in China and that they comply with the Rules of Origin of the People's Republic of China Place and date,signature and stamp of authorized signatory	12. Certification It is hereby certified that the declaration by the exporter is correct Place and date,signature and stamp of certifying authority

 支撑知识

✳ 一、原产地证书概述

原产地证书（简称原产地证）是指出口国（地区）根据原产地规则和有关要求签发的，明确指出所列货物原产于某一特定国家（地区）的书面文件。

1．原产地证书的作用

（1）原产地证书是用于确定货物"国籍"的有效证明文件。

（2）原产地证书是出口国（地区）享受配额待遇，体现货物享有关税和非关税待遇的凭证。

（3）原产地证书是进口国（地区）通关验收、征收关税的有效凭证。

（4）原产地证书是海关统计的主要依据之一。

微课：原产地证书的含义和作用

（5）原产地证书是贸易关系人交接货物、结算货款、索赔理赔的主要依据之一。

2. 原产地证书的种类

我国的原产地证书主要分为三大类：非优惠原产地证书、优惠原产地证书和专用原产地证书。

（1）非优惠原产地证书

非优惠原产地证书俗称一般原产地证书或普通原产地证书，英文名称为Certificate of Origin，简称 C/O 或 CO，是用以证明有关出口货物生产地、制造地的一种证明文件，是在国际贸易行为中证明货物"原籍"的证书。

在我国，凡符合《进出口货物原产地条例》规定的出口货物均可申请办理一般原产地证书。其有以下 4 种形式。

① 海关出具的原产地证书。

② 中国国际贸易促进委员会出具的原产地证书。

③ 出口商出具的原产地证书。

④ 生产厂家出具的原产地证书。

（2）优惠原产地证书

图片：一般原产地证书样本

优惠原产地证书是可以享受特定的关税减免优惠的原产地证明文件。优惠原产地证书可分为单边给惠的普惠制原产地证书（FORM A）和互惠的区域性优惠原产地证书。需要注意的是，国家（地区）授权的可以签发优惠原产地证书的机构是各地的海关和贸易促进委员会，其他机构无权签发。

图片：普惠制原产地证书样本

FORM A（普惠制原产地证书）是依据给惠国（地区）的原产地规则，由受惠国（地区）官方签发的具有法律和经济效力的证明文件。受惠国（地区）出口产品可凭此在给惠国（地区）享受减免进口关税的优惠待遇。截至 2021 年 12 月，给予我国普惠制待遇的国家有挪威、新西兰、澳大利亚。凡是向给惠国（地区）出口受惠产品，均须提供普惠制原产地证书，才能享受进口关税减免的优惠，所以我国出口商均应主动提交。

素养点睛：当前，我国已步入新发展阶段，从贸易大国向贸易强国转变将成为未来发展的战略目标。进一步调整出口结构、提高出口产品中高新技术产品占比及附加值、有效提升服务贸易比重、缩小服务贸易逆差等，均为主要努力方向。而深度参与全球经贸治理体系建设，扩大我国在规则和标准制定等方面的话语权等，则是我国向贸易强国转变的重要标志。多国（地区）相继取消普惠制待遇是我国实现上述转变的促进因素之一。为此，我们应抓住当前全球产业链、供应链重塑的重要契机，深化改革，进一步加大对外开放力度，以国内大市场为引领，加快上述目标的实现进程。

FORM B（《亚太贸易协定》优惠原产地证书）是根据《亚太贸易协定》原产地规则的要求签发，在签订协定的成员方之间就特定产品享受互惠减免关税待遇的官方原产地证明文件。可签发 FORM B 证书的国家（地区）有中国、印度、斯里兰卡、孟加拉国、老挝、韩国和蒙古国（《亚太贸易协定》成员方）。

FORM E（中国-东盟自由贸易区优惠原产地证书）是根据《中国与东南亚国家联盟全面经济合作框架协议》签发的、在签订协定的成员方之间就特定产品享受互惠减免关税待遇的官方原产地证明文件。可签发 FORM E 证书的国家（地区）有中国、老挝、越南、泰国、缅甸、柬埔寨、菲律宾、文莱、印度尼西亚、马来西亚和新加坡。

FORM F（中国-智利自由贸易区优惠原产地证书）是根据《中国-智利自由贸易协定》及其项下《中国-智利自贸区原产地规则》签发的在中国和智利之间就特定产品享受互惠减免关税待遇的官方原产地证明文件。

FORM K（中国-韩国自由贸易协定优惠原产地证书）是根据《中国-韩国自由贸易协定》及其项下《中国-韩国自由贸易协定原产地规则和原产地实施程序》签发的在中国和韩国之间就特定产品享受互惠减免关税待遇的官方原产地证明文件。韩国既可以签发中韩自贸区 FORM K 证书，也可以签发亚太贸易协定 FORM B 证书，还可以签发 RCEP 优惠原产地证书。

FORM L（中国-哥斯达黎加自由贸易协定优惠原产地证书）是根据《中国-哥斯达黎加自由贸易协定》及其项下《中国-哥斯达黎加自贸区原产地规则》签发的在中国和哥斯达黎加之间就特定产品享受互惠减免关税待遇的官方原产地证明文件。

FORM N（中国-新西兰自由贸易协定关税优惠原产地证书）是根据《中国-新西兰自由贸易协定》和《中国-新西兰自由贸易协定项下进出口货物原产地管理办法》签发的在中国和新西兰之间就特定产品享受互惠减免关税待遇的官方原产地证明文件。

FORM P（中国-巴基斯坦自由贸易区优惠原产地证书）是根据《中国-巴基斯坦关于自由贸易协定早期收获计划的协议》及其项下《中国-巴基斯坦自由贸易区原产地规则》签发的在中国和巴基斯坦之间就特定产品享受互惠减免关税待遇的官方原产地证明文件。

FORM S（中国-瑞士自由贸易协定优惠原产地证书）是根据《中国和瑞士联邦自由贸易协定》及其相关规定的要求签发的在中国和瑞士与列支敦士登公国之间就特定产品享受互惠减免关税待遇的官方原产地证明文件。

FORM X（中国-新加坡自由贸易区优惠原产地证书）是根据《中国-新加坡自由贸易协定》和《中国-新加坡自由贸易协定项下进出口货物原产地管理办法》签发的在中国和新加坡之间就特定产品享受互惠减免关税待遇的官方原产地证明文件。

中国-秘鲁 FTA 证书（中国-秘鲁自由贸易区优惠原产地证书）是根据《中国-秘鲁自由贸易协定》及其项下《中国-秘鲁自贸区原产地规则》签发的在中国和秘鲁之间就特定产品享受互惠减免关税待遇的官方原产地证明文件。

（3）专用原产地证书

专用原产地证书是专门针对一些特殊行业的特殊产品，如农产品、葡萄酒、烟草等，根据进出口监管的特殊需要而产生的原产地证书。这些特殊行业的特殊产品应符合一定的原产地规则才能合法进出口。

专用原产地证书主要有《输欧盟农产品原产地证书》《烟草真实性证书》《金伯利进程国际证书》《手工制品原产地证书》《原产地标记证书》等，以及各种原产地命名证书，如《奶酪制品证书》《托考依葡萄酒原产地名称证书》《皇帝牌葡萄酒真实性证书》等。

3．原产地证书的申领手续

（1）一般原产地证书（非优惠原产地证书）的申领手续

申请人应当于货物出运前向申请人所在地、货物生产地或者出境口岸的签证机构申请办理一般原产地证书。

动画：一般原产地证书的申请流程

申请人在初次申请办理一般原产地证书时，应向所在地签证机构提供下列材料。

① 填制真实准确的《非优惠原产地证书申请企业备案表》。

② 《原产地证书申报员授权书》及申报人员相关信息。

③ 原产地标记样式。

④ 非优惠原产地证书申请书。

⑤ 按规定填制的《非优惠原产地证书》。

文本：原产地证书手签员授权书

⑥ 出口货物的商业发票。

⑦ 申请签证的货物属于异地生产的，应当提交货源生产地签证机构出具的异地货物原产地调查结果。

⑧ 对含有两个以上国家（地区）参与生产或者签证机构需核实原产地真实性的货物，申请人应当提交《产品成本明细单》。

以电子方式申请办理一般原产地证书的，还应当提交《原产地证书电子签证申请表》和《原产地证书电子签证保证书》。

文本：中华人民共和国非优惠原产地证书签证管理办法

签证机构根据《非优惠原产地证书签证管理办法》的规定对申请人及其申报产品、原产地申报人员相关信息、原产地标记等信息进行核对无误后，向申请人发放《原产地证书申请企业备案证》。

（2）优惠原产地证书的申领手续（以通过中国国际贸易促进委员会进行线上申请为例）

① 业务流程如下。

a. 优惠税率查询。登录中国国际贸易促进委员会原产地证申报系统，单击"优惠税率查询"按钮，查看商品 HS 编码［录入进口国（地区）编码］是否属于进口国（地区）减让范围。

b. 企业/新增商品备案。在中国国际贸易促进委员会原产地证申报系统中单击"基础资料—制单资料—商品备案信息"，新建商品备案信息，填写出口商品、生产企业等相关信息，并提交中国国际贸易促进委员会审核。

c. 提交优惠原产地证书申请。商品备案审核通过后，在中国国际贸易促进委员会原产地证申报系统中根据提示填写数据，提交优惠原产地证书申请，由中国国际贸易促进委员会审核。

d. 签发。审核通过后，企业手签人员持商业发票、装箱单等单据前往中国国际贸易促进委员会领取优惠原产地证书。

② 申请人初次申请优惠原产地证书，需提交的注册/备案资料如下。

a. 填写完整的《申请原产地证书企业注册登记表》。

b. 企业营业执照副本及复印件一份。

c. 组织机构代码证正本及复印件一份。

d. 企业海关注册登记证正本及复印件一份。

e. 签证机构需要的其他资料。

③ 申领优惠原产地证书的特别注意事项如下。

a. 申请单位须为在我国境内正常经营的企业。

b. 申请单位应先取得海关注册登记编码，再办理优惠原产地证书申领手续。

c. 优惠原产地证书须由手签人员申请。

d. 申请单位签署证书的印章应为中英文名称对照（一体）印章，大小不超过 6 厘米×4 厘米（长×宽），颜色、形状不限。

e.《申请原产地证书企业注册登记表》中法定代表人签字和手签人员手签字须本人亲笔签署。

f. HS 编码须按海关税则填写前 6 位。

g. 出口产品含进口成分的，需填写《含进口成分产品成本及加工工序明细单》。

h. 各项内容须填制完整，不得涂改，不得缺页。

i. 凡资料不全、内容填制不真实、不符合法定形式的申请单位，签证机构一律不予受理。

j. 注册内容如有变更，须到签证机构处及时办理变更手续。

文本：中华人民共和国海关进出口货物优惠原产地管理规定

❋ 二、原产地证书的内容及缮制要点

中国国际贸易促进委员会与海关签发的一般原产地证书（非优惠原产地证书）都有统一的格式和编号，并统一由国家指定机构印制发放，有长城水印防伪花纹。出口商须在每批货物报关出运前 3 天，根据信用证、合同规定缮制好原产地证书，并按要求向上述机构申请签发。原产地证书的内容及缮制要点如下。

微课：一般原产地证书的缮制和申领

（1）出口商（Exporter）

此栏不得留空，填写出口商的名称（必须是全称，不得缩写）、详细地址及所属国家（地区）。在我国，出口商的名称是指在国家市场监督管理总局注册批准的名称，应与第 11 栏的印章相符。

特殊情况：若出口货物经其他国家（地区）需填写转口商的名称时，可在出口商后面加填英文"VIA"。

动画：一般原产地证书的缮制

（2）收货人（Consignee）

此栏应填写最终收货人的名称、详细地址及所属国家（地区），收货人通常是贸易合同中的买方或信用证上规定的提单通知人。

此栏的特别注意事项如下。

① 要求此栏留空时，通常加注"TO WHOM IT MAY CONCERN"（致有关人），"TO ORDER"（凭指示），或填"*"。若要填写转口商的名称，可在收货人后面加填英文"VIA"。

② 如果是在国际招标业务中中标的货物，其收货人可能为我国境内公司，此时可按信用证或合同要求填写境内公司的名称。

（3）运输方式和路线（Means of transport and route）

此栏填写两项内容（不得留空）。运输方式：海运、空运或陆运。运输路线：陆运、海运（应填写装货港、到货港）。特别注意事项如下。

① 此栏的装货港应当是我国境内港口。

② 此栏的卸货港一般是我国境外港口，但在国际招标业务中中标的货物的出运港、卸货港除外。

③ 一票货物分批从不同的装货港出口的，装货港可以直接填"CHINA"。

④ 货物如经转运应注明转运地。格式为"FROM...TO...BY...(VIA...)"。

⑤ 联运要分段说明，如陆海联运、海空联运、海陆联运、陆空海联运等。无论目的港是两个还是多个，但目的港或卸货港所在的国家（地区）只能是同一个国家（地区）。

（4）目的地国家（地区）（Country/Region of destination）

① 此栏为货物最终运抵目的地所属的国家（地区），应与最终收货人所在国家（地区）一致。

② 由于保税区的特殊性质，我国出口货物进入保税区，视同出口，在此栏中可填保税区的具体名称。

③ 若属于世界银行、亚行贷款项目，我国中标企业的货物的目的地可以是中国。

④ 如货物最终出口至我国台湾地区，此栏中只允许填"中国台湾"。

（5）签证机构专用栏（For certifying authority use only）

① 此栏是签证机构签发证书、补发证书或加注其他声明所用的。

② 客户要求商会出具原产地证书时，此栏中应加注商会章，如"CHINA COUNCIL FOR THE PROMOTION OF INTERNATIONAL TRADE IS CHINA CHAMBER OF INTERNATIONAL COMMERCE"。

③ 此栏可以留空。

（6）唛头及包装号（Marks and numbers of packages）

此栏应按照出口发票上所列唛头填写完整图案、文字标记及包装号码。货物无唛头，应填写 N/M（NO MARK）。

如唛头过长，可填写在第 7、8、9 栏空白处，或另加附页于原产地证书背面，由签证机构加盖骑缝章，第 6 栏应注明"ATTACHED LIST"或"SEE ATTACHED"（见附页），并在右角上打上相应原产地证书的号码，在左下角由申请单位签章。

（7）商品描述、包装数量及种类（Description of goods，Number and kind of packages）

① 要求填写具体名称，如睡袋（SLEEPING BAGS）、杯子（CUPS）等。

② 不得使用概括性的表述，如服装（GARMENT）必须进行分类，明确是男装衬衣还是童装裤子或者女装裙子等。

③ 如果商品描述过长，可填写在第 7、8、9 栏的空白处，然后加结束符号"******"；或另加附页。

④ 此栏中经常会出现商品的商标，申请人应提供商标注册证明或者被授权使用证明，防止发生商标侵权行为。

⑤ 客户要求在原产地证书上显示信用证的相关内容时，应在此栏填写。

⑥ 此栏经常会出现申请人的声明或者限制性条款等，以下内容不能显示。

a. 有关货物价格的内容。

b. 第 8 栏海关编码以外的其他海关编码。

c. 该票货物为其他国家（地区）制造的字样。

（8）商品编码（HS CODE）

① 要求填写 6 位 HS 编码，并与报关单中的一致。如同一原产地证书中包含多种商品，则应将相应的税则号全部填写。

② 使用阿拉伯数字，数字之间不能留空或用圆点表示品目号、子目号。

③ 此栏不能留空。

（9）量值（Quantity or weight）

① 填写出口货物的量值（即数量或重量），应以商品的计量单位填写，以重量计算的要填注毛重或净重。如同一原产地证书中包含多种商品，则量值的填写必须与第 7、8 栏中的商品名称、商品编码相对应，有的还必须填写总数。

② 使用规范国际单位。

③ 此栏不能留空。

（10）发票号码及日期（Number and date of invoices）

① 按照出口货物的商业发票填写，不得留空。日期应早于或与实际出口日期相同，一律用英文表述。例如：AUG.09, 2022。

② 同一发票号项下的货物只能出具一份原产地证书，同一合同项下分批出运的货物要用不同的发票号申办原产地证书。

（11）出口商声明（Declaration by the exporter）

① 由出口商经手人员签字，加盖出口商的中英文印章。手签人员签字和出口商的中英文印章必须在签证机构处注册备案，签字与印章不得重合。

② 填写申领地点和日期，日期不得早于发票日期，最早为同一日。

③ 签署地应与申请地和签署地点（第 12 栏）一致。

（12）签证机构证明（Certification）

① 由签证机构授权的签证人员签字，并加盖签证机构印章，签字和印章不能重合。

② 日期不得早于发票日期和申领日期。

③ 注明签署地点［国家（或地区）及具体地点］和日期。

任务分析与实施

根据支撑知识，完成训练任务，具体如下。

1.Exporter（full name and address）: JIANGSU FASHION INTERNATIONAL TRADE CORPORATION #358 ZHUSHAN ROAD, JIANGNING DISTRICT,NANJING,CHINA	CERTIFICATE No.: **CERTIFICATE OF ORIGIN** OF THE PEOPLE'S REPUBLIC OF CHINA		
2.Consignee （full name and address）: ABC TRADING CO., LTD. JAPAN 56, NISHIKI 6-CHOME, NAKAKU NAGOYA, JAPAN			
3.Means of transport and route : FROM SHANGHAI TO NAGOYA BY SEA	5. For certifying authority use only:		
4.Country/Region of destination : JAPAN			

6.Marks and numbers of packages	7.Description of goods, Number and kind of packages	8. HS CODE	9.Quantity or weight	10. Number and date of invoices
ABC FC266 NAGOYA C/NO.1 – 300	MEN'S SHIRT SAY TOTAL THREE HUNDRED(300) CARTONS ONLY********	6205200099	9000PIECES	F2201 SEP.01,2022

11. Declaration by the exporter The undersigned hereby declares that the above details and statements are correct, that all the goods were produced in China and that they comply with the Rules of Origin of the People's Republic of China NANJING SEP.02,2022 张蓉 Place and date,signature and stamp of authorized signatory	12. Certification It is hereby certified that the declaration by the exporter is correct NANJING SEP.02,2022 Place and date,signature and stamp of certifying authority

综合训练

根据信用证（节选部分内容）和补充资料缮制一般原产地证书（非优惠原产地证书）。

（一）信用证

SEQUENCE OF TOTAL	*27: 1/1
FORM OF DOCUMENTARY CREDIT	*40A: IRREVOCABLE
DOCUMENTARY CREDIT NUMBER	*20 : 33416852
DATE OF ISSUE	*31C : 220112
APPLICABLE RULES:	*40E:UCP LATEST VERSION
DATE AND PLACE OF EXPIRY	*31D: DATE 220317 PLACE IN THE COUNTRY OF BENEFICIARY
APPLICANT	*50 : TKAMLA CORPORATION 6-7, KAWARA MACH OSAKA, JAPAN
BENEFICIARY	*59 : JIANGSU FASHION INTERNA-TIONAL TRADE CORPORATION #358 ZHUSHAN ROAD, JIANGNING DISTRICT,NANJING,CHINA
CURRENCY CODE, AMOUNT	*32B: USD 12 500.00
AVAILABLE WITH/BY	*41D: ANY BANK IN CHINA BY NEGOTIATION
DRAFTS AT...	42C : AT SIGHT
DRAWEE	42D : FUJI BANK LTD 1013, SAKULA OTOLIKINGZA MACHI ,TOKYO, JAPAN
PARTIAL SHIPMENTS	43P : NOT ALLOWED
TRANSHIPMENT	43T : NOT ALLOWED
PORT OF LOADING/AIRPORT OF DEPARTURE	44E: SHANGHAI
PORT OF DISCHARGE/AIRPORT OF DESTINATION	44F: OSAKA PORT
LATEST DATE OF SHIPMENT	44C : 220316
DESCRIPTION OF GOODS	45A : COTTON BLANKET

ART. NO. H666 500 PCS USD 5.50/PC

ART. NO. HX88 500 PCS USD 4.50/PC

ART. NO. HE21 500 PCS USD 4.80/PC

ART. NO. HA56 500 PCS USD 5.20/PC

ART. NO. HH46 500 PCS USD 5.00/PC

CIF OSAKA

DOCUMENTS REQUIRED   46A:

+CERTIFICATE OF ORIGIN, ISSUED BY THE CHAMER OF COMMERCE OR OTHER AUTHORITY DULY ENTITLED FOR THIS PURPOSE.

CONFIRMATION INSTRUCTIONS   *49: WITHOUT

（二）补充资料

（1）INVOICE NO.：XH056671

（2）INVOICE DATE：FEB.01,2022

（3）PACKING

G.W.: 20.5KG/CTN N.W.: 20KG/CTN MEAS: 0.2CBM/CTN

PACKED IN 250 CARTONS OF 10 PCS EACH

PACKED IN TWO 20'CONTAINER（CONTAINER NO.：TEXU 2263999, TEXU 2264000）

（4）CERTIFICATE NO.: 20220819

（5）H.S. CODE: 6301.3000

任务 3.5　缮制出口货物报关单

学习目标

能力目标：

能根据合同、信用证、发票等单据和海关的具体要求缮制出口货物报关单。

知识目标：

掌握关检融合的有关内容、出口货物报关秩序、出口货物报关单的内容和缮制要点。

素养目标：

树立振兴我国外贸事业的信心、责任感和使命感。

训练任务

根据任务 3.1 至任务 3.4 的内容和以下资料缮制出口货物报关单。

上海海关代码：2200

江苏时尚国际贸易公司注册登记编码：0255348096

海运费：1018 美元

保险费：1045 美元

申报日期：2022.09.08

提单号：COSCO220926

图片：出口货物报关单样本

出口货物报关单

预录入编号：　　　　　　　　海关编号：　　　　　　　　页码/页数：

境内发货人	出境关别		出口日期		申报日期	备案号
境外收货人	运输方式		运输工具名称及航次号		提运单号	
生产销售单位	监管方式		征免性质		许可证号	
合同协议号	贸易国（地区）		运抵国（地区）		指运港	离境口岸
包装种类	件数	毛重（千克）	净重（千克）	成交方式	运费	保费 杂费
随附单证及编号 随附单证1：　　　　　　　　　　　　　　随附单证2：						
标记唛码及备注						
项号　商品编号　商品名称及规格型号　数量及单位　单价/总价/币制　原产国（地区）　最终目的国（地区）　境内货源地　征免						
特殊关系确认：　　　价格影响确认：　　　支付特许权使用费确认：　　　自报自缴：						
报关人员　报关人员证号　电话　兹申明对以上内容承担如实申报、依法纳税之法律责任						海关批注及签章
申报单位　　　　　　　　　　　　　申报单位（签章）						

 支撑知识

 扩展阅读/素养园地

图像共审 过境无忧"智慧监管"再添新模式

2022年1月，青岛海关联网集中审像中心威海分中心内，青岛海关所属威海海关关员正对南宁海关所属友谊关海关传来的一批过境货物机检图像进行比对。比对无误并经进境、出境两地海关确认后，这批过境货物将从友谊关口岸出境。

这是威海海关立足强化监管，与相关出境地海关共同探索实施的过境货物图像共审监管模式。在图像共审监管模式下，过境货物的进境、出境两地海关通过图像对比方式开展联合监管，有助于进一步提升过境货物监管效能。

这批货物是从威海口岸进境的，为韩国生产的锂离子电池芯，要经我国境内陆路运输过境至越南。货物从威海口岸进境时，威海海关就已将机检图像发送至友谊关海关，待货物运抵友谊关口岸准备出境时，友谊关海关将机检图像发送至威海海关，在

对货物进境、出境时的两次机检图像进行比对无误后，过境货物即可出境。

海关人员表示，采用这种图像共审的过境货物监管模式的初衷是强化海关对过境货物的监管效能，对于轮胎、锂电池等摆放较为规整的货物来说，也有助于提升其通关效率。

从机检图像来看，这些货物外形规整、堆放有序，夹藏和伪瞒报风险较低。对于这类货物，图像共审的优势能得到较大限度的体现，既可以确保监管到位，又可以实现快速放行。过境货物在免于开箱查验的情况下，可以节省开箱、堆存、装卸等通关成本，每标箱可节约费用约 500 元，货物从韩国到达越南工厂，全程仅需 7~10 天。

威海作为东联日韩、西接欧亚的重要节点，过境货物下船后顺势经过机检，企业可无感通关，货物在抵达威海的当天即可启程发往出境口岸。数据显示，2021年，威海海关共监管过境货物 715 标箱，在与出境地海关传来的图像进行比对后，基本实现出境地海关 100%快速验放。

目前，威海海关已与呼和浩特海关所属二连海关、乌拉特海关，南宁海关所属东兴海关、友谊关海关等多个出境口岸海关建立了过境货物图像共审机制。下一步，威海海关还将继续着力提高监管效能，为"智慧海关"赋予更多丰富内涵，进一步打通日韩至东南亚、欧亚等过境货物快捷通道。

素养点睛：请思考在新的智慧监管新模式下，如何争做一名具有家国情怀、工匠精神的高素质报关作业人员。

❋ 一、关检融合

为了认真贯彻执行中共中央印发的《深化党和国家机构改革方案》，海关总署制定了《全国通关一体化关检业务全面融合框架方案》，明确了海关、原国检申报系统及数据合并整合，目标做到 5 个统一：申报统一、系统统一、风控统一、指令下达统一、现场执法统一。《全国通关一体化关检业务全面融合框架方案》于 2018 年 8 月 1 日实施。中国国际贸易单一窗口全面支持关检融合变化。整合申报项目是关检业务融合的标志性改革举措，将改变企业原有报关流程和作业模式。

1．整合原报关、报检申报数据项

在前期征求各部委、报关协会、部分报关企业意见的基础上，按照"依法依规、去繁就简"的原则，对海关原报关单和检验检疫原报检单中的申报项目进行梳理整合，通过合并共有项、删除极少使用项，将原报关、报检单合计 229 个货物申报数据项精简到 105 个，大幅减少企业申报项目。

2．原报关、报检单整合成一张报关单

整合后的新版报关单以原报关单的 48 个项目为基础，增加部分原报检内容，形成了具有 56 个项目的新报关单打印格式。此次整合也对进口、出口货物报关单和进境、出境货物备案清单布局结构进行了优化，版式由竖版改为横版，与国际上广泛采用的报关单样式更加接近，纸质单证全部采用普通打印方式，取消套打，不再印制空白格式单证。修改后的进口、出口货物报关单和进境、出境货物备案清单格式自 2018 年 8 月 1 日起启用，原报关单、备案清单同时废止，原入境、出境货物报检单同时停止使用。

3. 原报关、报检单证整合为一套随附单证

整合简化申报随附单证，对企业原报关、报检所需随附单证进行梳理，整理随附单证类别代码及申报要求，整合原报关、报检时重复提交的随附单证，形成统一的随附单证申报规范。

4. 原报关、报检参数代码整合为一组参数代码

对原报关、报检项目涉及的参数代码进行梳理，参照国际标准，实现现有参数代码的标准化。梳理整合后，统一了 8 个原报关、报检共有项的参数代码，包括国别（地区）代码、港口代码、币制代码、运输方式代码、监管方式代码、计量单位代码、包装种类代码、集装箱规格代码。

5. 原报关、报检申报系统整合为一个申报系统

在申报项目整合的基础上，将原报关、报检的申报系统进行整合，形成统一的申报系统。申报人由"互联网+海关"、国际贸易"单一窗口"接入。新系统按照整合申报内容对原有报关、报检的申报数据项、参数代码、随附单证等进行了调整。

文本：关检融合报关单填制系统录入说明

整合申报项目主要是对海关原报关单申报项目和检验检疫原报检单申报项目进行梳理，报关、报检面向企业端整合形成"四个一"，即"一张报关单、一套随附单证、一组参数代码、一个申报系统"。

关检融合给进出口企业带来极大的便利，提高了通关效率，降低了企业成本，助推了贸易便利化改革，改善了现有的通关状况。

关检融合实施前后的对比如图 3-1 所示。

素养点睛：关检融合的重大意义

2018 年 3 月，第十三届全国人民代表大会第一次会议审议通过了国务院机构改革方案，明确"将国家质量监督检验检疫总局的出入境检验检疫管理职责和队伍划入海关总署"，也就是"关检融合"。

第一个节点是 4 月 20 日完成转隶工作，一线执法和窗口岗位统一上岗、统一着海关制服、统一佩戴关衔，原有关检的现场办事窗口统一以海关名义对外工作。

第二个节点是 6 月 1 日全面取消了通关单。对于广大进出口企业来讲，这是一个好消息。8 月 1 日启用了新的报关单，原有的关检两个环节统一，真正实现了一次申报、一次通关。

在通关环节之后，海关持续释放改革红利，大力优化口岸营商环境，缩减进出口的通关时间。据统计，进出口的通关时间大大减少，增强了进出口企业的获得感。

重点变化	变化内容	实施前	实施后
业务变化重点	境外收发货人	不做要求	鼓励填写
	境内收发货人	不强制要求同时具备海关进出口货物收发货人和检验检疫自理报检资质	必须同时具备海关进出口货物收发货人和检验检疫自理报检资质
	申报企业	不强制要求同时具备报关、报检资质	必须同时具备报关、报检资质
填制变化重点	数据元	"报关+报检"共229项申报数据元，原报关基本申报项为48项	共105项申报数据元，基本申报项为56项
	企业代码	分别填写海关备案号或检验检疫备案号	优先按照"统一社会信用代码"填写
	商业编码	10位海关商品编码	10位海关商品编码+3位检验检疫编码
	集装箱商品项号关系	无须填写	填写
	关检关联号	以"关检关联号"作为关联报关、报检的重要联系编号	取消"关检关联号"，以"数据中心统一编号"作为唯一号码
随附单证变化重点	上传方式	报关、报检分别上传随附单证	统一上传随附单证
	上传格式	报关支持PDF文件上传，报检支持多类型文件上传	只支持PDF文件上传
变化的参数	变化的参数	国别（地区）代码、港口代码、币制代码、运输方式代码、监管方式代码、计量单位代码、包装种类代码、集装箱规格代码	
打印变化重点	打印项目	按照报关单48个项目打印，商品8项	增加检验检疫申报内容，形成了具有56个项目的新报关单打印格式，商品变为6项
	打印方式	套打	普通A4纸打印，取消套打，第二页开始无表头信息
	打印版式	竖版	横版
	打印内容	右上角打印条形码	右上角同时打印二维码和条形码

图 3-1　关检融合实施前后的对比

❋ 二、出口货物报关程序

1．申报

准备申报单证是报关作业人员进行申报工作的第一步，也是整个报关工作的关键一步。申报单证可以分为主要单证和随附单证两大类，其中，主要单证为报关单，随附单证包括基本单证、特殊单证和预备单证。基本单证是指与货物出口直接相关的货运单证和商业单证，主要包括出口装货单、商业发票、装箱单等；特殊单证是指国家（地区）有关法律规定实行特殊管制的证件，主要包括配额许可证管理证件（如配额证明等）和其他各类特殊管理证件；预备单证是指在办理出口手续时，海关认为必要时需查阅或收取的证件，主要包括贸易合同、货物原产地证书、委托单位的营业执照、委托单位的账册资料及其他有关单证。

报关作业人员通过电子形式进行预录入、递单等工作。《海关法》明确规定，只有在海关办理登记注册手续的有关企业才能报关。

2．配合查验

海关在查验出口货物的名称、品质规格、数量、重量、唛头、生产或贸易国别（地区）等事项是否与出口货物报关单和其他证件相符时，发货人或其代理人应在现场提供协助，负责搬移货物，开拆和重封货物的包装，回答海关查验人员的询问，提供有关证件及必要的资料等，并在查验结束后认真阅读海关查验人员填写的《海关进出境货物查验记录单》，再签字确认。

3．缴纳税费

出口地海关查验货物后，须开具税收缴款书和收费票据。纳税人应自海关填发税收缴款书之日起 15 日内持税收缴款书或收费票据到指定银行办理出口纳税手续。

4．装运货物

出口货物的发货人或其代理人在依法办理申报、配合查验、缴纳税费等手续获得海关放行后，应到货物出境地的港区、机场、车站或其他地点的海关监管仓库或监管区提取出口货物并装运出境。报关、装运阶段的单证流转过程如图 3-2 所示。

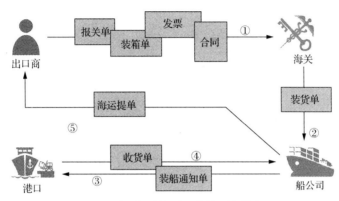

图 3-2　报关、装运阶段的单证流转过程

说明：

① 出口商将填制好的报关单、装箱单、发票、合同等相关单证提交给海关进行出口报关；

② 海关确认无误后在装货单上盖放行章；

③ 港口根据装箱时间以装船通知单作为依据进行装船；

④ 完成装船后，由船长或大副向船公司签发收货单；

⑤ 船公司凭收货单或通过货运代理人向出口商签发海运提单。

✲ 三、出口货物报关单的内容和缮制要点

出口货物报关单的填制必须真实，要做到单单相符、单证相符；不同合同的货物，不能填在同一份报关单上；报关单中填报的项目要准确、齐全；计算机预录入的报关单的内容必须与原始报关单上的内容完全一致。为规范出口货物发货人的申报行为，统一出口货物报关单填制要求，海关总署对《海关进出口货物报关单填制规范》进行了修订。

新版的出口货物报关单（见图 3-3）中增加了 7 项："页码/页数""境外收货人""离境口岸""原产国（地区）""报关人员证号""电话"及"自报自缴"（在表体商品项下方打印）；修改了 4 项：原"发货人"修改为"境内发货人"，原"出口口岸"修改为"出境关别"，原"运输工具名称"修改为"运输工具名称及航次号"，原"随附单证"修改为"随附单证及编号"；删除了 2 项："录入员"和"录入单位"；发生位置变化的有"境内货源地""申报单位"等。

出口货物报关单

(××海关)

预录入编号：		海关编号：			页码/页数：增加项目1

境内发货人		出境关别	出口日期	申报日期	备案号
境外收货人 增加项目2		运输方式	运输工具名称及航次号	提运单号	
生产销售单位		监管方式	征免性质	许可证号	增加项目3
合同协议号		贸易国（地区）	运抵国（地区）	指运港	离境口岸

包装种类	件数	毛重（千克）	净重（千克）	成交方式	运费	保费	杂费

随附单证及编号

标记唛码及备注

增加项目4

项号	商品编号	商品名称及规格型号	数量及单位	单价/总价/币制	原产国（地区）	最终目的国（地区）	境内货源地	征免

自报自缴　增加项目7

在表体商品项下方打印

特殊关系确认：	价格影响确认：	支付特许权使用费确认：		自报自缴

报关人员	报关人员证号	电话	兹申明对以上内容承担如实申报、依法纳税之法律责任	海关批注及签章
申报单位 增加项目5	增加项目6		申报单位（签章）	

图 3-3　新版的出口货物报关单

进口/出口货物报关单表头部分内容如图 3-4 所示。

进口/出口货物报关单表头					
新报关单项目	**原报单项目**	**原报检单项目**	**编码规则**	**是否必填**	**说明**
进出境关别	进/出口岸		《关区代码表》	必填	修改字段名称，新代码表
运费币制	运费币制		《货币代码表》	选填	新代码表
保费币制	保费币制		《货币代码表》	选填	新代码表
杂费币制	杂费币制		《货币代码表》	选填	新代码表
成交数量	申报数量		最多支持录入19位，19位中小数点后最多支持录入5位	必填	修改字段名称
成交计量单位	成交单位		《计量单位代码表》	必填	字段名称修改，新代码表
境内收发货人代码	收发货人代码	收发货人代码	18位字符	必填	合并共用字段，修改字段名称
进出口日期	进出口日期	到货发货日期	8位字符	必填	合并共用字段
运输方式	运输方式	运输方式	《运输方式代码表》	必填	合并共用字段，新代码表
运输工具名称	运输工具名称	运输工具名称	最多32位字符	条件必填	合并共用字段
航次号	航次号	运输工具号码	最多32位字符	条件必填	合并共用字段
提运单号	提运单号	提货单号	32位字符	条件必填	合并共用字段
消费使用/生产销售单位代码	消费使用/生产销售单位代码	消费使用/生产销售单位代码	18位字符	必填	合并共同字段
监管方式	监管方式	贸易方式	《监管方式代码表》	必填	合并共同字段，新代码表
合同协议号	合同协议号	合同号	32位字符	必填	合并共同字段
贸易国（地区）	贸易国（地区）	贸易国	《国别（地区）代码表》	必填	合并共同字段，新代码表
启运/运抵国（地区）	启运/运抵国（地区）	启运/运抵国（地区）	《国别（地区）代码表》	必填	合并共同字段，新代码表
经停/指运港	装货/指运港	经停/到达口岸	《港口代码表》	必填	合并共同字段，修改字段名称，新代码表
包装种类	包装种类	包装种类（含辅助包装种类）	《包装种类代码表》	必填	合并共同字段，新代码表
标记唛码	标记唛码及备注	标记唛码	最多400位字符	选填	合并共用字段，修改字段名称
备注	标记唛码及备注	特殊检验检疫要求	最多70位字符	选填	合并共用字段，修改字段名称

图 3-4　进口/出口货物报关单表头部分内容

1．预录入编号

预录入编号指预录入报关单的编号，一份报关单对应一个预录入编号，由系统自动生成。

报关单预录入编号为 18 位，其中第 1～4 位为接受申报的海关代码（海关规定的《关区代码表》中相应的海关代码），第 5～8 位为录入时的公历年份，第 9 位为进出口标志（"1"为进口，"0"为出口；集中申报清单中，"I"为进口，"E"为出口），后 9 位为顺序编号。

2．海关编号

海关编号指海关接受申报时给予报关单的编号，一份报关单对应一个海关编号，由系统自动生成。

海关编号为 18 位，其中第 1～4 位为接受申报的海关代码，第 5～8 位为接受申报时的公历年份，第 9 位为进出口标志，后 9 位为顺序编号。

3．境内发货人

此栏应填报在海关备案的对外签订并执行出口贸易合同的中国境内法人、其他组织名称及编码。编码填报 18 位的法人和其他组织的统一社会信用代码；没有统一社会信用代码的，填报其在海关的备案编码。

特殊情况下的填报要求如下。

（1）出口货物合同的签订者和执行者非同一企业的，填报执行合同的企业的统一社会信用代码或备案编码。

（2）有代理报关资格的报关企业代理其他出口企业办理出口报关手续时，填报其代理的出口企业的统一社会信用代码或备案编码。

（3）海关特殊监管区域内的发货人填报该货物的实际经营单位或海关特殊监管区域内经营企业的统一社会信用代码或备案编码。

4．出境关别

此栏应根据货物实际出境的口岸海关，填报海关规定的《关区代码表》中相应的口岸海关的名称及代码。

特殊情况下的填报要求如下。

（1）对于出口转关运输货物，此栏应填报货物出境地海关的名称及代码。对于按转关运输方式监管的跨关区深加工结转货物，此栏应填报转出地海关的名称及代码。

（2）对于在不同海关特殊监管区域或保税监管场所之间调拨、转让的货物，此栏应填报对方海关特殊监管区域或保税监管场所所在地海关的名称及代码。

（3）对于其他未实际进出境的货物，此栏应填报接受申报的海关的名称及代码。

5．出口日期

出口日期指运载出口货物的运输工具办结出境手续的日期，此栏在申报时免予填报。对于未实际进出境的货物，此栏应填报海关接受申报的日期。

出口日期为 8 位数字，顺序为年（4 位）、月（2 位）、日（2 位）。

6．申报日期

申报日期指海关接受发货人、受委托的报关企业申报数据的日期。以电子数据报关单方式申报的，申报日期为海关计算机系统接受申报数据时记录的日期。以纸质报关单方式申报的，申报日期为海关接受纸质报关单并对报关单进行登记处理的日期。此栏在申报时免予填报。

申报日期为 8 位数字，顺序为年（4 位）、月（2 位）、日（2 位）。

7．备案号

此栏应填报发货人、生产销售单位在海关办理加工贸易合同备案或征、减、免税审核确认等手续时，海关核发的《加工贸易手册》、海关特殊监管区域和保税监管场所保税账册、《海关进出口货物征免税证明》（以下简称《征免税证明》）或其他备案审批文件的编号。

一份报关单只允许填报一个备案号，具体填报要求如下。

（1）对于加工贸易项下货物，除少量低值辅料按规定不使用《加工贸易手册》及以后续补税监管方式办理内销征税的外，此栏应填报《加工贸易手册》编号。

使用异地直接报关分册和异地深加工结转出口分册在异地口岸报关的，填报分册号；使用本地直接报关分册和本地深加工结转出口分册在本地口岸报关的，填报总册号。

（2）若报关单涉及征、减、免税的审核确认，此栏应填报《征免税证明》编号。

（3）若报关单用于减免税货物退运出口，此栏应填报《海关进口减免税货物准予退运证明》编号。

8．境外收货人

境外收货人通常指签订并执行出口贸易合同的买方或合同指定的收货人。此栏应填报境外收货人的名称及编码。

特殊情况下无境外收货人的，此栏应填报"NO"。

9．运输方式

运输方式包括实际运输方式和海关规定的特殊运输方式，前者指货物实际出境的运输方式，按货物实际出境所使用的运输工具分类；后者指货物未实际出境的运输方式，按货物在境内的流向分类。

若货物实际出境，此栏应按照海关规定的《运输方式代码表》选择填报相应的运输方式。

特殊情况下的填报要求如下。

（1）对于以非邮件方式出境的快递货物，此栏应按实际运输方式填报。

（2）对于出口转关运输货物，此栏应按载运货物驶离出境地的运输工具填报。

（3）对于不复运出境而留在境内销售的进境展览品、留赠转卖物品等，此栏应填报"其他运输"（代码为9）。

（4）对于出境旅客随身携带的货物，此栏应填报"旅客携带"（代码为 L）。

（5）以固定设施（包括输油、输水管道和输电网等）运输货物的，此栏应填报"固定设施运输"（代码为 G）。

未实际出境的货物在境内流转时的填报要求如下。

（1）对于由境内非保税区运入保税区的货物和保税区退区货物，此栏应填报"非保税区"（代码为 0）。

（2）对于由保税区运往境内非保税区的货物，此栏应填报"保税区"（代码为 7）。

（3）对于在境内存入出口监管仓库和出口监管仓库退仓的货物，此栏应填报"监管仓库"（代码为 1）。

（4）对于保税仓库转内销货物或转加工贸易货物，此栏应填报"保税仓库"（代码为 8）。

（5）对于从境内保税物流中心外运入中心或从中心运往境内中心外的货物，此栏应填报"物流中心"（代码为 W）。

（6）对于从境内保税物流园区外运入园区或从园区运往境内园区外的货物，此栏应填报"物流园区"（代码为 X）。

（7）对于在保税港区、综合保税区与境内（区外）（非海关特殊监管区域、保税监管场所）之间进出的货物，此栏应填报"保税港区/综合保税区"（代码为 Y）。

（8）对于在出口加工区、珠澳跨境工业区（珠海园区）、中哈霍尔果斯国际边境合作中心（中方配套区）与境内（区外）（非海关特殊监管区域、保税监管场所）之间进出的货物，此栏应填报"出口加工区"（代码为 Z）。

（9）对于从境内运入深港西部通道港方口岸区的货物，此栏应填报"边境特殊海关作业区"（代码为 H）。

10．运输工具名称及航次号

此栏应填报载运货物出境的运输工具名称或编号及航次号。填报内容应与运输部门向海关申报的舱单（载货清单）所列相应内容一致。

运输工具名称或编号具体填报要求如下。

（1）直接在出境地或采用全国通关一体化通关模式办理报关手续的报关单填报要求如下。

① 水路运输：填报船舶编号（来往港澳小型船舶采用监管簿编号）或者船舶英文名称。

② 公路运输：启用公路舱单前，填报该跨境运输车辆的境内行驶车牌号，采用提前报关模式的深圳的出口货物报关单上应填报境内行驶车牌号+"/"+"提前报关"；启用公路舱单后，免予填报。

③ 铁路运输：填报车厢编号或交接单号。

④ 航空运输：填报航班号。

⑤ 邮件运输：填报邮政包裹单号。

⑥ 其他运输：填报具体运输方式名称，如管道、驮畜等。

（2）转关运输货物的报关单填报要求如下。

① 水路运输：非中转货物，填报"@"+16位转关申报单预录入号（或13位载货清单号）。如多张报关单需要通过一张转关单转关的，运输工具名称字段填报"@"。

中转货物，境内水路运输填报驳船船名；境内铁路运输填报车名（主管海关4位关区代码+"TRAIN"）；境内公路运输填报车名（主管海关4位关区代码+"TRUCK"）。

② 铁路运输：填报"@"+16位转关申报单预录入号（或13位载货清单号），如多张报关单需要通过一张转关单转关的，填报"@"。

③ 航空运输：填报"@"+16位转关申报单预录入号（或13位载货清单号），如多张报关单需要通过一张转关单转关的，填报"@"。

④ 其他运输方式：填报"@"+16位转关申报单预录入号（或13位载货清单号）。

（3）采用"集中申报"通关方式办理报关手续的，填报"集中申报"。

（4）免税品经营单位经营出口退税国产商品的，免予填报。

（5）无实际出境的货物，免予填报。

航次号具体填报要求如下。

（1）直接在出境地或采用全国通关一体化通关模式办理报关手续的报关单填报要求如下。

① 水路运输：填报船舶的航次号。

② 公路运输：启用公路舱单前，填报运输车辆的8位进出境日期[顺序为年（4位）、月（2位）、日（2位），下同]；启用公路舱单后，填报货物运输批次号。

③ 铁路运输：填报列车的出境日期。

④ 航空运输：免予填报。

⑤ 邮件运输：填报运输工具的出境日期。

⑥ 其他运输方式：免予填报。

（2）转关运输货物的报关单填报要求如下。

① 水路运输：非中转货物免予填报。

中转货物，境内水路运输填报驳船航次号；境内铁路、公路运输填报6位启运日期[顺序为年（2位）、月（2位）、日（2位）]。

② 铁路运输：免予填报。

③ 航空运输：免予填报。

④ 其他运输方式：免予填报。

（3）免税品经营单位经营出口退税国产商品的，免予填报。

（4）无实际出境的货物，免予填报。

11．提运单号

此栏应填报出口货物提单或运单的编号。一份报关单只允许填报一个提单号或运单号，一票货物对应多个提单或运单时，应分单填报。直接在进出境地或采用全国通关一体化通关模式办理报关手续的具体填报要求如下。

（1）水路运输：填报出口提单号，如果有分提单的，填报"出口提单号+'*'+分提单号"。

（2）公路运输：启用公路舱单前，此栏免予填报；启用公路舱单后，填报进出口总运单号。

（3）铁路运输：填报运单号。

（4）航空运输：填报"总运单号+'_'+分运单号"，无分运单的填报总运单号。

（5）邮件运输：填报邮政包裹单号。

12．生产销售单位

此栏应填报出口货物在境内的生产或销售单位的名称，包括如下内容。

（1）自行出口货物的单位。

（2）委托出口企业出口货物的单位。

13．监管方式

监管方式是以国际贸易中出口货物的交易方式为基础，结合海关对出口货物的征税、统计及监管条件综合设定的海关对出口货物的管理方式。其代码由 4 位数字构成，前两位是按照海关监管要求和计算机管理需要划分的分类代码，后两位是参照国际标准编制的贸易方式代码。

此栏应根据实际对外贸易情况按海关规定的《监管方式代码表》选择填报相应的监管方式简称及代码。一份报关单只允许填报一种监管方式。

14．征免性质

此栏应根据实际情况按海关规定的《征免性质代码表》选择填报相应的征免性质简称及代码，持有海关核发的《征免税证明》的，按照《征免税证明》中批注的征免性质填报。一份报关单只允许填报一种征免性质。

15．许可证号

此栏应填报出口许可证、两用物项和技术出口许可证、两用物项和技术出口许可证（定向）、纺织品临时出口许可证、出口许可证（加工贸易）、出口许可证（边境小额贸易）的编号。

一份报关单只允许填报一个许可证号。

16．合同协议号

此栏应填报出口货物合同（包括协议或订单）编号。对于未发生商业性交易的出口货物，此栏免予填报。

17．贸易国（地区）

对于发生商业性交易的出口货物，此栏应填报售予国（地区）。对于未发生商业性交易的出口货物，此栏应填报货物所有权拥有者所属的国家（地区）。

具体来讲，此栏应按海关规定的《国别（地区）代码表》选择填报相应的贸易国（地区）的中文名称及代码。

18．运抵国（地区）

运抵国（地区）是指出口货物离开我国关境直接运抵或者在运输中转国（地区）未发生任何商业性交易的情况下最后运抵的国家（地区）。

对于不经过第三国（地区）转运的出口货物，应以出口货物的指运港所在国（地区）为运抵国（地区）。

对于经过第三国（地区）转运的出口货物，如在中转国（地区）发生商业性交易，则以中转国（地区）作为运抵国（地区）。

具体来讲，此栏应按海关规定的《国别（地区）代码表》选择填报相应的运抵国（地区）的中文名称及代码。

对于未实际出境的货物，此栏应填报"中国"及相应代码。

19．指运港

指运港填报出口货物运往境外的最终目的港，最终目的港不可预知的，按尽可能预知的目的港填报。

根据实际情况，按海关规定的《港口代码表》选择填报相应的港口名称及代码。指运港在《港口代码表》中无港口名称及代码的，可选择填报相应的国家（地区）名称及代码。

无实际进出境的货物，填报"中国境内"及代码。

20．离境口岸

此栏应填报装运出境货物的跨境运输工具离境的第一个境内口岸的中文名称及代码。采取多式联运跨境运输的，此栏应填报多式联运货物最初离境的境内口岸的中文名称及代码；对于过境货物，此栏应填报货物离境的第一个境内口岸的中文名称及代码；从海关特殊监管区域或保税监管场所出境的，此栏应填报海关特殊监管区域或保税监管场所的中文名称及代码。对于其他未实际出境的货物，此栏应填报货物所在地的城市名称及代码。

离境口岸类型包括港口、码头、机场、机场货运通道、边境口岸、火车站、车辆装卸点、车检场、陆路港、坐落在口岸的海关特殊监管区域等。此栏应按海关规定的《国内口岸编码表》选择填报相应的口岸的名称及代码。

21．包装种类

此栏应填报出口货物的所有包装材料，包括运输包装和其他包装。运输包装指提运单所列货物件数单位对应的包装，其他包装包括货物的各类包装及植物性铺垫材料等。此栏应按海关规定的《包装种类代码表》选择填报相应的包装种类名称及代码。

22．件数

此栏应填报出口货物运输包装的件数（按运输包装计）。特殊情况下的填报要求如下。

（1）舱单件数为集装箱的，填报集装箱个数。

（2）舱单件数为托盘的，填报托盘数。

（3）不得填报"0"，裸装货物填报"1"。

23．毛重（千克）

此栏应填报出口货物及其包装材料的重量之和，计量单位为千克，不足一千克的精确到小数点后 2 位。

24．净重（千克）

此栏应填报出口货物的毛重减去包装材料后的重量，即货物本身的实际重量，计量单位为千克，不足一千克的精确到小数点后 2 位。

25．成交方式

此栏应根据出口货物实际成交价格条款，按海关规定的《成交方式代码表》选择填报相应的成交方式名称及代码。

对于未实际出境的货物，此栏应填报 FOB。

26．运费

此栏应填报出口货物运至我国境内输出地点并装载后的运输费用。

运费可按运费率、运费单价或运费总价 3 种方式之一填报，注明运费标记（"1"表示运费率，"2"表示每吨货物的运费价格，"3"表示运费总价），并按海关规定的《货币代码表》选择填报相应的货币代码。

27．保费

此栏应填报出口货物运至我国境内输出地点并装载后的保险费用。

保费可按保险费率或保险费总价两种方式之一填报，注明保险费标记（"1"表示保险费率，"3"表示保险费总价），并按海关规定的《货币代码表》选择填报相应的货币代码。

28．杂费

杂费是指成交价格以外的，按照《进出口关税条例》相关规定应计入完税价格或从完税价格中扣除的费用。杂费可按杂费率或杂费总价两种方式之一填报，注明杂费标记（"1"表示杂费率，"3"表示杂费总价），并按海关规定的《货币代码表》选择填报相应的货币代码。

应计入完税价格的杂费填报正值或正率，应从完税价格中扣除的杂费填报负值或负率。

29．随附单证及编号

此栏应根据海关规定的《监管证件代码表》等选择填报除《海关进出口货物报关单填制规范》第十六条规定的许可证件以外的其他进出口许可证件或监管证件、随附单证代码及编号。

此栏分为随附单证代码和随附单证编号两部分，其中代码部分按海关规定的《监管证件代码表》和《随附单据代码表》选择填报相应证件代码；编号部分填报证件编号。电子随附单据关联关系信息表如图 3-5 所示。

电子随附单据关联关系信息表					
新报关单项目	原报关单项目	原报检单项目	编码规则	是否必填	说明
随附单据	随附单据	"随附单据编号""随附单据名称""随附单据类别代码"	随附单据表		合并共同字段

图 3-5　电子随附单据关联关系信息表

30．标记唛码及备注

此栏的填报要求如下。

（1）填报标记唛码中除图形以外的文字、数字，无标记唛码的填报"N/M"。

（2）填报受外商投资企业委托代理其出口投资设备、物品的出口企业名称。

（3）与本报关单有关联关系的，同时在业务管理规范方面要求填报的备案号，应填报在电子数据报关单的"关联备案"栏。

31．项号

项号分两行填报。第一行填报报关单中的商品顺序编号；第二行填报备案序号，专用于加工贸易及保税、减免税等已备案、审批的货物，即填报该项货物在《加工贸易手册》或《征免税证明》等备案、审批单证中的顺序编号。有关优惠贸易协定项下出口报关单的填制要求应按照海关总署的相关规定执行。

32．商品编号

商品编号由 13 位数字组成。前 8 位为《进出口税则》和《海关统计商品目录》规定的编码，第 9、10 位为监管附加编号，第 11～13 位为检验检疫附加编号。

33．商品名称及规格型号

商品名称及规格型号分两行填报。第一行填报出口货物规范的中文商品名称，第二行填报规格型号。具体填报要求如下。

（1）商品名称和规格型号应据实填报，并与发货人或受委托的报关企业所提交的合同、发票等单证中的相关内容相符。

（2）商品名称应当规范，规格型号应当足够详细，以能满足海关对归类、审价及许可证件管理的要求为准，可参照《海关进出口商品规范申报目录》中对商品名称、规格型号的要求进行填报。

34．数量及单位

数量及单位分 3 行填报。

（1）第一行按出口货物的法定第一计量单位填报数量及单位，法定计量单位以《海关统计商品目录》中的计量单位为准。

（2）凡列明有法定第二计量单位的，在第二行按照法定第二计量单位填报数量及单位。无法定第二计量单位的，第二行则不填。

（3）第三行填报成交计量单位及数量。

35．单价

此栏应填报同一项号下出口货物实际成交的商品单位价格。无实际成交的商品单位价格的，填报单位货值。

36．总价

此栏应填报同一项号下出口货物实际成交的商品总价格。无实际成交的商品总价格的，填报总货值。

37．币制

此栏应按海关规定的《货币代码表》选择填报相应的货币名称及代码，如《货币代码表》中无实际成交货币，则填报将实际成交货币按申报日外汇折算率折算成《货币代码表》中列明的货币。

38．原产国（地区）

原产国（地区）依据《进出口货物原产地条例》《关于非优惠原产地规则中实质性改变标准的规定》及海关总署关于各项优惠贸易协定原产地管理规章规定的原产地确定标准填报。同一批出口货物的原产国（地区）不同的，分别填报原产国（地区）。出口货物的原产国（地区）无法确定的，填报"国别不详"。

具体来讲，此栏应按海关规定的《国别（地区）代码表》选择填报相应的国家（地区）名称及代码。

39．最终目的国（地区）

最终目的国（地区）填报已知的出口货物的最终实际消费、使用或进一步加工制造国家（地区）。不经过第三国（地区）转运的直接运输货物，以运抵国（地区）为最终目的国（地区）；经过第三国（地区）转运的货物，以最后运往国（地区）为最终目的国（地区）。同一批出口货物的最终目的国（地区）不同的，分别填报最终目的国（地区）。出口货物不能确定最终目的国（地区）时，以尽可能预知的最后运往国（地区）为最终目的国（地区）。

此栏应按海关规定的《国别（地区）代码表》选择填报相应的国家（地区）名称及代码。

40．境内货源地

境内货源地填报出口货物在境内的产地或原始发货地。出口货物产地难以确定的，填报最早发运该出口货物的单位所在地。

此栏应按海关规定的《国内地区代码表》选择填报相应的国内地区的名称及代码，并根据《行政区划代码表》选择填报境内目的地对应的县级行政区的名称及代码，无下属区县级行政区的，可选择填报地市级行政区的名称及代码。

41．征免

此栏应按照海关核发的《征免税证明》或有关政策规定，对报关单所列每项商品选择填报海关规定的《征减免税方式代码表》中相应的征减免税方式。

对于加工贸易货物，此栏应根据《加工贸易手册》中备案的征免规定填报；《加工贸易手册》中备案的征免规定为"保金"或"保函"的，填报"全免"。

42．特殊关系确认

出口货物、加工贸易及保税监管货物（内销保税货物除外）免予填报。

43．价格影响确认

出口货物、加工贸易及保税监管货物（内销保税货物除外）免予填报。

44．支付特许权使用费确认

出口货物、加工贸易及保税监管货物（内销保税货物除外）免予填报。

45．自报自缴

出口企业、单位采用"自主申报、自行缴税"（自报自缴）模式向海关申报时，填报"是"；若未采用，填报"否"。

46．申报单位

自理报关的，填报出口企业的名称及编码；委托代理报关的，填报报关企业的名称及编码。编码应为18位的法人和其他组织的统一社会信用代码。

报关人员填报在海关备案的姓名、编码、电话，并加盖申报单位印章。

47．海关批注及签章

海关接受出口货物申报后，报关单证及其内容不得修改或撤销；符合规定情形的，可以修改或撤销。

海关批注及签章供海关作业时签注。

出口货物报关单的修改或撤销遵循修改优先原则；确定不能修改的，予以撤销。

可以办理出口货物报关单修改或撤销手续的情形如下。

（1）出口货物放行后，由于装运、配载等原因造成原申报货物部分或者全部退关、变更运输工具的。

（2）出口货物在装载、运输、存储过程中发生溢短装，或者由于不可抗力造成灭失、短损等，导致原申报数据与实际货物不符的。

（3）由于办理退补税、海关事务担保等其他海关手续而需要修改或者撤销报关单数据的。

（4）根据贸易惯例先行采用暂时价格成交，实际结算时按商检品质认定或者国际市场实际价格付款方式而需要修改申报内容的。

（5）已申报进口货物办理直接退运手续，需要修改或者撤销原进口货物报关单的。

（6）计算机、网络系统等技术原因导致电子数据申报错误的。

对应上述不同原因，企业需有针对性地向海关提供以下材料。

（1）《进出口货物报关单修改/撤销表》，退关、变更运输工具证明材料。

（2）《进出口货物报关单修改/撤销表》，商检机构或者相关部门出具的证明材料。

（3）《进出口货物报关单修改/撤销表》，签注海关意见的相关材料。

（4）《进出口货物报关单修改/撤销表》，全面反映贸易实际状况的发票、合同、提单、装箱单等单证，与货物买卖有关的支付凭证及证明申报价格真实、准确的其他商业单证、书面资料和电子数据。

（5）《进出口货物报关单修改/撤销表》，《进口货物直接退运表》。

（6）《进出口货物报关单修改/撤销表》，计算机、网络系统运行管理方出具的说明材料。

报关作业人员操作或者书写失误造成申报内容需要修改或者撤销的，当事人应当向海关提交《进出口货物报关单修改/撤销表》和下列材料。

（1）可以证明进出口货物实际情况的合同、发票、装箱单、提运单或者载货清单等相关单证、证明文书。

（2）详细情况说明以及相关证明材料。

在中国国际贸易单一窗口进行货物申报和修撤单的操作步骤如图 3-6 和图 3-7 所示。

图 3-6　中国国际贸易单一窗口的货物申报入口页面

图 3-7　中国国际贸易单一窗口的修撤单页面

海关未发现报关作业人员存在逃避海关监管行为的，可以修改或者撤销报关单。不予修改或者撤销的，海关应当及时通知当事人，并且说明理由。

除不可抗力外，当事人有以下情形之一的，海关可以直接撤销相应的电子数据报关单。

（1）海关将电子数据报关单退回修改，当事人未在规定期限内重新发送的。

（2）对以有纸方式申报的报关单，海关处置完电子数据报关单后，当事人未在规定期限内递交纸质报关单的。

（3）出口货物申报后未在规定期限内运抵的。

（4）海关总署规定的其他情形。

素养点睛： 入世20余年，中国与世界共赢

2001年12月11日，中国正式加入世界贸易组织（以下简称"世贸组织"）。加入世贸组织以来，中国不断扩大开放，激活了中国发展的澎湃春潮，也激活了世界经济的一池春水；中国履行承诺，遵守世贸组织规则，化解挑战，抓住机遇，实现自身发展的同时也在造福世界。

1．履行入世承诺的"优等生"，既发展了自己，也造福了世界

入世20多年来，中国积极履行入世承诺，大幅降低商品进口的关税和非关税壁垒。

从加入世贸组织初期，我国研究国际贸易统计口径，不断适应关税规则的调整变化，到全国各开放口岸推动国家开放型经济的蓬勃发展；从熟练运用世贸组织规则，融入全球经贸一体化格局，到推动世贸组织的新一轮改革；从高效应对各种冲击，到坚定维护跨国产业链供应链稳定，中国海关始终走在前列。这20多年间，中国已实现了从入世之初的跟随者、模仿者到领跑者和创新者的角色转化，逐步成长为维护国际多边经贸体系的重要力量。入世给中国带来了发展的机会，也给世界带来了发展的机会；中国受益于世界，世界同样受益于中国。

从中国经济发展来看，中国已成为世界第二大经济体，经济总量和货物贸易量从世界第6位分别上升至第2位和第1位。以加工贸易为例，入世后，中国加工贸易经历了"过山车"式的增长和下降，从初期的指数式增长，占全国进出口贸易总值的"半壁江山"，到近年来占比3成左右。与此相对，我国一般贸易占比从入世之初的4成提升至如今的6成。这些数据充分展现了我国由劳动密集型加工贸易过渡到劳动技术并重的发展历程，彰显了我国从初期融入到内生发展动力不断发展壮大的转变。

从对世界经济的贡献来看，中国对全球经济增长的年均贡献率接近30%，始终是多边贸易体制最大的贡献者，不仅改变了世界经贸格局，也增强了世界经济的稳定性和安全性。在全球电商市场中占据着不可或缺的地位。跨境电商新业态不仅成为国际贸易发展的新动能，更成为中国与"一带一路"沿线国家开展经贸合作的新引擎。

2．扩大开放催发中国产业巨变，靠实力"走出去"

入世20多年后的事实表明，更高水平的开放，不但没有成为国内企业的发展障碍，反而令开放的行业更加具有竞争力和生命力。

在中国，有一家民营汽车企业几乎与入世相伴相生，也在这20多里走出一条

超出想象的上升之路。2001 年 11 月 9 日，吉利获得了汽车准入牌照，成为中国首家获得轿车生产资格的民营企业。2010 年 8 月 2 日，吉利控股集团完成对沃尔沃轿车全部股份的收购，这成为中国首个跨国汽车并购案例。

入世给中国汽车产业带来难得的发展机会，也使中国汽车产业面对"晋级战"。从 2002 年开始，我国汽车进口关税逐步下调。至 2010 年，中国入世时做出的降税承诺基本履行完毕，关税总水平由入世前的 15.3% 进一步降至 9.8%。也是在这一年，中国汽车产销量达到 1800 万辆，中国成为世界汽车第一大市场，几乎所有的汽车品牌都把中国当作发展的必争之地。

关税的降低，让更多国外品牌进入中国市场，市场竞争更加激烈，同时也激励着国产品牌的崛起和发展。加入世贸组织是中国深度参与经济全球化的里程碑，标志着中国改革开放进入历史新阶段。

2001 年，中国全年汽车产量仅为 233 万辆。2022 年，中国全年汽车产量超过 2700 万辆。中国已经具备较强的汽车生产制造能力，自主品牌在全球市场上的占有率不断提高。更重要的是，从 2015 年开始，国产汽车品牌在以电动化、智能化、网联化、共享化为趋势的新赛道上逐渐并跑和领跑。2022 年，中国汽车出口突破 300 万辆，其中，新能源汽车出口 67.9 万辆。

3. 从"增长更快"到"发展更好"，做引领经济全球化的行动派

2001 年，中国 1 天的进出口货物价值为 115.6 亿元，而 2021 年达到这一指标只要 3 个多小时；2001 年，中国 1 小时的消费总额 4.8 亿元，而 2021 年达到这一指标只要 6 分钟；2001 年，中国 1 分钟创造的 GDP 为 0.21 亿元，而 2021 年达到这一指标只要 7 秒……

2021 年 12 月，义乌港集装箱车辆通过卡口的时间平均只需要 10 秒，单个集装箱查验时间只要 10 分钟，极大地提高了企业的集装箱运转效率。有着全世界最大小商品批发市场之称的义乌，其"陆、海、空、铁、邮"立体式对外开放大格局正在逐渐形成。

中国既重视扩大出口，也重视扩大优质产品和服务的进口，连续举办的中国国际进口博览会做大了全球市场的"蛋糕"，做实了全球共享的机制，做活了全球合作的方式。

中国敞开怀抱，迎接更多高品质商品进入国内市场，与世界各国（地区）分享"中国红利"，货物进口额年均增长率超过两位数。坚持开放包容，中国的"朋友圈"不断扩大。这 20 多年来，中国成为 50 多个国家和地区的最大贸易伙伴，120 多个国家和地区的前三大贸易伙伴。统计数据显示，2022 年，中国对外直接投资流量 1631.2 亿美元，为全球第 2 位。从 2014 年开始，中国的对外直接投资流量开始超过外商对华投资流量，该趋势至今未变。

中国始终是支持全球化的行动派，入世 20 多年来，中国已成为世贸组织改革和国际经贸规则重构举足轻重的参与者、贡献者，成为引领经济全球化向前发展的重要力量。

任务分析与实施

根据支撑知识，完成训练任务，具体如下。

出口货物报关单

预录入编号：　　　　　　　　海关编号：　　　　　　　　页码/页数：

境内发货人 江苏时尚国际贸易公司 0255348096	出境关别 上海 2200	出口日期 20220910	申报日期 20220908	备案号
境外收货人 ABC TRADING CO., LTD. JAPAN	运输方式 水路运输	运输工具名称及航次号 SHUNFENG V.406	提运单号 COSCO220926	
生产销售单位 江苏时尚国际贸易公司 0255348096	监管方式 一般贸易	征免性质 一般征税	许可证号	
合同协议号 FC266	贸易国（地区） 日本	运抵国（地区） 日本	指运港 名古屋	离境口岸 上海

包装种类 纸箱	件数 300	毛重（千克） 4 560	净重（千克） 4 500	成交方式 CIF	运费 502/1018/3	保费 502/1045/3	杂费

随附单证及编号

随附单证1：INVOICE AND PACKING LIST　　　　　　随附单证2：

标记唛码及备注

ABC

FC266 NAGOYA

C/NO.1 － 300

项号	商品编号	商品名称及规格型号	数量及单位	单价/总价/币制	原产国（地区）	最终目的国（地区）	境内货源地	征免
01	6205200099	男式衬衫	9000 件	12.00 108 000.00 502	中国	日本	中国南京	照章

特殊关系确认：　　　　价格影响确认：　　　　支付特许权使用费确认：　　　　自报自缴：

报关人员　报关人员证号　电话　兹申明对以上内容承担如实申报、依法纳税之法律责任 张蓉　　　4530×××　　　0086-25-54530××× 申报单位 江苏时尚国际贸易公司	申报单位（签章） 海关批注及签章

 综合训练

请根据以下资料缮制出口货物报关单。

提单号码：CAN-598024

提单日期：2022 年 4 月 5 日

船名：TIAN LI 3/DSR

货物装箱情况：25DOZ/CTN，2×20'CY/CY，CYLU2215087，SEAL0958801

出口许可证号：7680532

运费率：3%

杂费：USD158.00

生产厂家：南京新星服装厂

G.W.：18.00kg/CTN，N.W.：15.00kg/CTN，MEAS：（50×20×10）cm³/CTN

唛头：SB TRADING

VIA TRADVERSA DI

本批货由中外运上海分公司于 2022 年 4 月 3 日向上海海关申报。信用证（节选部分内容）如下：

MTS 700 ISSUE OF A DOCUMENTARY CREDIT

SENDER: CRVOIT21047

CASSA DI RISPARMIO DI VOLTERRA SPA

VIALE SAN CONCORDIO 587/A

55100 LUCCA, ITALY

RECEIVER: BKCHCNBJ940

BANK OF CHINA JIANGSU BRANCH

NO. 2 GUANG ZHOU ROAD, NANJING, CHINA

SEQUENCE OF TOTAL	*27:1/1
FORM OF DOCUMENTARY CREDIT	*40A: IRREVOCABLE
DOCUMENTARY CREDIT NUMBER	*20: 9107164
DATE OF ISSUE	*31C：220304
APPLICABLE RULES	*40E:UCP LATEST VERSION
DATE AND PLACE OF EXPIRY	*31D：220426 PLACE CHINA
APPLICANT	*50: S.B.TRADING SAS DI BERT-INT STEFAND E.C. VIA TRAVERSA DI IOLO 50 50044 IOLO DI PRATO(PO) ITALY
BENEFICIARY	*59: JIANGSU FASHION INTER-NATIONAL TRADE CORPO-RATION

#358 ZHUSHAN ROAD, JIANGNING DISTRICT, NANJING, CHINA

CURRENCY CODE, AMOUNT	*32B: USD 36480.00
AVAILABLE WITH/BY	*41D: ANY BANK IN CHINA BY NEGOTIATION
DRAFTS AT	42C: AT SIGHT
DRAWEE	42D: ISSUING BANK
PARTIAL SHIPMENTS	43P: NOT ALLOWED
TRANSHIPMENT	43T: ALLOWED
PORT OF LOADING/AIRPORT OF DEPARTURE	44E: SHANGHAI
PORT OF DISCHARGE/AIRPORT OF DESTINATION	44F: LA SPEZIA PORT
LATEST DATE OF SHIPMENT	44C:220405
DESCRIPTION OF GOODS AND /OR SERVICES	45A:

7 PANEL CAP IN COTTON TWILL

108×58 WITH 4 METAL EYELRTS AND PLASTIC CLOSURE AT BACK

N.BLUE	2800	DOZ.
RED	1100	DOZ.
WHITE	1200	DOZ.
R.BLUE	500	DOZ.
YELLOW	500	DOZ.
GREEN	1500	DOZ.
TOTAL	7600	DOZ.

AS PER PROFORMA INVOICE NO.98GD04-017 DATED FEBRUARY 25, 2022

CONTRACT NO.99NS061

TERMS OF PAYMENT:CFR LA SPEZIA AT USD 4.80/DOZ.

DOCUMENTS REQUIRED	46 A:

+FULL SET CLEAN ON BOARD OCEAN BILL OF LADING, MADE OUT TO THE ORDER AND BLANK   ENDORSED,   MARKED "FREIGHT PREPAID"AND NOTIFY TO THE APPLICANT.

    …

PERIOD FOR PRESENTATION IN DAYS	48：21
CONFIRMATION INSTRUCTIONS	*49: WITHOUT

素养点睛： 在完成缮制出口报关单综合训练的过程中，同学们要有意识地培养知法守法与运用法律保护自身合法权益的意识和能力，同时要养成细致耐心的工作习惯，规范完成出口货物报关操作。

项目三 缮制出口单证

任务 3.6　缮制保险单据

 学习目标

能力目标：

能根据合同、信用证和货物的实际情况缮制出口货物投保单和保险单。

知识目标：

了解保险险别、保险单据及其种类，掌握保险业务的一般程序、保险单的内容和缮制要点。

素养目标：

树立严谨的学习和工作态度，提高风险防范意识，能够有效维护国家和企业的合法利益。

训练任务

请根据江苏时尚国际贸易公司本票货物的情况缮制投保单和保险单。

（一）相关信息

投保日期：2022 年 9 月 8 日

投保险别：一切险和战争险

保单号次：NJ220901928

（二）投保单样本

中国人民保险公司

THE PEOPLE'S INSURANCE COMPANY OF CHINA

运输险投保单

APPLICATION FOR TRANSPORTATION INSURANCE

被保险人

Assured's name＿＿＿＿＿＿

兹有下列货物拟向中国人民保险公司投保：

Insurance is required on the following commodities:

标记和唛头 Marks & Nos.	数量及包装 Quantity and package	保险货物项目 Description of goods	保险金额 Amount insured

装载运输工具 Per conveyance: ＿＿＿＿＿＿＿＿＿

开航日期　　　　　　　　提单号码

Slg.on/abt.＿＿＿＿　　B/L No.＿＿＿＿＿＿

自   至

From   to

请将要保的险别标明

Please indicate the Conditions &/or Special Coverage＿＿＿＿＿＿

备注 Remarks＿＿＿＿＿

投保人（签名盖章）   电话

Name/Seal of Proposer   Telephone No.

地址 Address

日期 Date

本公司自用 For office use only

费率   保费   经办人

Rate＿＿＿＿＿Premium＿＿＿＿By＿＿＿＿

（三）保险单样本

PICC 中国人民保险公司南京分公司

THE PEOPLE'S INSURANCE COMPANY OF CHINA, NANJING BRANCH

货物运输保险单

CARGO TRANSPORTATION INSURANCE POLICY

发票号 INVOICE NO.

合同号 CONTRACT NO.   保险单号 POLICY NO.

信用证号 L/C NO.

被保险人 INSURED＿＿＿＿＿＿＿＿＿＿＿＿＿＿＿＿＿＿

中国人民保险公司（以下简称本公司）根据被保险人的要求，由被保险人向本公司缴付约定的保险费，按照本保险单承保险别和背面所列条款与下列特款承保下述货物运输保险，特立本保险单。

图片：保险单样本（1）

THIS POLICY OF INSURANCE WITNESSES THAT THE PEOPLE'S INSURANCE COMPANY OF CHINA（HEREINAFTER CALLED "THE COMPANY"）AT THE REQUEST OF INSURED AND IN CONSIDERATION OF THE AGREED PREMIUM PAID TO THE COMPANY BY THE INSURED, UNDERTAKES TO INSURE THE UNDERMENTIONED GOODS IN TRANSPORTATION SUBJECT TO THE CONDITIONS OF THIS POLICY AS PER THE CLAUSES PRINTED OVERLEAF AND OTHER SPECIAL CLAUSES ATTACHED HEREON.

图片：保险单样本（2）

标记和唛头 MARKS & NOS.	数量及包装 QUANTITY AND PACKAGE	保险货物项目 DESCRIPTION OF GOODS	保险金额 AMOUNT INSURED

总保险金额 TOTAL AMOUNT INSURED

按照约定 AS ARRANGED

保费　　　　　启运日期　　　　　装载运输工具

PREMIUM ____DATE OF COMMENCEMENT____PER CONVEYANCE_____

FROM_____VIA____TO_____

承保险别 CONDITIONS_____

所保货物，如发生保险单项下可能引起索赔的损失或损坏，应立即通知本公司下述代理人查勘。如有索赔，应向本公司提交保险单正本（共___份正本）及有关文件。如一份正本已用于索赔，其余正本自动失效。

IN THE EVENT OF LOSS DAMAGE WHICH MAY RESULT IN A CLAIM UNDER THIS POLICY, IMMEDIATE NOTICE MUST BE GIVEN TO THE COMPANY AGENT AS MENTIONED HERE UNDER CLAIMS IF ANY, ONE OF THE ORIGINAL POLICY WHICH HAS BEEN ISSUED IN____ORIGINALS TOGETHER WITH RELEVANT DOCUMENTS SHALL BE SURRENDERED TO THE COMPANY. IF THE ORIGINAL POLICY HAS BEEN ACCOMPLISHED，THE OTHERS TO BE VOID .

赔款偿付地点

CLAIM PAYABLE AT_____　　　　　中国人民保险公司南京分公司

出单日期　　　　　　　　　　　　THE PEOPLE'S INSURANCE

ISSUING DATE_____　　　　　COMPANY OF CHINA，NANJING BRANCH

 支撑知识

在国际贸易中，货物经过长途运送和装卸，不可避免地会因自然灾害、意外事故或其他外来因素而受损。为保障收货人在货物受损后获得经济补偿，货主在货物出运前就必须向保险公司办理有关投保事宜。保险公司在接受投保后必须签发承保凭证，即保险单据。保险单据是当被保险货物受到保险凭证责任范围内的损失时被保险人进行索赔和保险公司理赔的依据。在 CIF（CIP）合同中，它也是卖方向买方提供的出口结汇单据之一。

微课：货物运输风险和损失类型

✳ 一、保险基本知识

1. 保险条款与险别

我国现行的保险条款是中国人民保险公司参照国际通常做法结合我国实际情况拟定的。保险条款根据运输方式的不同可分为海运货物保险条款、空运货物保险条款、陆运货物保险条款、邮包运输保险条款等，此处主要介绍海运货物保险条款。在海运途中，船只和货物由于遭受暴风、巨浪、雷电、海啸、洪水等自然灾害，或由

微课：保险条款与险别

于船舶或驳运工具搁浅、触礁沉没、碰撞、失火、爆炸，以及船长、船员做出不法行为等意外事故所造成的各种损失，都称为海上损失，简称"海损"（AVERAGE），包括全损（TOTAL LOSS）、共同海损（GENERAL AVERAGE）及单独海损（PARTICULAR AVERAGE）3种不同的损害程度。

海运货物保险险别主要分为基本险别和附加险别两大类。其中，基本险别主要包括平安险、水渍险和一切险，附加险别主要包括一般附加险和特殊附加险。

（1）基本险别包括以下3种。

① 平安险（FREE FROM PARTICULAR AVERAGE，FPA）又称单独海损不赔险，其责任范围如下。

a. 在运输过程中，被保险货物由于恶劣气候、雷电、海啸、地震、洪水等自然灾害造成全部损失或推定全损，当被保险人要求推定全损赔付时，须将受损货物及其权利委付给保险公司。

b. 由于运输工具搁浅、触礁、沉没、互撞、与流冰或其他物体碰撞，以及失火、爆炸等意外事故造成被保险货物的全部或部分损失。

c. 在装卸转运过程中，一件或数件被保险货物落海造成的全部或部分损失。

d. 发生了保险责任范围内的危险，被保险人对被保险货物采取抢救、防止或减少损失的各种措施而产生的合理施救费用。

e. 船舶遇难后在遇难港被迫卸货造成被保险货物的全部或部分损失。

f. 发生共同海损引起的牺牲、分摊和救助费用。

g. 根据船舶互撞责任条款规定，应由货方偿还船方的损失。

② 水渍险（WITH PARTICULAR AVERAGE，WPA）又称单独海损赔偿险。除包括平安险的责任范围中的全部责任外，水渍险还承保被保险货物由于恶劣气候、雷电、海啸、地震、洪水等自然灾害所造成的部分损失，但有免赔率条款（FRANCHISE CLAUSE）的规定，如鱼类、盐、水果、种子、谷物等不予赔偿，对糖、烟叶、麻、毛皮等，损失未达到保额价值的 5%不予赔偿。但可以加保不受免赔率（IRRESPECTIVE OF PERCENTAGE，IOP）限制条款，这种情况需单独计算海损，不论损失大小，一律照赔。

③ 一切险（ALL RISKS）又称综合险，除包括平安险和水渍险的各项责任外，还负责被保险货物在运输途中由一般外来原因所造成的全部或部分损失。

（2）附加险别（ADDITIONAL RISK）可分为一般附加险与特殊附加险两种。

① 一般附加险。一般附加险包括偷窃提货不着险、淡水雨淋险、短量短少险、玷污险、渗漏险、破损破碎险、串味险、受潮受热险、钩损险、包装破裂险、锈损险等。

a. 偷窃提货不着险（THEFT, PILFERAGE AND NON-DELIVERY, T.P.N.D）。偷是指整件货物被偷走，窃是指包装完整的整件货物中的一部分被窃走，提货不着是指整件货物没有交付给收货人。上述损失只要在保险有效期内均可由保险公司负责赔偿。

b. 淡水雨淋险（FRESH WATER RAIN DAMAGE）。货物在运输途中，由于淡水、雨水及雪融造成的损失，保险公司都负责赔偿。淡水包括船上淡水舱的水、水管漏水及船汗等。

c. 短量短少险（RISK OF SHORTAGE）。短量短少险承保被保险货物数量短少和重量减少的损失。对有包装的货物的短量短少，必须有外包装发生异常的现象，如破口、裂袋、扯缝等，以区别是原来的短量短少还是外来因素造成的短量短少。对散装货物的短量短少，则往往以装船重量和卸船重量的差额作为计算短量短少的依据。

d. 玷污险（RISK OF CONTAMINATION）。被保险货物在运输途中，因混进杂质造成的污染损失，或被保险货物因与其他物质接触而被玷污所引起的经济损失，均由保险公司负责赔偿。

e. 渗漏险（RISK OF LEAKAGE）。流质、半流质的液体物质在运输过程中因为容器损坏而引起的渗漏损失，由保险公司负责赔偿。

f. 破损破碎险（RISK OF CLASH OR BREAKAGE）。在运输途中，因为受到震动、颠簸、挤压等造成金属、木质等货物本身的凹瘪、脱瓷、脱漆、划痕等的损失，以及野蛮装卸、运输工具震颠等造成易碎性货物本身的破裂、断碎等的损失，由保险公司负责赔偿。

g. 串味险（RISK OF ODOUR）。被保险货物因为受到其他货物的气味影响所造成的串味损失由保险公司承担，这种串味如果与配积载不当直接有关，则船方负有责任，保险公司应向船公司追偿。

h. 受潮受热险（DAMAGE CAUSED BY SWEATING AND HEATING）。被保险货物因受潮受热而引起的损失由保险公司负责赔偿。

i. 钩损险（HOOK DAMAGE）。被保险货物在装卸过程中因为使用手钩、吊钩等工具所造成的损失，保险公司在承保该险的情况下应予赔偿。

j. 包装破裂险（LOSS FOR DAMAGE BY BREAKAGE OF PACKING）。因为包装破裂造成货物短少、玷污等损失，或被保险货物在运输过程中，为确保运输安全，需要修补包装、调换包装所支付的合理费用，保险公司也应负责赔偿。

动画：国际货物运输保险投保流程

k. 锈损险（RISK OF RUST）。被保险货物在运输过程中，因为生锈造成的损失，由保险公司负责赔偿。这种生锈只要是在保险期限内发生的，保险公司都应负责。

② 特殊附加险。特殊附加险不属于一切险的范围，其与政治、国家（地区）行政管理规章所引起的风险相关联。目前中国人民保险公司承保的特殊附加险别有交货不到险（FAILURE TO DELIVERY RISK）、进口关税险（IMPORT DUTY RISK）、黄曲霉素险（AFLATOXIN RISK）和出口货物到中国香港（包括九龙在内）或中国澳门存仓火险责任扩展条款（FIRE RISK EXTENSION CLAUSE FOR STORAGE OF CARGO AT DESTINATION HONGKONG, INCLUDING KOWLOON,OR MACAO, 简

称 F.R.E.C.）。此外，还包括战争险（WAR RISK）和罢工险（STRIKES RISK）等。

> 📖**案例分析：**
>
> 　　我国 G 公司以 CIF 价格条件引进一套英国产检测仪器，因合同金额不大，且合同采用简式标准格式，保险条款一项只简单规定"保险由卖方负责"。到货后，G 公司发现其中一个部件变形，影响检测仪器的正常使用。G 公司向外商反映并索赔，外商答复检测仪器出厂时经严格检验，有质量合格证书，非其责任。后经商检机构检验认定该部件变形是运输途中受到振动、挤压造成的。于是 G 公司向保险公司索赔，保险公司认为此情况属于"破损破碎险"的承保范围，但 G 公司提供的保单上只保了"协会货物条款"（C），没保"破损破碎险"，所以无法赔付。G 公司无奈只好重新购买此部件，既浪费了金钱，又耽误了时间。试分析造成 G 公司损失的原因是什么？G 公司在订立保险条款时应考虑哪些因素？
>
> 　　造成 G 公司损失的原因是投保险别不妥当。
>
> 　　G 公司在订立保险条款时应考虑的因素如下。
>
> 　　（1）根据货物的性质、特点选择相应的险别。
>
> 　　（2）根据运输途中可能遭受的风险和损失选择相应的险别。
>
> 　　（3）根据船舶的航线和停靠的港口选择相应的险别。
>
> 　　（4）根据国际形势的变化选择相应的险别。
>
> 　　（5）根据以往的经验选择相应的险别。

素养点睛：同学们要热爱外贸事业，尽职敬业，树立远大理想，将个人的抱负与事业的成功紧密结合起来，全身心投入工作。在工作中，同学们要提高风险防范意识，刻苦钻研业务，办理保险业务时既要使货物的运输风险有保障，又要尽量减少保险费用的支出，从而减少企业损失。

2. 保险业务的一般程序

保险业务的一般程序如图 3-8 所示。

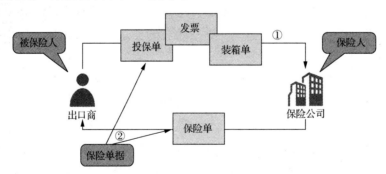

图 3-8　保险业务的一般程序

说明：

① 出口商按合同或信用证规定填制投保单，确定保险金额，并随附发票、装箱单向当地保险公司办理保险手续；

② 保险公司按规定的保险费率收讫保险费后，依据投保单出具保险单，并交至出口商。

案例分析：

我国某外贸公司与英国进口商签订一份皮手套合同，价格条件为 CIF 波士顿，向中国人民保险公司投保了一切险，生产厂家在生产的最后一道工序将湿度降到了最低程度，然后将货物用牛皮纸包好装入双层瓦楞纸箱，再装入 20 英尺的集装箱，货物到达波士顿后，检验结果表明：全部货物湿、霉、变色、被玷污，损失价值达 80000 美元。据分析：该批货物的出口地无异常热，进口地波士顿无异常冷，运输途中无异常，完全属于正常运输。请回答以下问题。

（1）保险公司对该项损失是否应赔偿？为什么？

（2）进口商对受损货物是否应支付货款？为什么？

（3）你认为出口商应如何处理此事？

解答：（1）保险公司对该批货物的损失不予赔偿。原因是，根据中国人民保险公司《海洋货物运输保险条款》基本险的除外责任：在保险责任开始之前，被保险货物已存在品质不良或数量短少造成的损失；被保险货物的自然损耗、本质缺陷、特性及市价跌落、运输延迟引起的损失或费用，保险公司不负责赔偿损失。在本案中，运输途中一切正常，货物发生质变不属于保险公司的责任范围，故保险公司对该批货物的损失不予赔偿。

（2）进口商应支付货款。本案中交货条件为 CIF，根据《国际贸易术语解释通则》2020 版中的解释，按 CIF 条件成交，买卖双方交货的风险界点在装运港船上，货物装船以前的风险由卖方承担，货物装船以后的风险由买方承担；另外，CIF 是象征性交货，卖方凭单交货、买方凭单付款，即使货物在运输途中全部灭失，买方仍需付款，但如货物存在品质问题，买方可凭商检机构的检验证书向卖方索赔。

（3）出口商应对该批货物负赔偿责任，因为该批货物在运输途中并无任何风险导致损失，发生质变是因为生产工序有问题，属于货物品质不良，故其应向买方负赔偿损失的责任。

素养点睛： 同学们要通过各种渠道不断学习，提升自己的职业能力和职业素养，将细节问题处理好，避免在将来的工作中出现疏漏。同学们还要在学会使用法律手段减少企业损失的同时，做到遵守法律法规和国际惯例，诚实守信，勇于承担责任，为企业树立良好的国际形象。

3. 保险单据及其种类

保险单据一般被理解为保险单，简称保单，它是保险人与投保人之间签订的一种正式保险合同。保险单上必须明确、完整地记载保险合同双方当事人的权利及义务。保险单通常是保险人根据投保人的申请开立的，并由被保险人持有。保险单是保险人向被保险人收取保险费的依据，同时也是所约定的意外事故发生后被保险人要求保险人赔偿承保范围内的风险造成的损失的主要凭证。

对于海上货物运输保险，海上保险单据根据其表现形式不同，常分为以下几种。

（1）保险单（INSURANCE POLICY），又称为"大保单"。一般是由保险人根据投保人的投保申请逐笔签发的，它是一种正规的保险合同，承保在保险单中所指定的经由指定船舶承运的货物在运输途中的风险。保险单除载明被保险人（投保人）的名称、发票号码（唛头）、数量或重量、被保险货物（标的物）、保险金额、运输工具、保险的起讫地点、承保险别、检验理赔代理人、赔偿地点、出单日期等基本项目外，还在其背面列明了保险条款等。

货运险保险单可由被保险人背书随物权的转移而转让，货物安全抵达目的地或保险单规定的地点后，保险单的效力即告终止。进出口货运险保险单一般由 3 份正本和 2 份副本组成，也可根据投保人的要求增设正本或副本的份数。

（2）保险证明书（INSURANCE CERTIFICATE），又称“小保单”，是一种简化的保险单，它同正式保险单具有同样的效力。保险证明书的正面载明了保险的基本项目，但背面未列保险条款，仅声明：“兹依照本公司正式运输险保险单内所载全部条款及本承保凭证所订立条款，承保下列货物保险，如保险单之条款与本凭证所订条款有抵触时，应以本凭证所订条款为准。”

微课：保险单据的内容和缮制

（3）预约保险单（OPEN POLICY/OPEN COVER），又称开口保险单，是保险人与被保险人事先约定在一定时期内对指定范围内的货物进行统一承保的协议，这种形式适用于经常有大批货物出运的投保人。预约保险单应对保险公司承保的标的、期限、预计承保金额、每一危险单位的责任限额、承保的航运路线等做出明确规定，被保险人如需要运输超出此规定的货物，必须另行申请投保。被保险人在拥有预约保险单后，每批货物一经装运，就要将该批货物的名称、数量、保险金额、船名、航线等内容以投保声明书的形式及时通知保险人。

动画：出口保险单据的缮制

（4）联合凭证（COMBINED CERTIFICATE），也称“联合发票”，是一种发票和保险单相结合，较上述保险凭证更为简化的保险单据，但与正式保险单具有同等的效力。此凭证只有我国采用，仅适用于对港、澳地区中资银行的信用证项下的出口业务，且不能转让。

（5）保险批单（INSURANCE ENDORSEMENT）。此单据用于上述各种保险单据签发生效后，根据投保人的需求，对原保险单的内容进行补充或变更。

二、保险单的内容和缮制要点

（1）发票号（Invoice No.）：此栏填写投保海洋货物运输保险的货物的商业发票号码。

（2）合同号（Contract No.）：此栏填写合同号。

（3）信用证号（L/C No.）：此栏填写信用证号。

（4）保险单号（Policy No.）：此栏填写保险单号码。

（5）被保险人（Insured）：若信用证和合同无特别规定，此栏一般填信用证的受益人，即出口公司名称；若信用证要求"Endorsed in blank"，一般填信用证受益人名称，可不填详细地址，但出口公司应在保险单背面背书；若来证指定以××公司为被保险人，则应在此栏填"IN FAVOER OF ×× CO."，出口公司不需要背书；若来证规定以某银行为抬头，如"TO ORDER OF ××× BANK"，则在此栏先填受益人名称，再填"HELD TO THE ORDER OF ××× BANK"，或以开证行、开证申请人名称为被保险人。此时受益人均须在背面做空白背书。

（6）标记和唛头（Marks & Nos.）：按信用证规定，保险单上的标记应与发票、提单上的标记一致；唛头可单独填写，若来证无特殊规定且唛头较复杂，一般可简单填成"AS PER INV. NO. ××"。

（7）数量及包装（Quantity and package）：此栏填大包装件数，并应与提单上同一栏目的内容相同，有包装的填写最大包装件数；有包装但以重量计价的，应把包装重量与计价重量都注上；裸装货物要注明本身件数；煤炭、石油等散装货物要先注明"IN BULK"，再填净重；如以单位包装件数计价者，可只填总件数。

（8）保险货物项目（Description of goods）：此栏填货物的品名和规格，应与提单上同一栏目的内容相同；一般允许使用总称，但不同类别的多种货物应注明不同类别的各自的总称。

（9）保险金额（Amount insured）：此栏应严格按照信用证和合同上的要求填写，并且为发票金额加上投保加成后的金额，如信用证和合同无明确规定，一般以发票金额加一成（即110%的发票金额）填写；在信用证支付方式下，应严格按信用证规定填写，大小写要一致，币种要一致且用英文全称。

（10）保险费及保险费率（Premium and rate）：此栏一般由保险公司填写或已印好，除非信用证另有规定，如"INSURANCE POLICY ENDORSED IN BLANK FULL INVOICE VALUE PLUS 10% MARKED PREMIUM PAID"时，此栏就填"PAID"或把已印好的"AS ARRANGED"删去，加盖校对章后打上"PAID"字样。

（11）装载运输工具（Per Conveyance）：此栏要与运输单据一致，并按照实际情况填写，如整个运输由两段或两段以上的运程组成，应分别填写一程船名及二程船名，中间用"/"隔开。

文本：保险单、提单日期不符案例分析

（12）开航日期（Slg. on / abt.）：此栏应填写提单上的签发日期或签发日期前5天内的任何一天，或简单填上"AS PER B/L DATE"。

（13）起讫地点（From...to...）：此栏应填写货物实际装运的启运港和目的港的名称，货物如转运，可填写"From...via...to..."。

（14）承保险别（Conditions）：本栏系保险单的核心内容，应注意保险险别及文句与信用证严格一致，应根据信用证或合同中的保险条款要求填写，即使信用证中有重复语句，为了避免混乱和误解，最好按信用证规定的顺序填写。

（15）赔款偿付地点（Claim payable at）：此栏应严格按照信用证或合同规定填写地点和币种两项内容。

（16）出单日期（Issuing Date）：此栏填写保险单的签发日期，即货物离开仓库的日期，应早于提单的签发日期、发运日或接受监管日。

（17）投保地点（Place）：此栏一般填写装运港的名称。

（18）签字（Signature）：此栏盖保险公司章且应有其负责人的签字。实际操作中，保险公司的章一般已经印刷在保险单上。保险单需经保险公司盖章后才生效。

（19）特殊条款（Special Conditions）：如信用证和合同中对保险单有特殊要求，就填在此栏中。例如来证要求"L/C NO. ××× MUST BE INDICATED IN ALL DOCUMENTS"，即在此栏中填上"L/C NO. ×××"。

（20）海运保险单的背书：海洋货物运输保险单可以经背书（Endorsed）而转让，保险单被保险人背书后即随着保险货物的所有权的转移自动转到受让人手中。背书的方法一般有以下几种。

① 空白背书。空白背书只需在保险单的背面注明被保险人的名称（包括被保险人公司的名称和经办人的名字）即可。当来证没有规定使用哪一种背书方法时，通常使用空白背书。

② 记名背书。当来证要求"ENDORSED IN THE NAME OF××"或"PAYABLE TO（THE ORDER OF）××CO."时，可使用记名背书。具体做法是，在保险单背面注明被保险人的名称和经办人的名字后打上"PAYABLE TO×× CO."或"IN THE NAME OF××"字样（此种保险单不便于转让，实际操作中使用较少）。

③ 记名指示背书。当来证要求"INSURANCE POLICY ISSUED TO THE ORDER OF ××"，此时在提单背面注明被保险人的名称和经办人的名字后，再打上"TO ORDER OF ××"字样。

📖**案例分析：**

中国 A 公司与西非 B 公司订立了买卖家电的合同，由 A 公司以 CIF 价格条件向 B 公司销售一批家电，双方约定以信用证方式付款。合同订立后，B 公司依约开立信用证，该信用证规定，A 公司的交货数量是"大约 5000 台"，并要求 A 公司提供保险单投保水渍险和战争险。由于 A 公司出口此类商品时常投保一切险和战争险，在没有仔细审核来证的情况下，A 公司投保了一切险和战争险。A 公司将货物装运后，便向银行交单请求付款。银行审查单据后，认为单证不符，拒绝付款。

本案中，A 公司投保了一切险和战争险，而信用证要求投保水渍险和战争险，虽一切险的承保范围大于水渍险，对 B 公司有利，但银行审单时只管单据的表面是否与信用证相符，而不管当事人的权利及义务，银行有权因 A 公司提交的保险单的险别与信用证规定不符而拒绝付款。

素养点睛： 为与境外买方建立良好的合作关系并维护我方的合法利益，企业在出口业务中应严格遵守 UCP 600 等国际惯例，当收到境外买方开立的信用证后，应认真审查信用证，以确定信用证规定与合同是否一致、信用证中是否存在软条款、信用证的各项规定我方是否有能力做到，一旦发现任何问题都应及时通知买方修改

信用证，不能抱侥幸心理。外贸单证员要具备精益求精的工匠精神，按照信用证的规定谨慎地制作单据，使单证严格保持一致，才能避免不利情况的发生，防患于未然，有效地保护我方的权益。

任务分析与实施

根据支撑知识，完成训练任务，具体如下。

中国人民保险公司
THE PEOPLE'S INSURANCE COMPANY OF CHINA
运输险投保单
APPLICATION FOR TRANSPORTATION INSURANCE

被保险人

Assured's name JIANGSU FASHION INTERNATIONAL TRADE CORPORATION

兹有下列货物拟向中国人民保险公司投保：

Insurance is required on the following commodities:

标记和唛头 Marks & Nos.	包装及数量 Quantity and package	保险货物项目 Description of goods	保险金额 Amount insured
ABC FC266 NAGOYA C/NO.1 – 300	300 CARTONS	MEN'S SHIRT	USD118 800.00

装载运输工具 Per conveyance：SHUNFENG V.406

开航日期   提单号码

Slg.on/abt. SEP.10,2022   B/L No._____

自   至

From   SHANGHAI   to   NAGOYA

请将要保的险别标明

Please indicate the Conditions &/or Special Coverage   ALL RISKS AND WAR RISK

备注 Remarks_____

投保人（签名盖章）   电话

Name/Seal of Proposer   JIANGSU FASHION Telephone No. 0086-25-54530×××

                        INTERNATIONAL TRADE CORPORATION

地址 Address #358 ZHUSHAN ROAD, JIANGNING DISTRICT, NANJING, CHINA

日期 Date SEP.08,2022

本公司自用 For office use only

费率   保费   经办人

Rate_____Premium_____By _____

PICC 中国人民保险公司南京分公司

THE PEOPLE'S INSURANCE COMPANY OF CHINA, NANJING BRANCH

货物运输保险单

CARGO TRANSPORTATION INSURANCE POLICY

发票号 INVOICE NO. F2201

合同号 CONTRACT NO. FC266   保险单号 POLICY NO. NJ220901928

信用证号 L/C NO. X53557

被保险人 INSURED <u>JIANGSU FASHION INTERNATIONAL TRADE CORPORATION</u>

中国人民保险公司（以下简称本公司）根据被保险人的要求，由被保险人向本公司缴付约定的保险费，按照本保险单承保险别和背面所列条款与下列特款承保下述货物运输保险，特立本保险单。

THIS POLICY OF INSURANCE WITNESSES THAT THE PEOPLE'S INSURANCE COMPANY OF CHINA（HEREINAFTER CALLED "THE COMPANY"）AT THE REQUEST OF INSURED AND IN CONSIDERATION OF THE AGREED PREMIUM PAID TO THE COMPANY BY THE INSURED，UNDERTAKES TO INSURE THE UNDERMENTIONED GOODS IN TRANSPORTATION SUBJECT TO THE CONDITIONS OF THIS POLICY AS PER THE CLAUSES PRINTED OVERLEAF AND OTHER SPECIAL CLAUSES ATTACHED HEREON.

标记和唛头 MARKS & NOS.	数量及包装 QUANTITY AND PACKAGE	保险货物项目 DESCRIPTION OF GOODS	保险金额 AMOUNT INSURED
ABC FC266 NAGOYA	300 CARTONS	MEN'S SHIRT	USD118 800.00

总保险金额 TOTAL AMOUNT INSURED SAY US DOLLARS ONE HUNDRED AND EIGHTEEN THOUSAND EIGHT HUNDRED ONLY.

保费   启运日期   装载运输工具

PREMIUM <u>AS ARRANGED</u> DATE OF COMMENCEMENT <u>SEP.10,2022</u> PER CONVEYANCE <u>SHUNFENG V.406</u>

FROM   <u>SHANGHAI</u>   VIA_____   TO   <u>NAGOYA</u>

承保险别 CONDITIONS <u>ALL RISKS AND WAR RISK AS PER OCEAN MARINE CARGO CLAUSES OF THE CONDITIONS：THE PEOPLE'S INSURANCE COMPANY OF CHINA DATED 1/1/1981.</u>

所保货物，如发生保险单项下可能引起索赔的损失或损坏，应立即通知本公司下述代理人查勘。如有索赔，应向本公司提交保险单正本（共 2 份正本）及有关文件。如一份正本已用于索赔，其余正本自动失效。

IN THE EVENT OF LOSS DAMAGE WHICH MAY RESULT IN A CLAIM UNDER THIS POLICY，IMMEDIATE NOTICE MUST BE GIVEN TO THE COMPANY AGENT

AS MENTIONED HEREUNDER CLAIMS IF ANY，ONE OF THE ORIGINAL POLICY WHICH HAS BEEN ISSUED IN TWO ORIGINALS TOGETHER WITH RELEVANT DOCUMENTS SHALL BE SURRENDERED TO THE COMPANY. IF THE ORIGINAL POLICY HAS BEEN ACCOMPLISHED，THE OTHERS TO BE VOID.

赔款偿付地点

CLAIM PAYABLE AT   <u>NAGOYA IN USD</u>   中国人民保险公司南京分公司

出单日期   THE PEOPLE'S INSURANCE COMPANY

ISSUING DATE   <u>SEP.09,2022</u>   OF CHINA，NANJING BRANCH

ISSUING DATE_____

综合训练

根据下列信用证（节选部分内容）和附加信息，缮制保险单。

SEQUENCE OF TOTAL:	*27: 1/1
FORM OF DOCUMENTARY CREDIT:	*40A: IRREVOCABLE
DOCUMENTARY CREDIT NUMBER:	*20: MTL11-58234
DATE OF ISSUE:	*31C: 220103
APPLICABLE RULES:	*40E: UCP LATEST VERSION
DATE AND PLACE OF EXPIRY:	*31D: 220610 PLACE CHINA
APPLICANT:	*50: RICH KINGDOM CO.

209, PEAN PARK DR. UNIT 101 MARKHAM,

MONTREAL, CANADA, L3R 1H3

BENEFICIARY:	*59: JIANGSU FASHION INTERNA-TIONAL TRADE CORPORATION

#358 ZHUSHAN ROAD, JIANGNING

DISTRICT, NANJING, CHINA

CURRENCY CODE,AMOUNT:	*32B: USD18043.00
AVAILABLE WITH... BY...	*41D: ANY BANK BY NEGOTIATION
DRAFTS AT...	42C: AT SIGHT
DRAWEE:	42D: HONGKONG AND SHANGHAI BANKING CO., MONTREAL BRANCH
PARTIAL SHIPMENTS:	43P: NOT ALLOWED
TRANSHIPMENT:	43T: NOT ALLOWED
PORT OF LOADING/AIRPORT OF DEPARTURE	44E: SHANGHAI
PORT OF DISCHARGE/AIRPORT OF DESTINATION	44F: VANCOUVER
LATEST DATE OF SHIPMENT	44C: 220522
DESCRIPTION OF GOODS AND/OR SERVICES	45A:

LUGGAGE SET

TROLLEY CASE 110 SETS (550 PCS) USD47.5/SET

SUITCASE CASE 260 SETS (1300 PCS) USD49.3/SET
PACKED IN CARTONS OF ONE SET EACH
PRICE TERM: CIF VANCOUVER
DETAILS AS PER CONTRACT NO. NJF-012
SHIPPING MARK:

  R & K

   VANCOUVER

    MADE IN CHINA

     1-UP

DOCUMENTS REQUIRED: 46A:

 + INSURANCE POLICY/CERTIFICATE IN 3 FOLDS COVERING ALL RISKS
AND WAR RISK FOR 110% OF INVOICE VALUES AS PER PICC CLAUSES WITH
CLAIMS PAYABLE AT DESTINATION.

 ……

CONFIRMATION INSTRUCTIONS   *49: WITHOUT

 ……

附加信息：

所有商品装在一个 40 尺、号码为 TGHU7665807 的集装箱内并由 YINGHUANG
V.02/E 号轮船运送出海。

 其他情况如下：

GOODS	PACKAGES	GW	NW
TROLLEY CASE	110CTNS	2 860KGS	2 640KGS
SUITCASE CASE	260CTNS	7 020KGS	6 500KGS

 缮制出口运输单据

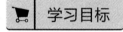 学习目标

能力目标：

能够根据合同、信用证和货物的实际状况缮制海运提单。

知识目标：

了解运输单据的种类和定义，了解海运提单的定义、作用和种类，掌握海运提单的内容和缮制要点。

素养目标：

坚持严谨的工作作风，提高处变不惊的心理素质，坚定为推动我国航运事业健康发展贡献智慧和力量的决心。

训练任务

请根据任务 3.1 的训练任务中的信用证和已学的相关内容缮制海运提单。

图片：海运提单样本（1）　　图片：海运提单样本（2）

（一）相关信息

提单签发人：DAVID

（二）海运提单样本

1. SHIPPER		10. B/L NO.
2. CONSIGNEE		**COSCO** 中国远洋运输（集团）总公司 CHINA OCEAN SHIPPING (GROUP) CO.
3. NOTIFY PARTY		
4. PLACE OF RECEIPT	5. OCEAN VESSEL	**ORIGINAL** COMBINED TRANSPORT BILL OF LADING
6. VOYAGE NO.	7. PORT OF LOADING	
8. PORT OF DISCHARGE	9. PLACE OF DELIVERY	

11. MARKS	12. NO.& KIND OF PACKAGES	13. DESCRIPTION OF GOODS	14. G.W.	15. MEAS

16. TOTAL NUMBER OF CONTAINERS OR PACKAGES (IN WORDS)

17. FREIGHT & CHARGES	
	18. PLACE AND DATE OF ISSUE
	19. SIGNED FOR THE CARRIER

支撑知识

扩展阅读/素养园地

新能源船舶纷纷起航　航运业绿色转型正当时

在全球航运业节能减排趋势下，我国航运业迎来绿色能源新变革，向着"双碳"目标加速前行。

由中远海运研发建造的万吨级纯电动力集装箱船 2023 年 12 月在扬州中远海运重工命名。据中远海运官方数据显示，700TEU 纯电动力集装箱船投入运营后，全年可以减少排放二氧化碳 2918 吨，相当于 2035 辆家用汽车一年的排放量，减排量相当于种植 16 万棵树木。

在湖北宜昌，氢燃料电池动力船"三峡氢舟 1"号正式首航。据了解，相比传统燃油动力船舶，"三峡氢舟 1"号预计每年可替代燃油 103.16 吨，减少二氧化碳排放 343.67 吨。

在广东深圳召开的 2023 中国海洋经济博览会展出了应用电力、混合动力和清洁能源的各种类型"绿色船舶"。招商局集团展示的双翼动力风帆超大型油轮模型，实物安装了两对高度接近 40 米的新一代大型硬质翼型风帆，可实现年平均节油率 9.8%。

700TEU 江海直达纯电动力集装箱船项目、"三峡氢舟 1"号、双翼动力风帆超大型邮轮等是我国航运集团践行"双碳"目标、聚焦新能源赛道的示范案例，也是中国推动绿色航运发展的缩影。

采用"风光储荷一体化"能源系统的"绿色港口"提供了不同类型的"绿色航运"方案。上海、深圳等地立足航运中心优势，顺应世界能源多元化和低碳化趋势，建设"绿色港口"，不断促进航运绿色转型。

深圳盐田港是全球最繁忙的集装箱港口之一，也是深圳大力建设的绿色港口之一。数据显示，2013 至 2023 年，该码头吞吐量上升了 27%，但是单箱碳排放减少了 25%。

"上海港—洛杉矶港绿色航运走廊"是世界上第一条横跨太平洋的绿色航运走廊。自 2025 年起，航运公司合作伙伴将在"上海港—洛杉矶港绿色航运走廊"部署具备全生命周期低碳或全生命周期零碳排放能力的船舶；到 2030 年，将在该走廊展示全球第一艘全生命周期零碳排放集装箱船舶（或船队）。

在世界能源多元化和低碳化趋势下，国内外主要航运公司纷纷开启了建造液化天然气（LNG）、绿色甲醇等清洁燃料动力船舶的新趋势。

全球航运业将加速进入减碳甚至零碳时代，碳减排成为航运业关键问题，船舶动力能源改革势不可挡。

运输单据是外贸单证工作中最重要的单据之一，是出口商按规定要求装运货物后，承运人或其代理人签发的一种书面凭证。根据不同的运输方式，承运人需出具不同的运输单据，例如，出口商采用邮政寄送方式时，承运人应出具"邮包收据"（PARCEL POST RECEIPT，不能用于提货，邮包重量不超过 20 千克，长度不超过 1米）；出口商采用航空运输方式时，承运人应出具"航空运单"（AIR WAYBILL，简称 AWB）；出口商采用陆上运输方式时，承运人应出具"铁路运单""货物承运收据"等。出口商采用海上运输方式时，承运人出具海运提单等。其中，海运提单是最常用也是最主要的运输单据之一。

❋ 一、运输单据的种类

（1）海运提单：由承运人、船长或代理人签发的，证明已收到指定货物并允诺将货物运至指定目的地交付收货人的书面凭证。它具有货物收据、运输合同证明、物权凭证的作用。

动画：货物装运流程

（2）多式联运单据：是指证明国际多式联运合同成立及证明多式联运经营人接管货物，并负责按照多式联运合同条款交付货物的单据。

（3）空运单据：货物通过航空方式运输时，由航空公司或其代理人在接管货物后签发的一种运输单据。它不是货权凭证，不能用于提货，也不能背书转让。

（4）公路、铁路或内陆水运运输单据：采用公路、铁路或内陆水运将货物从一国（地区）运至另一国（地区）时，由承运人或其代理人签发的运输单据。这些单据不是物权凭证，不能转让。

（5）快递收据、邮政收据或投邮证明：由快递机构或邮局签发的运输单据。

微课：海运提单的定义和作用

✿ 二、海运提单的定义和作用

1．定义

海运提单（Ocean Bill of Lading，B/L）简称提单，是由承运人、船长或其代理人在收到货物或货物已装船后签发给托运人的，保证将货物运往指定目的港并交付给提单持有人的一种单据。

2．作用

从法律角度来看，海运提单主要有以下几个作用。

（1）海运提单是托运人与承运人的海运合同的证明文件

海运合同有租船合同和班轮运输合同两种。租船合同是为了运输整船货物而订立的合同，班轮运输合同是以提单代表双方的合同。因海运提单只由船公司单方签发，故它不是海运合同，只是海运合同的证明文件。

（2）海运提单是承运人装运货物的收据

海运提单是承运人、船长或其代理人给托运人的收据，用于确认承运人已收到提单所列货物并已装船，或者承运人已接管了货物，等待装船。

（3）海运提单是物权凭证

海运提单的合法持有人可在目的港凭海运提单要求承运人交付货物。由于经背书后海运提单可以转让，因此在载货船舶到达目的港之前，海运提单的合法持有人也可通过转让海运提单来转移货物所有权或凭海运提单向银行申请押汇。

文本：正本提单直寄风险分析

✿ 三、海运提单的种类

1．按货物是否已装船划分

（1）已装船提单（Shipped B/L or On Board B/L）

已装船提单是指货物装船后由承运人、船长或其代理人根据大副收据签发给托运人的海运提单。如果承运人签发了已装船提单，即确认他已将货物装船。已装船提单除载明一般事项外，通常还必须注明装载货物的船舶名称和装船日期。由于已装船提单对于收货人及时收到货物是一种保障，因此在国际货物买卖合同中一般都要求卖方提供已装船提单。

微课：海运提单的种类

（2）备运提单（Received for Shipment B/L）

备运提单又称收货待运提单、待装提单，它是承运人在收到托运人交来的货物但还没有装船时，应托运人的要求签发的海运提单。签发这种海运提单说明承运人确认货物已交由自己保管并存在自己所控制的仓库或场地中，但还未装船。备运提单未载明装运船名和装船时间，在跟单信用证支付方式下，银行一般都不接受备运提单。但当货物装船，承运人在备运提单上加注装运船名和装船时间并签字盖章后，备运提单即成为已装船提单。

2．按提单上有无不良批注划分

（1）清洁提单（Clean B/L）

在装船时，货物外表状况良好，承运人签发的未加注任何有关货物残损、包装不良、件数、重量和体积，或其他妨碍结汇的批注的海运提单称为清洁提单。在以跟单信用证为付款方式的贸易中，通常卖方只有向银行提交清洁提单后才能取得货款。清洁提单是收货人转让提单时必须具备的条件，同时也是履行货物买卖合同规定的交货义务的必要条件。

（2）不清洁提单（Unclean B/L or Foul B/L）

在货物装船时，承运人若发现货物有包装不牢、破残、渗漏、玷污、标志不清等现象时，大副将在收货单上对此加以批注，并将此批注转移到海运提单上，这种海运提单称为不清洁提单。在国际贸易中，银行是拒绝出口商以不清洁提单办理结汇的。

3．按提单的抬头划分

（1）记名提单（Straight B/L）

记名提单又称收货人抬头提单，是指提单上的收货人栏中已具体填写收货人名称的海运提单。记名提单所记载的货物只能由记名提单指定的收货人提取，或者说承运人在卸货港只能把货物交给记名提单指定的收货人。如果承运人将货物交给记名提单指定以外的人，即使该人占有记名提单，承运人也应负责。记名提单失去了代表货物可转让流通的便利，但可以避免在转让过程中可能产生的风险。因此，记名提单一般适用于运输展览品或贵重物品时使用，特别是在短途运输中使用较有优势，而在国际贸易中较少使用。

（2）不记名提单（Bearer B/L，Open B/L or Blank B/L）

不记名提单是指收货人一栏没有指明任何收货人，而注明"提单持有人"（To Bearer）字样或使这一栏保持空白，不填写任何人的名称的海运提单。不记名提单不需要任何背书手续即可转让或提取货物，极为简便。承运人应将货物交给提单持有人，谁持有该提单，谁就可以提货，承运人交付货物只凭单，不凭人。不记名提单丢失或被窃的风险极大，故在国际贸易中较少使用这种提单。

（3）指示提单（Order B/L）

指示提单是在收货人一栏填上"凭指示"（To Order）或"凭某人指示"（To Order of...）字样的海运提单。指示提单按照表示指示人的方法不同，又分为托运人指示提单、记名指示提单和选择指示人提单。如果在收货人一栏只填"指示"字样，则该提单称为托运人指示提单。这意味着在托运人未指定收货人或受让人之前，货物所有权仍属于卖方。在跟单信用证支付方式下，托运人是以议付行或收货人为受让人，通过转让托运人指示提单而取得议付货款的。如果在收货人一栏填"某某指示"，则该提单称为记名指示提单。如果在收货人一栏填"某某或指示"，则该提单称为选择指示人提单。记名指示提单或选择指示人提单中指名的"某某"既可以是银行，也可以是托运人。指示提单是一种可转让提单，在国际海运业务中使用较广泛。

4．根据运输过程中是否转运划分

（1）直达提单（Direct B/L）

直达提单又称直运提单，是指货物从装运港装船后，中途不转运，直接运至目的港卸货交给收货人时使用的海运提单。直达提单上不得有"转运"或"在某港转运"的批注。凡信用证规定不准转运，则必须使用直达提单。

（2）转运提单（Transhipment B/L）

转运提单是指装载货物的船舶不直接驶往目的港，需要在中途港口将货物换装至其他船舶再转运至目的港卸货时使用的由承运人签发的海运提单。转运提单上须注明"转运"或"在某港转运"字样，往往由第一程船的承运人签发。由于货物中途转运，增加了转运费用和风险，并影响到货时间，故信用证一般规定不允许转运，仅在直达船少或没有直达船时使用转运提单。

（3）联运提单（Through B/L）

联运提单是指货物运输需经两程或两程以上的运输方式时使用的提单，如进行海陆、海空或海海等联合运输时所使用的提单。

（4）多式联运提单（Multimodal Transport B/L or Intermodal Transport B/L）

这种提单主要用于集装箱运输，是指一批货物需要使用两种以上不同的运输方式，其中一种是海上运输方式，由一个承运人负责全程运输并将货物从接收地运至目的地交付收货人，收取全程运费时使用的海运提单。该提单内的项目不仅包括启运港和目的港，而且包括一程、二程等运输路线，以及收货地和交货地。

5．按提单格式划分

（1）全式提单（Long Form B/L）

全式提单是指除正面印就的提单格式所记载的事项外，背面列有关于承运人与托运人及收货人之间的权利、义务等详细条款的海运提单。这种提单由于条款繁多，所以又称繁式提单，在海运的实际业务中被大量使用。

（2）略式提单（Short Form B/L or Simple B/L）

略式提单又称短式提单、简式提单，是相对于全式提单而言的，是指背面没有关于承运人与托运人及收货人之间的权利、义务等详细条款的海运提单。这种提单一般在正面印上"简式"（Short Form）字样，以示区别。简式提单通常包括租船合同项下的海运提单和非租船合同项下的海运提单。

6．按航运经营方式划分

（1）班轮提单

有固定航线，按照规定时间停靠在规定港口的船舶叫作班轮，货物由班轮承运而签发的海运提单叫作班轮提单。

（2）租船合约提单

租船合约提单是指在大宗商品的买卖中，货方向船方租赁船舶并订立租船契约时所使用的单据。租船合约提单根据租船合同签发，以租船合同的有关规定为准，是租船合同的附加单据，作用有限。

7．按签发提单的时间划分

（1）过期提单（Stale B/L）

过期提单有两种含义，一种过期提单是指由于航线较短或银行单据流转速度太慢，以至于提单晚于货物到达目的港；另一种过期提单则是由于出口商在取得提单后未能及时到银行议付所形成。

（2）正常提单（Unstale B/L）

正常提单是指不迟于信用证规定的交单日所提交的海运提单。

（3）倒签提单（Anti-dated B/L）

倒签提单是指承运人、船长或其代理人应托运人的要求，在货物装船完毕后，以早于货物实际装船日期为签发日期的海运提单。当货物实际装船日期晚于信用证规定的装船日期时，若仍按实际装船日期签发提单，托运人就无法结汇。为了使签发提单的日期与信用证规定的装船日期相符，以利结汇，承运人、船长或其代理人应托运人的要求，在提单上仍以信用证规定的装船日期填写签发日期，以免托运人违约。倒签提单是承运人与托运人之间合谋欺骗收货人的严重的商业单证欺诈行为，托运人、承运人应当对于其欺诈行为产生的后果负责，该份欺诈性保函也不能得到法律的承认。

（4）预签提单（Advanced B/L）

预签提单是指货物在尚未装船或尚未装船完毕的情况下，信用证规定的结汇期（即信用证的有效期）即将届满，托运人为了能及时结汇，要求承运人或其代理人提前签发的已装船清洁提单，即托运人为了能及时结汇而从承运人那里借用的已装船清洁提单。预借提单所产生的一切责任均由提单签发人承担。

❉ 四、海运提单的内容和缮制要点

（1）托运人（SHIPPER）：即发货人，在信用证支付方式下为信用证受益人，在托收方式下为托收的委托人。

（2）收货人（CONSIGNEE）：这是提单的抬头，是银行审核的重点项目，应符合信用证的规定。记名提单直接填收货人，不记名提单填"TO BEARER"，指示提单填"TO ORDER"或"TO ORDER

动画：海运提单的缮制

OF …"。指示提单需进行背书才能有效转让。

（3）被通知人（NOTIFY PARTY）

① 如果信用证中有规定，应严格按信用证规定填写，如详细地址、电话号码、传真号码等，以使通知顺利。

② 如果来证中没有具体说明被通知人，那么应将开证申请人的名称、地址填入提单副本的这一栏中，以方便目的港代理通知开证申请人提货，而在正本的这一栏中可以保持空白或填写开证申请人的名称、地址。

③ 如果来证中规定"Notify...only"，意指仅通知某人，则"only"一词不能漏写。

④ 如果信用证没有规定被通知人的地址，而托运人在被通知人后面加注详细地址，银行可以接受，且无须审核。

（4）收货地点（PLACE OF RECEIPT）：如果货物需转运，此栏应填写前程运输承运人接货的港口名称或地点；如果货物不需转运，此栏保持空白。

文本：提单目的港
的填写规范案例

（5）船名（OCEAN VESSEL）：一般填写第一程船船名。

（6）航次号（VOYAGE NO.）：一般填写第一程船航次号。

（7）装运港（PORT OF LOADING）：应严格按信用证规定填写，装运港之前或之后有行政区的应照加；信用证规定装运港名称仅为"中国港口"（Chinese ports）时，可以由受益人自行选择应填写的港口名称；若信用证同时列明几个装运港，则只填写实际装运的那一个港口的名称。对于托收方式下的提单，此栏可按合同中的装运港填写。

（8）卸货港（PORT OF DISCHARGE）：在信用证支付条件下，应按信用证规定填写；若信用证规定有两个以上的可选择的港口，只能选择其中一个填写；若货物直达目的港，卸货港填最后的目的港；若货物需在中途港口转运，则填转运港。

（9）交货地点（PLACE OF DELIVERY）：填写最终目的地的名称，如果货物的最终目的地就是目的港，该栏保持空白。

（10）提单号码（B/L NO.）：位于提单右上角，主要是为了便于开展联系和核查工作。

（11）唛头（MARKS）：若信用证规定了唛头，则按其规定填写；若未规定，则按双方约定或由卖方自定；无唛头，则填"N/M"。

（12）包装与件数（NO.& KIND OF PACKAGES）：包装与单位件数都要与实际货物相符，并在大写合计数内填写英文大写数字，若有两种以上不同的包装单位，应分别填写，再合计；对于散装货，此栏只填"IN BULK"。

（13）商品名称（DESCRIPTION OF GOODS）：按信用证规定填写，并与发票等单据上的相关内容一致，若货物品名较多，可用总称。

文本：海运提单
提交规范分析

（14）毛重（G.W.）：若信用证无特别规定，则只填总毛重；若为集装箱货，毛重应包括货物的毛重和集装箱的皮重。

（15）体积（MEAS.）：若信用证无特别规定，则只填总体积；

若为集装箱货，体积则按集装箱计，一般一个 20 英尺的集装箱的体积为 33.2 立方米。

文本：提单软条款
案例分析

（16）包装与件数大写［TOTAL NUMBER OF CONTAINERS OR PACKAGES（IN WORDS）］：此栏用英文大写数字写明包装及件数，必须与小写数字表示的包装及件数相一致。

（17）运费支付（FREIGHT & CHARGES）：一般填 "PREPAID" 或 "COLLECT"。

（18）签发地点与日期（PLACE AND DATE OF ISSUE）：地点一般为装运港所在地，日期按信用证要求填写，一般要早于或与装运期为同一天，以避免使用倒签提单和预签提单。

（19）承运人签字（SIGNED FOR THE CARRIER）：承运人名称由下列人员签署：承运人或其具名代理人，或者船长或其具名代理人；若信用证要求手签，也须照办。

提单上还应注明 "ON BOARD" 字样，正本要注明 "ORIGINAL"，有时还要注明货物的交接方式，如 "CY-CY" "CFS-CY" 等。

正本提单的份数（NO. OF ORIGINAL B/L）：为唯一的正本提单，或如果以多份正本出具，为提单中表明的全套正本。

装船日期和地点（LOADING ON BOARD THE VESSEL DATE...BY...）：装船日期不得迟于信用证或合同所规定的最迟装船日期。

> 📖**案例分析：**
>
> 　　中国青岛某出口企业 A 与韩国某公司 B 签订了一笔合同，货值 100 万美元，运输条件为 FOB 青岛，付款方式为信用证付款，信用证规定须凭韩国公司 B 为收货人的提单结汇。韩国公司 B 要求青岛企业 A 与韩国船公司 C 的中国代理——国际货运代理公司 E（以下简称"货代公司 E"）联系运输事宜。在青岛企业 A 向货代公司 E 交货后，货代公司 E 签发了承运人为韩国船公司 C 的提单，提单为指示提单，与此同时，韩国船公司 C 又找到船公司 X 作为实际承运人。货物抵达韩国后，青岛企业 A 持提单去银行议付，却因单据与信用证不符而不能结汇。青岛企业 A 随即查询货物去向，发现货物由韩国船公司 C 取走，而该批货物的实际承运方是韩国船公司 X。于是青岛企业 A 找到签发提单的货代公司 E，但该公司声称其是代理韩国船公司 C 签发的提单。与此同时，韩国船公司 C 和韩国公司 B 都联系不上。
>
> 　　本次交易存在两个运输关系。一个是青岛企业 A 持有的货代公司 E 提供的指示提单，另一个是韩国船公司 C 持有的韩国船公司 X 签发的海运提单。真正完成运输的韩国船公司 X 签发的海运提单与卖方没有任何关系，其所记载的收货人是韩国船公司 C，故韩国船公司 X 见海运提单交货没有任何过错，不应向卖家承担责任。
>
> 　　看似环环相扣的提单欺诈，经过调查可以看到很多纰漏：与卖家存在海上运输合同法律关系的韩国船公司 C 和签发提单的货代公司 E 相互勾结，使得韩国船公司 C 骗取货物的目的得以顺利实现。

素养点睛：外贸交易中机遇与风险并存，所以外贸单证员要对每一单交易都谨慎对待。遭遇欺诈时，一方面，木已成舟，外贸单证员要保持冷静，对买方进行详细的资信调查，确认公司是否实际存在，是否实际经营，这些信息将对企业进行后续账款的追收产生帮助；另一方面，要运用法律手段维护好企业利益。

 任务分析与实施

根据支撑知识，完成训练任务，具体如下。

1. SHIPPER JIANGSU FASHION INTERNATIONAL TRADE CORPORATION #358 ZHUSHAN ROAD JIANGNING DISTRICT, NANJING, CHINA		10. B/L NO. COSCO220926
2. CONSIGNEE TO ORDER OF SHIPPER		**COSCO** 中国远洋运输（集团）总公司 CHINA OCEAN SHIPPING (GROUP) CO.
3. NOTIFY PARTY ABC TRADING CO., LTD. JAPAN 56, NISHIKI 6-CHOME, NAKAKU NAGOYA, JAPAN		**ORIGINAL** COMBINED TRANSPORT BILL OF LADING
4. PLACE OF RECEIPT	5. OCEAN VESSEL SHUNFENG	
6. VOYAGE NO. V.406	7. PORT OF LOADING SHANGHAI	
8. PORT OF DISCHARGE NAGOYA	9. PLACE OF DELIVERY	

11. MARKS	12. NO.& KIND OF PACKAGES	13. DESCRIPTION OF GOODS	14. G.W.	15. MEAS
ABC FC266 NAGOYA C/NO.1 – 300	300 CARTONS ON BOARD SEP.10，2022	MEN'S SHIRT	4560kg	45CBM
COSCO 0602141		FREIGHT PREPAID		

16. TOTAL NUMBER OF CONTAINERS OR PACKAGES (IN WORDS) SAY TOTAL THREE HUNDRED CARTONS ONLY
17. FREIGH & CHARGES FREIGHT PREPAID

18. PLACE AND DATE OF ISSUE SHANGHAI   SEP.10,2022
19. SIGNED FOR THE CARRIER DAVID

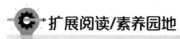扩展阅读/素养园地

电子提单"链"上航运业

提单流转作为海上运输贸易中的重要环节，长期以来以纸质实物为媒介，具有成本高、流程复杂等短板。随着信息技术的高速发展，一种基于区块链技术的电子提单出现在公众视野当中。其因效率高、安全性极强等特点，越来越受到国际贸易融资方和港航企业的欢迎。

2020年9月28日，上港集团携手一众港航企业举行了"长江港航区块链综合服务平台"发布会，共同打造基于区块链的航运物流数字化服务。

2020年12月2日，中远海运集团与中国银行等合作伙伴在上海推出了"航运提单+贸易单证区块链"平台，首批客户的提单通过区块链签发和流转。同样应用了区块链技术的还有粤港澳大湾区组合港，其全新上线的供应链物流服务平台，有效联通了大湾区的众多港口，缩短了货物通关等待时间。

航运电子提单除了不会面临"路径阻断"问题，还很安全。这种安全体现在两个方面，一是不怕丢失篡改的安全，航运交易中，有时难免会遇到纸质提单丢失或被篡改的窘境，对基于区块链技术的电子提货单来说，基本上不会出现这种问题，可以有效减少贸易纠纷；二是减少人员接触的安全，航运电子提单是减少人与人接触的有效方式。

作为技术与航运的有效融合，电子提单平台将成为传统国际航运流程变革的新动力，进而优化整个航运供应链的流程与协同效率，驱动航运业的数字化转型。

航运电子提单还有益于商业集装箱的运输。"区块链香蕉"运输项目便是其中一个缩影。2020年，中远海运集团与京东、佳农进行合作，为厄瓜多尔进口香蕉的海运信息提供定制化服务，将航运电子提单的便利性淋漓尽致地回馈到经济发展之中。

在降本增效方面，航运电子提单从来不甘示弱。有专家表示："航运交易无纸化将使商业集装箱运输的各个方面都变得更好、更快、更有效、更安全及更环保。"据统计，国际贸易每达成一笔，其贸易达成前后的单证大概需要40份，各交易方交换的信息更是多达200项，而其中70%的信息都具有重复性，电子提单的使用则有效避免了不必要的纸张浪费。

如今，随着联合国电子商务领域相关法律的发布，区块链电子提单与纸质提单同等的法律地位也被正式认同。但航运电子提单仍然面临法律监管不严、国际规则尚未统一等问题，这也是航运电子提单的创新难点。

未来，一个融合区块链技术的稳定、先进的航运电子提单平台，将成为航运业与世界经济更好地融合与发展的助推器，也会为我国航运业的高质量发展贡献力量。

 综合训练

请根据所附信用证（节选部分内容）以及相关资料，缮制海运提单。

MTS 700 ISSUE OF A DOCUMENTARY CREDIT

SENDER: EWBKUS66XXX

EAST-WEST BANK

PASADENA,CA 91101

UNITED STATES OF AMERICA

RECEIVER: EWBKCNSHXXX

EAST WEST BANK (CHINA) LTD

FLOOR 33 JIN MAO TOWER 88 CENTURY BOULEVARD

PUDONG 200121 SHANGHAI CHINA

SEQUENCE OF TOTAL:	*27: 1/1
FORM OF DOCUMENTARY CREDIT:	*40A: IRREVOCABLE
DOCUMENTARY CREDIT NUMBER:	*20: 306M086905
DATE OF ISSUE:	*31C: 220621
APPLICABLE RULES:	*40E: UCP LATEST VERSION
DATE AND PLACE OF EXPIRY:	*31D: 220831 IN CHINA
APPLICANT:	*50: POWER PLAY INC.
	2ND FLOOR, NO. 137E, 33RD STREET,
	LOS ANGELES, CA. 90011 U.S.A.
BENEFICIARY:	*59: JIANGSU FASHION INTERNA-
	TIONAL TRADE CORPORATION
	#358 ZHUSHAN ROAD JIANGNING
	DISTRICT,NANJING,CHINA
CURRENCY CODE,AMOUNT:	*32B: USD66726.00
AVAILABLE WITH... BY...	*41D: ANY BANK BY NEGOTIATION
DRAFTS AT...	42C: AT SIGHT
DRAWEE:	42D: UNION BANK OF CALIFORNIA N.A.
PARTIAL SHIPMENTS:	43P: ALLOWED
TRANSHIPMENT:	43T: NOT ALLOWED
PORT OF LOADING/AIRPORT OF DEPARTURE	44E: SHANGHAI, CHINA
PORT OF DISCHARGE/AIRPORT OF DESTINATION	44F: LONG, BEACH, CA, USA
LATEST DATE OF SHIPMENT	44C: 220821
DESCRIPTION OF GOODS AND/OR SERVICES	45A:

MEN'S SHIRT AND TROUSERS

Item No. 7001, 2220sets, USD19.35 per set

Item No. 7002, 780sets, USD20.35 per set

Item No. 7003, 420sets, USD18.80 per set

CIF LONG BEACH, CA, USA.

DOCUMENTS REQUIRED: 46A:

+FULL SET ORIGINAL CLEAN ON BOARD OCEAN BILL OF LADING MADE OUT TO OUR ORDER, MARKED FREIGHT PREPAID, NOTIFY APPLICANT WITH FULL NAME AND ADDRESS.

......

CONFIRMATION INSTRUCTIONS   *49: WITHOUT

ADVISE THROUGH BANK   57A:

BKCHCNBJ940

BANK OF CHINA JIANGSU BRANCH

NO. 2 GUANG ZHOU ROAD, NANJING, CHINA

相关资料:

发票号码：04SG22-301

发票日期：2022 年 8 月 17 日

提单号码：SHLB0408201

提单日期：2022 年 8 月 20 日

集装箱号码：TULU856092

船名：OOCL TRADE UNION

航次：V. 803E

包装：男式休闲上衣与长裤，一套一个塑料袋（P. BAG），12 套一箱，纸箱

尺码：58 厘米 × 50 厘米 × 33 厘米/箱

毛重：12 千克/ 箱

净重：10 千克/ 箱。

POWER PLAY

PS04E05F009

LONG BEACH CA，USA

NO.1-285

任务 3.8 缮制附属单据

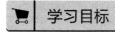 学习目标

能力目标：

能根据合同、信用证和业务资料缮制装船通知和受益人证明。

知识目标：

掌握装船通知、受益人证明的内容和缮制要点，理解缮制装船通知、受益人证明的注意事项。

素养目标：

养成诚实守信的习惯，为树立中国企业的优良形象贡献力量。

**训练任务**

请根据所学内容缮制装船通知和受益人证明。

（一）相关信息

受益人证明编号：12345　　日期：2022 年 9 月 11 日

受益人证明内容：

在货物装运后 48 小时内，快递给日本公司全套或部分单据的副本，包括信用证号为 X53557 的不可转让信用证、发票复印件、装箱单复印件、提单复印件和原产地证书复印件，将受益人证明随其他单据交银行议付。

（二）装船通知样本

装船通知

SHIPPING NOTE

1. 出口商 Exporter	4. 发票号 Invoice No.	
	5. 合同号 Contract No.	6. 信用证号 L/C No.
2. 进口商 Importer	7. 运输单证号 Transport document No.	
	8. 价值 Value	
3. 运输事项 Transport details	9. 装运口岸和日期 Port and date of shipment	
10. 运输标志和集装箱号 Shipping marks, Container No.	11. 包装类型及件数、商品编码、商品描述 Number and kind of packages，Commodity No.，commodity description	
12. 出口商签章 Exporter stamp and signature		

（三）受益人证明样本

JIANGSU FASHION INTERNATIONAL TRADE CORPORATION #358 ZHUSHAN ROAD JIANGNING DISTRICT,NANJING,CHINA **BENEFICIARY'S CERTIFICATE**	
TO:	NO.: DATE: PLACE: L/C NO.:

支撑知识

❋ 一、装船通知

装船通知也叫装运通知，是出口商在货物装船后发给进口商的包括货物详细装运情况的通知，其目的在于让进口商做好筹措资金、付款和接货的准备。如果成交条件为 FOB、FCA、CFR、CPT 等，出口商还需要向进口国（地区）保险公司发出该通知以便其为进口商办理货物保险手续，装船通知应按合同或信用证规定的时间发出，该通知的副本常作为向银行交单议付的单据之一；在进口商派船接货的交易条件下，进口商为了使船、货衔接得当，也会向出口商发出有关通知；装船通知用英文制作，无统一格式，内容要符合信用证的规定，一般只提供一份。

1．装船通知的内容和缮制要点

（1）出口商：填写出口商的名称及地址。该栏内容必须与货物买卖合同的签约人及信用证对受益人的描述一致。

（2）进口商：填写进口商的名称及地址。填写时要注意公司名称和地址分行填写，名称一般填写一行，地址则可合理分行填写。

（3）运输事项：必须与其他单据上显示的一致，并且要填上具体的地名，不要用统称。一般只简单地表明运输路线及运输方式，如"FROM...TO...BY SEA"。如货物需转运，应在目的港之后将转运港的名称通过加注"W/T"的方式加以体现。

（4）发票号：填发票号。

（5）合同号：注明合同号，一笔交易有多个合同号时，应在装船通知上分别列出。

（6）信用证号：注明信用证号。

（7）运输单证号：填写运输单据的号码，如海运提单的号码等。

（8）价值：即实际发货金额，应与信用证规定的一致。

（9）装运口岸和日期：填写实际装运的口岸和日期，要求与运

微课：装船通知
的制作

输单据上的相关内容一致。

（10）运输标志和集装箱号：运输标志与发票和信用证上的规定一致，也可以只注明"as per invoice No. ×××"；如果为集装箱运输，此栏还需要填写集装箱号。

（11）包装类型及件数、商品编码、商品描述：显示的包装类型及件数不得与其他单据上的同种数据相矛盾；商品编码为以海关规定的商品分类编码规则确定的出口商品编号；所标明的商品应为发票中描述的商品，如果贸易术语是货物描述的一部分，则必须加以显示。

动画：装船通知的制作

（12）出口商签章：一般可以不签署，如信用证要求"certified copy of shipping advice"，通常加盖受益人章。

2．缮制装船通知的注意事项

（1）CFR/CPT 交易条件下拍发装船通知的必要性。因为货物的运输和投保分别由不同的当事人操作，所以受益人有义务向申请人对货物装运情况进行及时、充分的通知，以便进口商购买保险。

（2）装船通知应按规定的方式、时间、内容、份数发出。

（3）shipping advice（装船通知）是由出口商（受益人）发给进口商（申请人）的；shipping instructions 的意思是"装船须知"，一般是进口商发给出口商的；shipping note/ bill 指装船通知单 / 装船清单；shipping order 简称 S/O，含义是装船单 / 关单 / 下货纸（是海关放行和命令船方将单据上载明的货物装船的文件）。

📖 **案例分析：**

中国贸易公司 A 于某年 1 月 10 日以 CFR 交易条件从上海港出口一批罐头到国外公司 B，货物体积为 20 立方米，装在一个 20 英尺（1 英尺=0.3048 米，余同）的集装箱（有效容积为 28 立方米左右）。操作人员在出口货物装船后没有发送装船通知给公司 B。1 月 17 日，公司 B 收到货物后发现装箱时是将集装箱的前部装满而不是将底部装满，在集装箱尾部留有空间，导致高层的货物跌落，部分产品发生破损，同时提供了由当地 SGS（通标标准技术服务有限公司）出具的货物破损检验报告，要求贸易公司 A 赔偿破损货物及检验费总计 3700 美元。贸易公司 A 辩称货物已经安全装船并且由船公司签发了已装船提单，根据《国际贸易术语解释通则》的相关规定，风险已经转移给公司 B，货物损坏或灭失应该由公司 B 自行承担。但是公司 B 指出，由于贸易公司 A 未发送装船通知而导致其未能及时购买保险，所以风险不能因货物已经安全装船而转移给公司 B，货物破损给公司 B 带来的损失应由贸易公司 A 负责赔偿。请问贸易公司 A 是否应该赔偿？

CFR 交易条件下，出口商负责在合同规定的时间和装运港，将约定的货物装上船，运往指定目的港，并及时通知进口商。出口商负担货物在装运港交到自己安排的船只上之前的一切费用和风险。进口商负担货物在装运港交到卖方安排的

> 船只上之后的一切费用和风险。这就需要出口商装船后及时通知进口商，以便进口商对货物办理保险。故如果出口商装船后未及时向进口商发出装船通知，致使进口商未能办理货运保险，则运输途中的风险由出口商承担。所以进口商的索赔是合理的，贸易公司 A 应对公司 B 进行赔偿，以弥补其损失。

素养点睛： 外贸单证员一方面要非常熟悉工作领域相关的知识和规定，明确单据出差错将给企业带来的经济损失，在工作中兢兢业业、减少差错，保护企业的利益；另一方面要诚实守信，勇于承担责任，帮助企业树立优良的形象。

❋ 二、受益人证明

受益人证明（BENEFICIARY'S CERTIFICATE）是一种由受益人出具的证明，以便证明其履行了信用证规定的义务或证明其是按信用证的要求办事的，如证明所交货物的品质、证明对运输包装的处理符合规定、证明按要求寄单等。

1. 受益人证明的基本要求

（1）单据名称。单据名称因所证明事项不同而略异，可能是寄单证明、寄样证明（船样、样卡和码样等）、取样证明，证明货物产地、品质、唛头、包装和标签情况，证明产品生产过程，证明产品业已检验等。

（2）受益人证明上通常显示发票号、合同号或信用证号，以表明其与其他单据的关系。

（3）受益人证明的内容应严格与合同或信用证的规定相符。

（4）因受益人证明的证明性质，按有关规定，证明人（受益人）必须签字。

（5）受益人证明一般应在规定的时间内做出。

微课：受益人证明的制作

2. 几种常见受益人证明的内容和缮制要点

（1）寄单证明。寄单证明是指受益人（出口商）在货物装运前后的一定时期内，向申请人（进口商）或指定人做出的某项证明，证明受益人（出口商）已经把合同和信用证规定的单据邮寄给对方，如"CERTIFICATE FROM THE BENEFICIARY STATING THAT ONE COPY OF THE DOCUMENTS CALLED FOR UNDER THE LC HAS BEEN DISPATCHED BY COURIER SERVICE DIRECT TO THE APPLICANT WITHIN 3 DAYS AFTER SHIPMENT"。

（2）寄样证明。如 "CERTIFICATE TO SHOW THAT THE REQUIRED SHIPMENT SAMPLES HAVE BEEN SENT BY DHL TO THE APPLICANT ON JULY 10, 2022"（受益人只要按规定出单即可）。

（3）包装和标签证明。如 "A CERTIFICATE FROM THE BENEFICIARY TO THE EFFECT THAT ONE SET OF INVOICE AND PACKING LIST HAS BEEN PLACED ON THE INNER SIDE OF THE DOOR OF EACH CONTAINER IN CASE OF FCL CARGO OR ATTACHED TO THE GOODS OR PACKAGES AT AN OBVIOUS PLACE

IN CASE OF LCL CARGO"，其意思是受益人应证明已把一套发票和装箱单贴在集装箱箱门内侧（整箱货）或拼箱货的显眼地方；又如"BENEFICIARY CERTIFICATE IN TRIPLICATE STATING THE SHIPMENT DOES NOT INCLUDE NON-MAN-UFACTURED WOOD DUNNAGE，PALLETS，CRATING OR OTHER PACKAGING MATERIALS；THE SHIPMENT IS COMPLETELY FREE OF WOOD BARK，VISIBLE PESTS AND SIGNS OF LIVING PESTS"，其意思是要求 3 份单据，证明货物未再加工、非木制包装、无树皮、无肉眼可见虫害、无活虫。

3．注意事项

（1）单据名称应合适、恰当。

（2）一般的行文规则是以合同或信用证所提要求为准直接照抄，但有时应做必要的修改。如信用证规定"BENEFICIARY'S CERTIFICATE EVIDENCING THAT TWO COPIES OF NON-NEGOTIABLE B/L WILL BE DESPATCHED TO APPLICANT WITHIN TWO DAYS AFTER SHIPMENT"，在具体制作单据时应将要求里的"WILL BE DESPATCHED"改为"HAVE BEEN DESPATCHED"；又如信用证规定"BENEFICIARY'S CERTIFICATE STATING THAT CERTIFICATE OF MANUFAC-TURING PROCESS AND OF INGREDIENTS ISSUED BY ABC CO SHOULD BE SENT TO SUMITOMO CO."，则"SHOULD BE SENT"最好改为"HAD/HAS BEEN SENT"。

（3）受益人证明通常以"THIS IS TO CERTIFY""WE HEREBY CERTIFY"等开头。

素养点睛：同学们要准确地表达受益人证明中的英语条款，就需要通过各种渠道不断学习，提升自己的职业能力和职业素养，从而将细节问题处理好，避免在未来的工作中出现疏漏，给企业造成不必要的损失。

任务分析与实施

根据支撑知识，完成训练任务，具体如下。

装船通知
SHIPPING NOTE

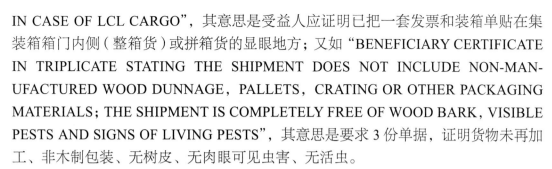

1. 出口商 Exporter JIANGSU FASHION INTERNATIONAL TRADE CORPORATION #358 ZHUSHAN ROAD JIANGNING DISTRICT, NANJING, CHINA	4. 发票号 Invoice No. F2201	
	5. 合同号 Contract No. FC266	6. 信用证号 L/C No. X53557
2. 进口商 Importer ABC TRADING CO., LTD. JAPAN 56, NISHIKI 6-CHOME, NAKAKU NAGOYA, JAPAN	7. 运输单证号 Transport document No. COSCO220926	
	8. 价值 Value USD108 000.00	

3. 运输事项 Transport details FROM SHANGHAI TO NAGOYA BY SEA	9. 装运口岸和日期 Port and date of shipment SHANGHAI SEP.10,2022
10. 运输标志和集装箱号 Shipping marks, Container No. ABC FC266 NAGOYA C/NO.1－300	11. 包装类型及件数、商品编码、商品描述 Number and kind of packages , Commodity No. , commodity description HS CODE：6205200099 300 CARTONS OF MEN'S SHIRT AS PER S/C NO. FC266 COSCO0602141 OCEAN VESSEL:SHUNFENG V.406 GROSS WEIGHT:4560KG MEAS.:45CBM

12. 出口商签章

Exporter stamp and signature

JIANGSU FASHION INTERNATIONAL TRADE CORPORATION

受益人证明：

JIANGSU FASHION INTERNATIONAL TRADE CORPORATION

#358 ZHUSHAN ROAD JIANGNING DISTRICT, NANJING, CHINA

BENEFICIARY'S CERTIFICATE

TO: ABC TRADING CO., LTD. JAPAN 56, NISHIKI 6-CHOME, NAKAKU NAGOYA, JAPAN	NO.: 12345 DATE: SEP.11, 2022 PLACE: SHANGHAI L/C NO.: X53557

WE HEREBY CERTIFY THAT A SET OF NON-NEGOTIABLE DOCUMENTS UNDER L/C X53557 INCLUDING A COPY OF INVOICE, A COPY OF PACKING LIST, A COPY OF B/L AND A COPY OF CERTIFICATE OF ORIGIN HAVE BEEN MAILED TO ABC TRADING CO., LTD. JAPAN BY COURIER SERIVCE WHITHIN 48 HOURS AFTER SHIPMENT.

JIANGSU FASHION INTERNATIONAL TRADE CORPORATION

张蓉

综合训练

一、根据下列所给内容缮制装船通知，注意唛头由卖方自行设计。

BUYER: WEILI INT'L TRADING CO.

SELLER: JIANGSU FASHION INTERNATIONAL TRADE CORPORATION

DESCRIPTION：

ORDER NO.	GOODS	QUANTITY/PACKAGES	COLOR
A220	BAGS	3200PCS/100CTNS	GREY
A320		4000PCS/200CTNS	WHITE
C153		4000PCS/200CTNS	WHITE

SHIPMENT: MAR.22,2022 FROM SHANGHAI TO HAMBURG

CONTAINER NO. & SEAL NO. : 1×40'GP   MLCU4578610/ C423775

VOYAGE NAME & NO.: CMA CGM NEPTUNE V.485W

B/L NO.: CGLSHA0303088NA

INVOICE NO.& AMOUNT: SUNJA20040322 TOTAL USD22000.00

二、按以下信用证（节选部分内容）出具受益人证明，注意时态与人称的变化。

SEQUENCE OF TOTAL: *27:1/1

FORM OF DOCUMENTARY CREDIT: *40A: IRREVOCABLE

DOCUMENTARY CREDIT NUMBER: *20: 002209

DATE OF ISSUE: *31C: 220220

APPLICABLE RULES: *40E: UCP LATEST VERSION

DATE AND PLACE OF EXPIRY: *31D: 220405 IN CHINA

APPLICANT: *50: A CO.

                               SYDNEY, AUSTRALIA

BENEFICIARY: *59: JIANGSU FASHION INTERNA-

                               TIONAL TRADE CORPORATION

                               #358 ZHUSHAN ROAD JIANGNING

                               DISTRICT, NANJING, CHINA

CURRENCY CODE, AMOUNT: *32B: USD 46000.00

AVAILABLE WITH... BY...   *41D: ANY BANK BY NEGOTIATION

……

DOCUMENTS REQUIRED: 46A:

+ BENEFICIARY'S CERTIFICATE STATING THAT CERTIFICATE OF ORIGIN FORM "A"H.S. NO 6302 ISSUED BY CHINESE GOVERMENT AND/OR CUSTOMS STATING FULL DETAILS AND L/C NO. HAVE BEEN SENT DIRECTLY TO APPLICANT IMMEDIATELY AFTER SHIPMENT.

......

CONFIRMATION INSTRUCTIONS   *49: WITHOUT

......

补充资料：

发票号: BP22012

任务 3.9　缮制汇票

学习目标

图片: 汇票样本（1）　图片: 汇票样本（2）

能力目标：

能够根据提供的业务资料缮制汇票。

知识目标：

了解汇票的定义、特点、种类，理解汇票的基本当事人和票据行为，掌握汇票的内容和缮制要点。

素养目标：

发扬探索精神和创新意识，诚实守信，尽职尽责地做好本职工作。

训练任务

根据江苏时尚国际贸易公司的本票货物的业务资料缮制汇票。

汇票样本

凭		信用证或购买证			
Drawn under 1._____		L/C or A/P No. 2._____			
日期　　年　月　日	支取	按年息			付款
Dated 3._____	Payable with interest @ 4._____				% Per annum
号码	汇票金额	中国，南京		年　月　日	
No. 5._____	Exchange for　6._____	Nanjing, China 7._____			
见票	日后（本汇票之副本未付）付				
At 8._____	sight of this FIRST of Exchange（Second of the same tenor and date				
unpaid）pay to the order of 9._____					
金额					
the sum of 10._____					
此致					
To　11._____					
12._____					

支撑知识

　　汇票是以支付金钱为目的、可以流通转让的有价证券，是出口结汇中比较重要的单证。在国际结算中，汇票的使用较为广泛。

✳ 一、汇票概述

1．汇票的定义

　　汇票（Bill of Exchange）是由出票人签发的，要求受票人在见票时或在指定的日期无条件支付一定金额给指定受款人的书面命令。在信用证项下的国际结算业务中，即期付款有时不一定需要汇票，而是用发票代替。对于远期付款而言，汇票一般都是必要的，因为付款人须凭汇票承兑，并承担到期付款的责任，而持票人必要时可凭承兑的汇票贴现或经背书转让。

2．汇票的特点

　　（1）汇票是出口商用于向进口商付款的收款工具，也是进口商付款的重要凭证。通常由出口商签发，属于商业汇票，收汇方式为逆汇。

　　（2）汇票通常签发一套，一式两份，具有同等的法律效力，分别标明"FIRST OF EXCHANGE（1）""SECOND OF EXCHANGE（2）"，付款人仅凭其中一份付一次款，先见到哪份付哪份，即"付一不付二"或"付二不付一"。汇票之所以为一套，最初主要是为了防止在邮寄过程中遗失，随着邮政、交通事业的发展，虽然汇票遗失的情况几乎不会发生，但是这种习惯保留了下来。

　　（3）在国际贸易实务中，托收或信用证方式下都有可能使用汇票。在信用证方式下，除延期付款信用证不需要汇票外，其他情况下都可能使用汇票，凡 SWIFT 信用证中有 42C 与 42A（42D）栏位内容，就需要附汇票；而在托收方式下，汇票必不可少。

💡 扩展阅读/素养园地

揭秘——"中国银行的鼻祖"日升昌靠什么汇通天下？

　　清朝时，山西平遥被称为"中国的华尔街"，这里几乎控制了中国近一半的流通货币，其中的日升昌票号被后人称为"中国银行的鼻祖"，它是中国第一家专营存款、放款、汇兑业务的私人金融机构。其鼎盛时期，遍布全国的分号达 35 家，日升昌是如何做到汇通天下的？

图片：清朝汇票样本

　　（1）异地现银结算不便，日升昌票号应运而生

　　日升昌票号的前身是一家名叫西裕成的颜料庄，清朝时期很多晋商在全国开设商铺，每逢年终结账，都要给老家捎些银两由镖局运现，可即使他们付给镖局可观的酬劳，也难以保证大量现银安全到达目的地。于是，不少同乡客商将自己

的现银存入西裕成在外地的分号，然后拿着证明回到平遥，再从西裕成的总号中提取现银，并为此支付一些酬金。西裕成的大掌柜雷履泰从中嗅到了商机，他于公元1823年向东家李大全建议开拓票号生意，日升昌就此诞生。随着晋商的日益发展与扩大，其开设的商号遍布全国，甚至涉足海外。当时存在两个方面的问题：一方面，长途贸易因回款周期长，商家信誉变得尤为重要；另一方面，跨地域长途贩运让异地结算成了难题。应运而生的日升昌恰好解决了这两个方面的问题，票号就此走上了历史舞台，并成了晚清时期最为重要的金融机构之一。

（2）对内完善用人制度，对外防伪匠心独运

经营票号，保障资金安全是首要大事，日升昌是如何做的？首先是选人，进日升昌当伙计要经历大大小小的考验。例如，掌柜会有意在店里的墙角、门边放些碎银来考察伙计的品性，如实上交柜台才算考试合格。日升昌先后近10位大掌柜，都是从德才兼备的伙计成长起来的。其次，日升昌还有一套先进的"东掌合伙制"，其核心是东家将票号的一切经营事务完全委托给大掌柜，由其负责经营决策、人员录用、分号设置等，让大掌柜放手经营。日升昌除对内有一套健全的人事管理制度外，对外进行防伪更是独具匠心。其中，较有名的是日升昌的诗文防伪法，"堪笑世情薄，天道最公平，昧心图自利，阴谋害他人，善恶终有报，到头必分明……"这些看似劝世良言的句子其实是独门密码，它们对应着日期和银两的数目，票号内只有极少数人掌握其门道。更重要的是，这些密押并非一成不变，用过一段时间就会变更，若有人想要破译或者伪造将是难上加难。除此之外，日升昌的防伪措施还包括隐含在汇票里的水印、印章、固定笔迹等。

（3）注重口碑，诚信走天下

除了完善的用人制度及资金管理安全外，日升昌的成功还源于诚信。有一天，日升昌接待了一位衣着破烂的老妇，她拿着一张泛黄的汇票要兑现银两。这是30多年前日升昌张家口分号签发的汇票，数额为1200两白银。伙计仔细打量了一番老妇并反复检查后确认汇票是真的，但早已过了兑现期限。老妇解释道，当年丈夫去张家口做皮货生意，返家途中不幸暴病身亡。为了安葬丈夫，她花光了所有积蓄，现在只能靠乞讨度日。无意中，她发现了丈夫留下的这张汇票。于是，大掌柜招呼伙计搬出30多年前的老账簿，果然查到了记录，当即如数兑付了现银。消息传开，日升昌的信誉迅速上升，"以义制利"的经营之道使日升昌成为当时晋商的杰出代表。

《清朝续文献通考》卷十八曾记载："山右巨商，所立票号，法至精密，人尤敦朴，信用最著。"它从多个方面总结了日升昌能够"轻重权衡千金日利，中西兑汇一纸通行"的秘密所在。

3. 汇票的基本当事人

（1）出票人（drawer）：指开出并交付汇票的人。在汇票被承兑之前，出票人是主债务人；在汇票被承兑之后，出票人变为次债务人，承兑人成为主债务人。

（2）付款人（drawee）：也称受票人，是指接受汇票并支付票款的人。

（3）收款人（payee）：指收取汇票款项的人，也叫受款人，一般是出口商。

（4）背书人（endorser）：是指在汇票背面签字，并将汇票交付给另一个当事人的人。接受该汇票的人称为被背书人（endorsee）。

（5）承兑人（acceptor）：付款人同意接受出票人的命令并在汇票正面签字，就成为承兑人。

（6）持票人（holder）：指持有汇票的当事人。

微课：汇票的票据行为

4．汇票的票据行为

汇票的票据行为包括出票、提示、承兑、付款、背书、拒付、追索等。其中，出票是主票据行为，其他行为都是以出票为基础而衍生的附属票据行为。

图片：结汇业务流程

（1）出票（issuance）：指出票人开具汇票并签字，进而将汇票交给收款人的行为。出票人要特别注意票据的要式性，确保出具的汇票要式齐全合格。出票行为的完成意味着出票人为收款人将取得付款人的支付提出了一项保证，一旦付款人拒付，除非另有规定，收款人有权向出票人追索票款。

（2）提示（presentation）：指持票人（holder）将汇票交给付款人要求其承兑或付款的行为。付款人见到汇票称为见票（sight）。即期汇票的执行有一次提示，而远期汇票的执行有两次提示，要求承兑时和要求付款时各一次。由于国际贸易中汇票结算通常是通过银行进行的，因此，完成提示行为的持票人一般是银行。

① 付款提示（presentation for payment）：是指持票人向付款人出示即期汇票或已到期的远期汇票，要求其对该汇票付款。

② 承兑提示（presentation for acceptance）：是指持票人在汇票到期日之前，向付款人出示汇票，要求付款人承诺到期付款的行为。持票人必须在规定的时效内进行承兑提示。《票据法》规定，对于定日付款和出票后定期付款的汇票，持票人可以在汇票到期日期前提示付款人承兑，也可以不提示承兑而于到期日直接请求其付款；对于见票后定期付款的汇票，持票人应当自出票日起一个月之内向付款人提示承兑；对于见票即付的汇票，无须提示承兑。

（3）承兑（acceptance）：远期汇票的付款人在持票人提示汇票之后即在汇票正面签上"承兑"字样及姓名、日期，表示承担到期付款责任。付款人因承兑汇票而成为承兑人（acceptor）。经承兑后的汇票仍由原持票人保存，以便到期时再提示付款。

① 普通承兑（general acceptance）：指付款人对出票人的指示一概接受而不做任何保留的承兑。

② 限制性承兑（qualified acceptance）：是付款人对汇票到期付款加注某些保留条件的承兑，也称保留承兑。常见类型有有条件承兑、部分承兑、限制时间承兑和限制地点承兑。

项目三 缮制出口单证

（4）付款（payment）：付款是指付款人在汇票规定的时间向汇票规定的收款人清偿汇票金额的行为。付款行为的完成标志着汇票代表的债权、债务的结束。持票人要求付款时应提示汇票。

（5）背书（endorsement）：是收款人转让汇票的手段，通过收款人在汇票背面签名来完成。

收款人因背书转让汇票而成为背书人及其以后所有被背书人的"前手"，而每个被背书人又是其以前所有背书人的"后手"，出票人则是所有背书人、被背书人的"前手"。背书包括两个行为：一是在汇票背面签字，二是将汇票交付给被背书人。只有经过交付，才算完成背书行为。持票人也可以将汇票转让给银行，如果把远期汇票转让给银行，就是我们通常讲的"贴现"（discount）。银行贴现汇票时要按照事先规定的或双方商定的贴现率扣除贴现日到汇票到期日的利息，再把所余现款付给背书人。银行可等到汇票到期日向付款人索付，也可以在市场上继续转让汇票。在国际贸易中，银行贴现是出口商提前获取货款的主要形式。常见的背书方式有以下几种。

① 空白背书（endorsement in blank）或不记名背书：空白背书仅需背书人在汇票的背面签字，而不记载被背书人的名称。

② 特别背书（special endorsement）或记名背书：持票人在转让背书时，先记载被背书人的名称，再签字，被背书人作为持票人可以继续行使背书转让汇票的权利。

③ 限制性背书（restrictive endorsement）：指禁止汇票继续转让。经过限制性背书后，指示性汇票成为限制性抬头的汇票，限制性背书的被背书人不能继续行使背书转让汇票的权利，同时也只有限制性背书的被背书人才能要求付款人付款。

④ 委托收款背书（endorsement for collection）：是指背书人在背书时注明"委托收款"字样来委托被背书人以代理人的身份行使汇票权利的背书。它有两个特点：第一，背书人没有转让汇票的权利，只是赋予被背书人代理权；第二，被背书人不能行使背书转让汇票的权利，但是可以继续进行委托收款背书。

⑤ 条件背书（conditional endorsement）：是指背书时附带一定条件。由于汇票是无条件支付的命令，我国法律规定，背书不得附有条件，背书附有条件的，所附条件不具有汇票上的效力，但背书行为本身有效。

（6）拒付（dishonour）：持票人提示汇票要求付款时，付款人拒绝付款（dishonour by non-payment）或持票人提示汇票要求承兑时，付款人拒绝承兑（dishonour by non-acceptance），或付款人避而不见、破产、死亡等，以致付款在事实上不可能实现时，均称为"拒付"，又叫"退票"。

（7）追索（recourse）：是指持票人在汇票被拒付时，对其"前手"（背书人、出票人）有行使请求偿还汇票金额及费用（包括利息及申办"拒付通知""拒付证书"的公证费用等）的权利的行为。

持票人可以向任何一个"前手"追索。如汇票已经经过承兑，则出票人可以向承兑人要求付款。

5．汇票的种类

（1）按出票人的不同，汇票可分为银行汇票（banker's draft）和商业汇票（commercial draft）。

银行汇票是银行对银行签发的汇票，一般多为光票。在国际结算中，银行签发汇票后，一般交汇款人寄交国外收款人向指定的付款银行取款。出票银行将付款通知书寄交国外付款银行，以便其在收款人持票取款时核对，核对无误后再付款。付款方式中的票汇使用的就是银行汇票。

商业汇票是企业或个人向企业、个人或银行签发的汇票。商业汇票通常由出口商开立，向国外进口商或银行收取货款时使用，多为随附货运单据的汇票。商业汇票在国际结算中使用较多。

（2）按承兑人的不同，汇票可分为商业承兑汇票（commercial acceptance draft）和银行承兑汇票（banker's acceptance draft）。

商业承兑汇票是企业或个人承兑的远期汇票，托收方式中使用的远期汇票即属于商业承兑汇票。银行承兑汇票是银行承兑的远期汇票，信用证中使用的远期汇票即属于银行承兑汇票。

（3）按付款时间不同，汇票可分为即期汇票和远期汇票。

即期汇票是持票人提示时，付款人立即付款的汇票。远期汇票是在未来的特定日期或一定期限付款的汇票。远期汇票的付款时间主要有以下 4 种规定方法。

① 见票后若干天付款（at...days after sight）（实际业务中最常见的规定方法之一）。

② 出票后若干天付款（at...days after date）。

③ 提单签发日后若干天付款（at...days after date of bill of lading）。

④ 指定日期付款（fixed date）。

（4）按有无附属单据的不同，汇票可分为光票（clean draft）和跟单汇票（documentary draft）。

光票是不附带货运单据的汇票，常用于运费、保险费、货款尾数及佣金的收付。跟单汇票是附带货运单据的汇票，除了人的信用外，还有物的保证。

微课：汇票的内容和制作

❋ 二、汇票的内容和缮制要点

信用证项下汇票在缮制时不仅要严格符合信用证的要求，还要符合汇票的规范制法。

（1）开证行：填写开证行的名称。

（2）信用证号：填写信用证号码。

（3）日期：填写信用证的开证时间。

动画：汇票的制作

以上 3 栏是汇票的出票依据，表明汇票的交易是被允许的。出票依据是说明开证行在一定的期限内对汇票的金额履行保证付款责任的法律根据，是信用证项下汇票不可缺少的重要内容之一。

（4）利息：此栏填写合同或信用证规定的利息率，若没有规定，此栏留空。

（5）号码：一般填写商业发票的号码。

（6）小写汇票金额：一般填写确切的金额数目。除非信用证另有规定，汇票金额所使用的币种应与信用证和发票所使用的币种一致。通常情况下，汇票金额为发票金额的100%，但不得超过信用证规定的最高金额。如果信用证金额有"大约"等字样，则意味着有10%的增减幅度。

（7）出票日期：汇票出票的时间。

（8）付款期限：付款期限的填写应符合信用证的规定。对于即期汇票，在汇票"AT"与"SIGHT"之间的空白处应填"***"，表示见票即付；对于远期汇票，应在"AT"后填上信用证规定的期限。信用证中有关起算日期的条款有以下几种。

① 以交单期限为起算日期。

② 以装船日期为起算日期。

③ 以发票日期为起算日期。

（9）受款人：受款人又称收款人，一般是汇票的抬头，是出票人指定的接受票款的当事人。有的汇票以出口商或其所指定的第三者为受款人。在国际票据市场上，汇票的抬头通常有以下3种写法。

① 记名式抬头（DEMONST RATIVE ORDER）：即在受款人一栏中填写"付给×××的指定人"（PAY TO THE ORDER OF ×××），这种类型的抬头是最常用的一种。

② 限制性抬头（RESTRICTIVE ORDER）：即在受款人一栏中填写"仅付给×××"（PAY TO ××× ONLY）或"限付给×××，不许转让"（PAY TO ××× ONLY，NOT TRANSFERABLE）。

③ 持票人抬头（PAYABLE TO BEARER）：即在受款人一栏中填写"付给持票人"（PAY TO BEARER）。

在国际结算业务中，汇票的受款人一般都是以银行指示为抬头的。汇票的受款人一般有3种填法：当来证规定由中国银行或其他议付行指定受款人，或来证对汇票受款人未做明确规定时，汇票的受款人应填"PAY TO THE ORDER OF BANK OF CHINA"（按中国银行指示付款）；当来证规定由开证行指定时，汇票的受款人应填"PAY TO THE ORDER OF ××× BANK"（开证行的名称）；当来证规定由偿付行指定时，汇票的受款人应填"PAY TO THE ORDER OF ××× BANK"（偿付行的名称）。

（10）大写汇票金额：用大写的英文表示，并在金额后面加上"ONLY"，以防止被涂改，如"SAY UNITED STATES DOLLARS FIVE THOUSAND SIX HUNDRED ONLY"。信用证使用的货币、上面所使用的小写汇票金额应与大写汇票金额一致。

（11）付款人：汇票的付款人即汇票的受票人，也称致票人，在汇票中表示为"此致×××"。凡是要求开立汇票的信用证，一般都指定付款人。如果信用证没有指定付款人，按照惯例，开证行即为付款人。

填制此栏的一般做法如下。

① 当信用证规定须开立汇票且明确规定有付款人时，应理解为开证行就是付款人，从而填写开证行的名称、地址。

② 当信用证中的条款为"DRAFTS DRAWN ON APPLICANT"时，应填写开证申请人的名称及地址。

文本：汇票填制规范案例分析

③ 当信用证要求"DRAWN ON US"时，应理解"US"为开证行，从而填写开证行的名称及地址。

（12）出票人签章：出票人即签发汇票的人，在进出口业务中，一般填写出口商的全称，并由出口商的经理签署或盖章。

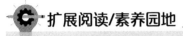

扩展阅读/素养园地

日升昌汇票防伪技术图片

在现代生活中，汇票防伪是非常重要的，早在清朝我国人民就研究出了一套严密的汇票防伪技术，那么一张小小的汇票里藏着怎样的防伪智慧呢？

中国清代汇票样本

现藏于中国票号博物馆的一张清朝道光年间的汇票，呈长方形，右侧是"会券"二字，左侧是"信行"二字，这是当时汇票的统一格式。中间是汇票的主体，内容为"凭票会到徐大老爷九色银五百两整，言定在京都本号见票无利交还……年款道光廿六年十二月廿一日立"。这张汇票历经近 200 年的历史，纸面已微微泛黄，但是内容清晰明了，是目前现存汇票中非常珍贵的一张。

中国明清时期市场上流通的货币主要是白银，当时人们做买卖都要随身携带大量沉重的白银，到异地做大宗买卖时就不得不请镖局运送银两。镖局长途运送大量白银，费时费力，若遇到土匪或强盗，常常被抢劫一空。公元 1823 年，在山西省平遥古城的西大街，一家名为日升昌的票号正式开业。票号是专门经营银两异地汇兑和存放款业务的私人金融机构，类似今天的银行，日升昌是中国历史上第一家私人银行，是现代各式银行的"鼻祖"。票号出现后，人们只要向票号缴纳一定的汇费，就可以在一个票号存入银两，然后带着票号开出的票据（即汇票）直接到异地票号提取现款。日升昌票号总部在山西平遥，分部遍及全国 30 多个城市，例如凭借现藏于中国票号博物馆的一张汇票，该汇票上提到的徐大老爷就可以在日升昌分号中取走 500 两白银。票号和汇票的出现改变了由镖局运送银两的落后方式，使人们可以身揣巨额汇票轻松走遍天下。

汇票方便了商人的出行和交易，但是也带来了一个非常大的难题，那就是如何保证汇票的真实可靠。票号凭借一张小小的汇票放出大量真金白银，一旦有假汇票兑现成功，那么票号将遭受巨大的打击，不仅有经济上的，还有信誉上的。汇票防伪即便在今天也是难题，那么在防伪科技并不发达的清朝，人们是如何使一张看似普通的白纸变得独一无二，成功实现汇票防伪的呢？日升昌前后经营

100 多年，凭一纸汇票进行汇兑，却没有发生过一次误领冒领成功的事件，这不能不说是一个奇迹。小小的汇票里究竟有什么玄机呢？

日升昌共有 5 道汇票防伪技术。

（1）神秘纸张

日升昌的汇票和现在的纸币都是运用特殊的纸张印制而成的，汇票的制作一般都在专门的秘密工厂进行，采用的材料是加入蚕丝的麻纸。麻纸纤维长、纸浆粗、纸质坚韧，在麻纸中加入蚕丝，则能够增强其柔韧性和延展性。有经验的掌柜拿过汇票，轻轻地捏一捏、抖一抖，就能分辨出汇票的真假：具有独特韧性的是真的汇票，否则为假的汇票。据记载，日升昌对汇票的印制数量及应用均有严格控制，汇票在发行之前均要在总部备案记录。

（2）神秘水印

在现代社会中，人们鉴别一张纸币的真伪时，常常会拿纸币透过强光仔细观察，检查是否有水印。在清朝，水印也是汇票防伪的重要技术之一。迎光照射汇票，我们会发现在其 4 个角上分别印有"日、升（昇）、昌、记"4 个字，工人们在纸干到七八成时，会用特制的滚筒在 4 个角上留下印记，在纸浆干透后，汇票的 4 个角上就有了独特的防伪水印。水印的制作并不复杂，但是防伪效果很好。

（3）独有印章

除了纸张和水印，日升昌的汇票上还有专门的印章。日升昌在汇票上使用的印章可以定期更换，一般有方形和菱形两种，用料珍贵。这些印章的内容，有的是寓意吉祥的中国传统图案，有的则是诗书文章等。值得一提的是，汇票上的印章采用的是中国独特的微雕技术。微雕技术是一种以微小精细见长的雕刻技法，其历史较为久远。据记载，战国时就曾经有过米粒般大小的玺印。在一个方寸之地刻上密密麻麻的内容需要高超的雕刻技术，这是一般人很难办到的。在众多汇票的微雕印章中有一枚分外引人瞩目，其整体呈梯形，长约 6.4 厘米，底面宽约 4.2 厘米，上面雕刻着《赤壁赋》全文，《赤壁赋》共有几百字，每个字的笔画都细如发丝，令人叹为观止。

（4）神奇密码

日升昌为了安全起见，用诗句表示时间和银两数目，形成了一套汉字密码。第一句"谨防假票冒取，勿忘细视书章"，从表面上看这句话是提醒伙计要当心有人拿假汇票冒领，因此要仔细查看汇票，但整句话正好为 12 个字，按照排列顺序分别表示 12 个月份。接下来是"堪笑世情薄，天道最公平，昧心图自利，阴谋害他人，善恶终有报，到头必分明"，这段话是说做人要讲究公道，不能昧着良心谋害他人，一个人会为自己的所作所为付出代价。这 30 个字代表一个月的 1 日至 30 日，农历中每个月是没有 31 天的，所以这里只有 30 个字。接下来是"坐客多察看，斟酌而后行"，意思是提醒伙计多观察客人，凡事要谨慎，共 10 个字，分别表示银两计数中的 1～10。最后"国宝流通"4 个字分别表示万、千、百和两 4 个计数单位。用这套密码，日升昌就可以表示任意的时间及钱数，比如"五千两"应该写为"看宝通"。将这几个字独立地写在汇票上，外人是分辨不出其含义的。据专家介绍，出于安全考虑，一套汉字密码在使用过一段时间后往往会被更换，古人的聪明与严谨由此可见一斑。

（5）个性书法

日升昌汇票上的文字都是由专职人员用毛笔写的，其笔迹同时通报日升昌遍布全国的各家大小票号，确保大家都能辨认出该人的笔迹，每家票号的汇票字迹都是独一无二的，用来识别真假，只有伙计核对笔迹、确认无误后，客人才能取走银两。

从纸张、水印、印章、密码到书法，古人在小小的汇票上层层加设 5 道仿伪关卡，运用智慧实现了汇票的有效防伪，令人惊叹。时至今日，有些汇票防伪技术在现在的人民币上还在使用，如水印等。古人将智慧渗透到生活中，充满奇思妙想的密码体系和独特的文化韵味让汇票在中国的历史文化中留下鲜明的印记。

任务分析与实施

根据支撑知识，完成训练任务，具体如下。

凭	信用证或购买证
Drawn under 1.　BANK OF JAPAN, NAGOYA BRANCH	L/C or A/P No. 2.　X53557

日期　　年　月　日　　　　支取　　　按年息　　　　付款

Dated 3.　　AUG.25,2022　　　Payable with interest @ 4.　　　% Per annum

号码　　　　汇票金额　　　中国，南京　　　　年　月　日

No. 5. F2201 Exchange for 6.　USD108 000.00　Nanjing, China 7.　SEP.12,2022

见票　　　　日后（本汇票之副本未付）付

At　8.　　***　　　sight of this FIRST of Exchange (Second of the same tenor and date unpaid)pay to the order of 9.　BANK OF CHINA JIANGSU BRANCH

金额

the sum of 10. SAY US.DOLLARS ONE HUNDRED AND EIGHT THOUSAND ONLY

此致

To 11. BANK OF JAPAN, NAGOYA BRANCH

　　　　（ ************* ）

12. JIANGSU FASHION INTERNATIONAL TRADE CORPORATION

综合训练

请根据下面所给信用证（节选部分内容）缮制信用证项下汇票。

注：发票号码为 JSSS5566，汇票出票日期为 2022 年 11 月 10 日。

MTS 700 ISSUE OF A DOCUMENTARY CREDIT

SENDER: NPABCAM2XXX

NATIONAL PARIS BANK

24 MARSHAL AVE. DONCASTER MONTREAL, CANADA

RECEIVER: BKCHCNBJ940

BANK OF CHINA JIANGSU BRANCH

NO. 2 GUANG ZHOU ROAD, NANJING, CHINA

SEQUENCE OF TOTAL:	*27: 1/1
FORM OF DOCUMENTARY CREDIT:	*40A: IRREVOCABLE
DOCUMENTARY CREDIT NUMBER:	*20: XXX2022
DATE OF ISSUE:	*31C: 220918
APPLICABLE RULES:	*40E: UCP LATEST VERSION
DATE AND PLACE OF EXPIRY:	*31D: 221115 IN BENEFICARY'S COUNTRY
APPLICANT:	*50: YI YANG TRADING CORPORATION 88 MARSHALL AVE DONCASTER VIC 3108 CANADA
BENEFICIARY:	*59: JIANGSU FASHION INTERNA-TIONAL TRADE CORPORATION. #358 ZHUSHAN ROAD JIANGNING DISTRICT, NANJING, CHINA.
CURRENCY CODE,AMOUNT:	*32B: USD89 705.00
AVAILABLE WITH... BY...	*41D: ANY BANK BY NEGOTIATION
DRAFTS AT...	42C: AT SIGHT
DRAWEE:	42D: NATIONAL PARIS BANK 24 MARSHAL AVE DONCASTER MONTREAL, CANADA
PARTIAL SHIPMENTS:	43P: ALLOWED
TRANSHIPMENT:	43T: ALLOWED
PORT OF LOADING/AIRPORT OF DEPARTURE	44E: SHANGHAI
PORT OF DISCHARGE/AIRPORT OF DESTINATION	44F: MONTREAL PORT
LATEST DATE OF SHIPMENT	44C: 221031
......	
CONFIRMATION INSTRUCTIONS	*49: WITHOUT
......	

 任务 3.10 交单收汇和单证归档

🛒 学习目标

能力目标：

能够按照信用证条款和合同条款制作客户交单联系单并办理交单收汇，能够按业务和其他部门的要求将各类单证归档。

知识目标：

掌握交单的定义和交单的要求，熟悉信用证项下不符单据的处理与救济，熟悉单证归档的内容。

素养目标：

具备精益求精的职业素养，减少差错，提升团队合作意识，树立企业良好形象。

训练任务

根据江苏时尚国际贸易公司的本票货物的业务资料办理交单收汇和单证归档。

任务 1

2022 年 9 月 12 日，江苏时尚国际贸易公司资深外贸单证员张蓉通过审核，认为各单据都单证一致、单单一致，就把准备好的结汇单据及原信用证、信用证修改申请书的正本向中国银行江苏分行国际业务部进行交单。交单时，张蓉需填写客户交单联系单。

图片：交单议付
业务流程

（一）业务附加说明

通知行编号：CN2006869106666

（二）交单联系单样本

中国银行江苏分行

客 户 交 单 联 系 单

致：中国银行江苏分行

兹随附下列信用证项下出口单据一套，请按国际商会第 600 号出版物《跟单信用证统一惯例》办理寄单索汇。

开证行：											信用证号：					
通知行：											通知行编号：					
最迟装期：				效期：							交单期限：					
汇票付款期限：								汇票金额：								
发票编号：								发票金额：								

单据	名称	汇票	发票	海关发票	海运提单正本	海运提单副本	航空运单	货物收据	保险单	装箱/重量单	数量/质量/重量证	产地证	GSP FORM A	检验/分析证	受益人证明	船公司证明	电抄	装船通知
	份数																	

第一联 交寄单行（一）

委办事项：打"×"者				
□附信用证及修改书共　页。				
□单据中有下列不符点：				
□请向开证行寄单，我公司承担一切责任。				
□请电提不符点，待开证行同意后再寄单。				
□寄单方式：□特快专递　□航空挂号				
□索汇方式：□电索　　　□信索（□特快专递　　□航空挂号）				
公司联系人：　　　　　联系电话：　　　　　公司签章：				

银行审单记录：		银行接单日期：		寄单日期：
		汇票／发票金额：		BP No.：
	银行费用	通知／保兑：		银行经办：
		议／承／付：		
		修 改 费：		
		邮　　费：		
		电　　传：		银行复核：
退单记录：		小　计：		
		费用由　承担		

任务2

假设2022年9月15日，中国银行江苏分行国际业务部工作人员通知张蓉，开证行日本银行名古屋分行发来拒付电，拒付理由是"保险单"保险公司没有签署，张蓉需要处理开证行拒付事件。

任务3

收汇之后，张蓉需做好出口退税、单据归档工作。为了能够更快、更顺利地办理相关工作，张蓉必须催促货代公司尽快把相关报关单据退回并做好单据归档工作。

 支撑知识

❋ 一、交单

1．交单的定义

交单是指全部单据准备妥当后，由受益人签署议付申请书，申请议付、承兑或付款。为了依信用证规定结算货款，受益人必须将审核无误的、正确的、完整的单据交至议付行，请求议付、承兑或付款。

2．交单的要求

交单的要求有以下 3 条。

（1）备齐单据，有两个含义：一是信用证规定的单据全都备齐，二是每种单据的份数都符合信用证的要求。

（2）内容正确，即单据内容与信用证的规定严格一致。

（3）提交及时，即交单日期不能超过信用证的有效期，也不能超过信用证规定的交单期限。

3．交单方式

交单方式有两种。一种是两次交单，也称预审交单，即在运输单据签发前，先将其他已备妥的单据送交银行预审，若发现问题就及时更正，待货物装运后收到运输单据，便可当天议付并对外寄单。

另一种是一次交单，即在全套单据备齐后一次性送交银行，此时货已发运。银行审单后若发现不符点需要退单修改，则会耗费较长时日，容易造成逾期且影响安全收汇。因此，出口商宜与银行密切配合，采用两次交单的方式，加速收汇。

4．单据限制

（1）时间限制

信用证项下交单的时间日期由以下 3 种因素决定。

① 信用证的失效日期。

② 装船日期后特定的交单日期。

③ 银行的营业时间。银行在其营业时间外，无接收单据的义务。

文本：交单议付有效期案例分析

信用证中有关装船的任何日期或期限中的"止""至""直至""自从"等词语，都可理解为包括所述日期；"以后"应理解为不包括所述日期；"上半月""下半月"应分别理解为该月 1 日至 15 和 16 日至该月最后一日，首尾两天均包括在内；"月初""月中""月末"应分别理解为该月 1 日至 10 日、11 日至 20 日、21 日至该月最后一日，首尾两天均包括在内。

（2）地点限制

所有信用证必须规定一个付款、承兑的交单地点，或在议付信用证的情况下规定一个交单议付的地点，但自由议付信用证除外。像提交单据的期限一样，信用证的到期地点也会影响受益人的处境，有时会发生这样的情况：开证行将信用证的到期地点定在本国（地区）或自己的营业柜台，而不是受益人所在的国家（地区），这对受益人的处境极为不利，因为受益人必须保证于信用证的有效期内在开证行所在国家（地区）或其营业柜台提交单据。

❋ 二、信用证项下不符单据的处理与救济

1．审核开证行提出不符点的前提条件是否成立

开证行提出不符点的前提条件如下。

微课：处理开证行拒付事件

（1）在合理的时间内提出不符点，即在开证行收到单据次日起的 5 个工作日之内向交单者提出不符点。

（2）无延迟地以电讯方式将不符点通知交单者。

（3）不符点必须一次性提出，如果第一次所提不符点不成立，即使单据还存在实质性不符点，开证行也无权再次提出。

（4）开证行通知不符点的同时，必须说明银行拒绝承付或者议付所依据的每一个不符点及银行留存单据听候交单人的进一步指示；或者开证行留存单据直到其从申请人处接到放弃不符点的通知并同意接受该放弃，或者其同意接受对不符点的放弃之前从交单人处收到其进一步指示;或者银行将退回单据；或者银行将按之前从交单人处获得的指示处理。

以上条件必须同时满足，否则，开证行便无权声称单据有不符点而拒付。

2．审核开证行所提的不符点是否成立

外贸单证员应根据信用证条款、UCP 600 认真审核开证行所提的不符点，判断其是否成立。若不成立，外贸单证员应通过议付行与开证行据理力争，直至开证行付款。

3．若不符点成立，在条件允许的情况下，可以补交更正后的相符单据

信用证项下不符单据的救济是指当单据因存在不符点而遭到开证行拒付之后，受益人可以在交单期限内及时将替代或更正后的相符单据补交给开证行。一般情况下单据经审核存在不符点，且开证行提出拒付，则开证行所承担的信用证项下的付款责任得以免除；但是，如果受益人在交单期限内补交了符合信用证规定的单据，则开证行仍须承担付款责任。需要注意的是，如果受益人在前期操作过程中浪费了太多时间，将会丧失补交相符单据的时间

文本：议付行审核单据造成损失分析

4．若不符点成立，同时不能补交相符的单据，要积极与开证申请人协商

有时开证行虽然拒付，但开证申请人不一定拒付，如果开证申请人能接受不符点，虽然开证行并不受开证申请人决定的约束，但一般会配合开证申请人进行付款。所以，如果不符点确实成立，开证行拒付后，而且受益人不能补交相符单据，受益人应评估其与开证申请人之间的关系，分析交易的实际情况，想方设法与开证申请人进行协商，争取开证申请人接受不符点并付款。只要货物质量好，价格有优势，开证申请人一般不会拒绝接受单据。此外，受益人也可以通过降价的方式争取开证申请人付款赎单。

微课：业务结束后的单据归档

5．若不符点成立，与开证申请人协商后仍拒绝接受不符点，则可在进口地转卖货物

如果开证申请人拒绝接受不符点，受益人可在进口地转卖货物，但其前提是信用证要求递交的是全套正本提单，如果 1/3 的正本提单

图片：出口收汇核销单样本

已经寄给开证申请人，则受益人可能会面临钱货两失的风险。

6. 退单退货

在开证行提出实质性不符点、拒付行为又很规范、与客户交涉不力、寻找新买主而不得的情况下，就只有退单退货了。不过在做出此决定之前，一定要仔细核算运回货物所需的费用和货值之间是否有账可算，有利益即迅速安排退运，因为时间拖得越久，费用就越高；若运回货物得不偿失，则不如将货物放在目的港，由对方海关去处理。

素养点睛：耐心、细致一方面可以反映外贸单证员的职业素养，另一方面也决定了企业是否可以成单、能否实现盈利。同学们在工作中一定要做到精益求精，立志打造外贸"匠心服务"。

❋ 三、单据归档

1. 一般贸易项下进出口业务单证的管理

归档内容：进出口报关资料（进出口合同、进出口发票、进出口装箱单、进出口货物报关单、进出口商检证书等）和进出口议付资料（进出口信用证或其他单证、议付发票、议付装箱单、提单、原产地证书、其他规定的存档单据）。

注意应按合同号顺序制作进出口合同台账及进出口明细单。

2. 加工贸易项下进出口业务单证的管理

归档内容：进出口报关资料（进出口发票、进出口装箱单、进出口货物报关单、进出口提单等）和进出口合同资料（进出口合同、进出口信用证、手册、加工贸易审批进程中各主管部门的所有审批文件、核销资料等）。

注意外贸单证员必须根据手册号进行归档。

3. 工作制度

每一项业务操作完毕，外贸单证员必须尽快整理归档资料进行存档，然后由部门内的档案管理人员和部门主管检查是否按规定进行操作。档案管理人员发生工作调动时，需做好书面工作交接。查阅档案，必须经档案管理负责人批准；销毁档案，必须经档案管理负责人上一级领导批准。

素养点睛：同学们在单证归档工作中要兢兢业业，减少差错，保护企业利益，树立企业的良好形象。

📋 任务分析与实施

根据支撑知识，完成训练任务，具体如下。

任务 1 分析

资深外贸单证员张蓉根据实际业务情况，分别填写客户交单联系单各栏目内容，填写完毕后签字。

中国银行江苏分行

客 户 交 单 联 系 单

致：中国银行江苏分行

兹随附下列信用证项下出口单据一套，请按国际商会第 600 号出版物《跟单信用证统一惯例》办理寄单索汇。

开证行：BANK OF JAPAN，NAGOYA BRANCH	信用证号：X53557
通知行：BANK OF CHINA，JIANGSU BRANCH	通知行编号：CN2006869106666

最迟装期：220920	效期：221010	交单期限：21 天

汇票付款期限：AT SIGHT	汇票金额：USD108 000.00
发票编号：F2201	发票金额：USD108 000.00

单据	名称	汇票	发票	海关发票	海运提单正本	海运提单副本	航空运单	货物收据	保险单	装箱/重量单	数量/质量/重量证	产地证	GSP FORM A	检验/分析证	受益人证明	船公司证明	电抄	装船通知
份数		2	4	3					2	3		2			1			1

委办事项：打"×"者

☒ 附信用证及修改书共 2 页。

□ 单据中有下列不符点：

□ 请向开证行寄单，我公司承担一切责任。

□ 请电提不符点，待开证行同意后再寄单。

□ 寄单方式：☒ 特快专递 □ 航空挂号

□ 索汇方式：□ 电索 □ 信索（□ 特快专递 □ 航空挂号）

公司联系人：张蓉 联系电话：0086-25-54530×××

公司签章：

银行审单记录：	银行接单日期：	寄单日期：
	汇票/发票金额：	BP No.：
	银行费用 通知/保兑：	银行经办：
	议/承/付：	
	修改费：	
	邮 费：	
	电 传：	银行复核：
退单记录：	小 计：	
	费用由 承担	

第一联 交寄单行（一）

任务 2 分析

1．分析开证行的拒付理由是否成立

张蓉对开证行日本银行名古屋分行的拒付理由进行分析，根据 UCP 600 的规定，

保险单必须由保险公司或承保人或其代理人或代表出具并签署，因此"保险单"没有进行签署确为不符点。

2．拒付的救济措施

针对这一不符点，张蓉可以采取补交单据的救济措施，即立刻制作正确的保险单并盖章签字，然后在信用证规定的交单期内（不迟于 2022 年 10 月 1 日）向议付行中国银行江苏分行补交正确的保险单，转交给开证行，从而实现相符交单。

通过采取相应的救济措施后，2022 年 9 月 19 日，江苏时尚国际贸易公司收到中国银行江苏分行的通知，开证行日本银行名古屋分行已同意付款。

2022 年 10 月 19 日，江苏时尚国际贸易公司收到中国银行江苏分行的外汇结汇收账通知（人民币）如下所示。

外汇结汇收账通知（人民币） 中国银行江苏分行		
□日期 2022 年 10 月 19 日 第五联		
□户名 江苏时尚国际贸易公司		
□账号 767081009999		
□外汇金额 USD107 907.18	□牌价 USD1=RMB6.3605	□人民币金额 RMB686 343.62
□摘要	□净额 USD107 907.18	
业务编号：221BP0700178　　发票号码：F2201 发票金额：USD108 000.00 国外扣费：USD25.00 国内扣费：USD67.82　备注：扣费合计：USD92.82		
□会计 王丽　　□复核 李红　　□记账 张静		

任务 3 分析

张蓉必须注意催促货代公司尽快退回出口货物报关单、场站收据等相关单据。等收到这些单据后，张蓉应制作副本并存档，把正本单据移交财务部门，办理退税手续。注意，重要单据的移交，要用专门的本子登记，并由接收人签收。

顺利收汇后，张蓉进行单据归档工作。对于每票业务，需归档的单据主要包括信用证、商业发票、装箱单、订舱委托书、出口货物报关单、报关委托书、原产地证书、运输单据、保险单、其他结汇单据等。

 综合训练

请根据信用证（节选部分内容）和补充资料，以江苏时尚国际贸易公司外贸单证员张蓉的身份填写客户交单联系单，并办理交单。

SEQUENCE OF TOTAL: *27:1/1

FORM OF DOCUMENTARY CREDIT: *40A: IRREVOCABLE

DOCUMENTARY CREDIT NUMBER: *20: D-037652

DATE OF ISSUE: *31C: 220616

APPLICABLE RULES: *40E: UCP LATEST VERSION

DATE AND PLACE OF EXPIRY: *31D: DATE 220731 PLACE IN CHINA

APPLICANT: *50: ABC TRADING CO.,LTD

P.O. BOX1236, 60078 SIBU,MALAYSIA

BENEFICIARY: *59: JIANGSU FASHION INTERNA-

TIONAL TRADE CORPORATION

#358 ZHUSHAN ROAD , JIANGNING

DISTRICT, NANJING, CHINA

CURRENCY CODE,AMOUNT: *32B: USD 10,800.00

AVAILABLE WITH... BY...   *41D: ANY BANK BY NEGOTIATION

DRAFTS AT...   42C: AT SIGHT

DRAWEE: 42D: BANK NEGARA MALAYSIA

PARTIAL SHIPMENTS: 43P: ALLOWED

TRANSHIPMENT: 43T: ALLOWED

PORT OF LOADING/AIRPORT OF DEPARTURE   44E: ANY PORT OF CHINA

PORT OF DISCHARGE/AIRPORT OF DESTINATION   44F: SIBU, MALAYSIA

LATEST DATE OF SHIPMENT   44C: 220716

DESCRIPTION OF GOODS AND/OR SERVICES

45A:

AGRICULTURAL IMPLEMENT

300 DOZEN S301B SHOVEL

100 DOZEN S302B SHOVEL

100 DOZEN S303B SHOVEL

AT USD21.60 PER DOZEN CIF

SIBU

DOCUMENTS REQUIRED: 46A:

*COMMERCIAL INVOICE IN THREE FOLDS

*PACKING LIST AND WEIGHT NOTE IN THREE FOLDS

*FULL SET OF CLEAN ON BOARD OCEAN BILLS OF LADING MADE OUT TO ORDER OF BANK NEGARA MALAYSIA AND ENDORSED IN BLANK MARKED FREIGHT PREPAID AND NOTIFY ACCOUNTEE

*MARINE INSURANCE POLICY/CERTIFICATE ENDORSED IN BLANK FOR FULL CIF VALUE PLUS 10 PERCENT SHOWING CLAIMS IF ANY PAYABLE AT DESTINATION IN THE CURRENCY OF THE DRAFT COVERING ALL RISKS AND WAR RISK AS PER OCEAN MARINE CARGO CLAUSES AND WAR RISKS

CLAUSES（09/18/2009）OF THE PEOPLE'S INSURANCE COMPANY OF CHINA

    *CERTIFICATE OF ORIGIN

    *COPY OF FAX SENT BY BENEFICIARY TO THE APPLICANT ADVISING
DISPATCH WITH SHIP'S NAME BILL OF LADING NUMBER AND DATE AMOUNT
AND DESTINATION PORT

    PERIOD OF PRESENTATION IN DAYS   48: 15

    CONFIRMATION INSTRUCTIONS   *49: WITHOUT

    ……

补充资料：

议付行：中国银行江苏分行   编号：CN200686910XXXX

发票号：20220612

项目三　缮制出口单证

项目四

缮制进口单证

任务 4.1　缮制进口订舱单

学习目标

能力目标：
能根据合同、信用证和货物情况缮制进口订舱单。

知识目标：
掌握进口订舱的程序及进口订舱单缮制的注意事项。

素养目标：
树立客户至上的服务理念，坚定为推动我国航运事业健康发展贡献智慧和力量的决心。

训练任务

李华在办理好手续后，需及时向货运代理公司办理订舱委托。根据任务 2.1 的合同资料及下文的补充资料缮制进口订舱单。

（一）进口订舱单样本

进口订舱单

编号：   日期：

货名（英文）			
重　　量		尺　码	
合同号		包　装	
装运港		交货期	
装货条款			
发货人名称、地址			
发货人电挂			
订妥船名		预抵港口	
备　注		委托单位	

（二）补充资料

毛重：4401 千克　　净重：4362 千克　　尺码：25 立方米

扩展阅读/素养园地

中国迎来第 19 个航海日

2023 年 7 月 11 日是我国第 19 个航海日。中国航海日活动组织工作委员会发布的《2023 年中国航海日公告》显示，我国是海洋大国、航海大国、造船大国，拥有广袤的管辖海域和漫长的海岸线。我国约 95%的进出口贸易货物运输通过海运完成，海运航线和服务网络遍布世界主要国家和地区，港口规模、船员数量、造船产量、海运船队规模等位居世界前列，海洋生产总值 2022 年首次突破 9 万亿元人民币。

2023 年是共建"一带一路"倡议提出十周年。自倡议提出，我国与 21 世纪海上丝绸之路沿线国家和地区间经贸往来日益紧密，以海洋为载体的经济、文化、教育、科技等交流交往与务实合作稳步推进。我国已与 100 多个国家和地区建立了航线联系，航线覆盖"一带一路"沿线所有沿海国家和地区，服务网络不断完善，海运连接度全球领先。

2023 年也是我国恢复国际海事组织合法席位五十周年。五十年来，我国积极参与国际海事规则制定，全面融入全球海事治理，连续十七次当选国际海事组织 A 类理事国，为推动世界航运健康可持续发展积极贡献中国智慧。

支撑知识

※ 一、订舱单的含义

订舱单是承运人或其代理人在接受发货人或货物托运人的订舱时，根据发货人的口头或书面申请据以安排集装箱货物运输而制订的单证。该单证一经承运人确认，便作为承、托双方订舱的凭证。

❋ 二、订舱的程序

订舱通常由船舶代理机构办理，货方也可直接向船公司洽订。一般来说，当货方需要洽订整船舱位时，常以航次租船的方式完成货物的运输；其余情况下通常选用班轮订舱的方式。班轮订舱的操作流程主要分为以下几个步骤。

（1）询价

货方首先需掌握发货港至各大洲的各大航线常用的，以及货方常需服务的港口、价格及主要船公司的船期信息。

（2）订舱

货方经过比较之后选择合适的船公司，并根据合适的班轮船期向船方订舱，填写托运单。

（3）接受订舱

船方根据货方提供的载重量、货舱容积及订舱货载的具体特点，拟定合理的装运方案，并通过代理与货方联系。

（4）签发订舱单

双方协商一致后，船方签发订舱单。

❋ 三、进口订舱单缮制的注意事项

FOB 条件下，出口商在交货前一定时期内，将预计装船日期通知进口商。进口商接到通知后，应及时向船方办理租船订舱手续。我国进口业务的租船订舱手续一般由进口商委托外运公司办理，具体办理手续如下。

动画：进口订舱单
的制作

进口商收到出口商发来的预计装船日期后，先按合同填写进口订舱单，然后将其连同进口合同副本送交外运公司，委托外运公司具体安排进口货物运输事宜。进口订舱单的格式和内容比较简单，根据提示按实际情况填写即可。

FOB 条件下，进口商在办妥租船订舱手续后，应在规定的期限内将船名、船期、船籍、吃水深度、转载重量、到达港口等事项及时通知出口商，并催告出口商如期装船。

缮制进口订舱单时应注意以下几点。

（1）货名、重量、尺码、包装要用中、英文两种文字填写。对于"重量"一栏，应填毛重；对于大件货物，要列明其长、宽、高的尺寸。

（2）"装货条款"一栏要与贸易合同中的条款一致，对装运条款另有规定者，要在进口订舱单上详细列明，以便划分责任、风险和费用。

（3）对于贵重物品，要列明其售价。

（4）对于危险货物，要注明危险品性质和《国际海运危险货物规则》（简称《国际危规》）的页码及联合国编号，《国际危规》把危险品分为爆炸品、气体、易燃液体、易燃固体、氧化物质和有机过氧化物、有毒和感染性的物质、放射性物品、腐蚀性物品和其他危险物品等九大类，在填进口订舱联系单时还需注明其类别。填写货物品名时，必须用其学名（技术名称）。对于易燃液体，还必须注明其闪点（Flash Point）。

（5）进口订舱联系单的内容必须与贸易合同完全一致，如租整船，还须附贸易合同副本。

任务分析与实施

根据支撑知识，完成训练任务，具体如下。

进口订舱单

编号：SL9384445　　　　　　　日期：2022 年 9 月 6 日

货名（英文）	塑料轴芯 PLASTIC CORES		
重量	4 401 千克 4 401 kg	尺　码	25 立方米 25m³
合同号	LGC_20220607	包　装	30 个木托盘 30 WOODEN PALLETS
装运港	釜山	交货期	2022 年 10 月 20 日
装货条款	（1）2022 年 10 月 6 日到达釜山港装运 （2）不允许转运 （3）不允许分批		
发货人名称、地址	LG CHEM，LTD LG TWIN TOWER 20 YOIDO-DONG YONGDUNGPU-GU，SEOUL，KOREA		
发货人电挂	0082-010-3254×××		
订妥船名	JIFA BOHAI 949W	预抵港口	南京港
备　注		委托单位	江苏时尚国际贸易公司 李华

综合训练

试根据下列资料缮制进口订舱单。

ISSUING BANK：BANK OF CHINA,JIANGSU BRANCH

APPLICANT：JIANGSU FASHION INTERNATIONAL TRADE CORPORATION

AMOUNT：USD40 000.00

BENEFICIARY：AST NATIONAL TRADING COMPANY,CANADA

L/C NO.：FH87/28　　　DATED：AUG 2022

LATEST DATE OF SHIPMENT：OCT.15,2022

EXPIRY DATE：OCT.20,2022

PARTIAL SHIPMENT：ALLOWED

TRANSHIPMENT：ALLOWED

DESCRIPTION OF GOODS：LEATHER COMPUTER CASES（PO：234569）

TYPE 1, 500PCS

TYPE 2, 1500PCS

QUANTITY OF GOODS：2000PCS

UNIT PRICE：USD20.00 PER PC FOB MOMTREAL

PACKING：25PCS/CTN

GROSS WEIGHT：@22KG/CTN; NET WEIGHT：@20KG/CTN

MEASUREMENT：@（48×35×20）cm^3/CTN

 **任务 4.2** 缮制进口保险单据

🛒 学习目标

能力目标：

能根据合同、信用证和货物情况缮制进口保险单据。

知识目标：

掌握进口货物运输预约保险合同的缮制要点。

素养目标：

提高自身职业素养，知法守法，增强运用法律保护企业合法权益的意识和能力。

训练任务

李华办妥进口货物运输手续及发出装船通知后，及时向中国人民保险公司南京分公司购买进口货物运输保险，根据购货合同对保险条款的规定和运输合同的有关内容签订了进口货物运输预约保险合同。出口商在装船后向保险公司发出装船通知，该批货物便被自动承保。根据任务 2.1 的合同资料及以下补充资料缮制进口货物运输预约保险合同。

（一）进口货物运输预约保险合同样本

中国人民保险公司进口货物运输预约保险合同

合同号：   日期：

甲方：   乙方：

双方就进口货物的运输预约保险议定下列各条以资共同遵守。

一、保险范围

甲方从境外进口的全部货物，不论运输方式，凡贸易条件规定由买方办理保险的，都属于本合同范围之内。甲方应根据本合同规定，向乙方办理投保手续并支付

保险费。

乙方对上述保险范围内的货物，负有自动承保的责任，在发生本合同规定范围内的损失时均按本合同的规定负责赔偿。

二、保险金额

保险金额以进口货物的到岸价格（CIF，即货价加运费加保险费）为准（运费可用实际运费，亦可由双方商定一个平均运费率进行计算）。

三、保险险别和费率

各种货物需要投保的险别由甲方选定并在投保单中填明。乙方根据不同的险别规定不同的费率。现暂定如下：

货物种类	运输方式	保险险别	保险费率

四、保险责任

各种险别的责任范围，按照乙方制定的《海洋货物运输保险条款》《海洋货物运输战争险条款》《航空运输综合险条款》中的规定和其他有关条款的规定为准。

五、投保手续

甲方一经掌握货物发运情况，即应向乙方寄送启运通知书，办理投保。启运通知书一式五份，由保险公司签字确认后退回一份。如果不办理投保，货物发生损失，乙方不予理赔。

六、保险费

乙方按甲方寄送的启运通知书照前列相应的费率逐笔计收保费，甲方应及时付费。

七、索赔手续和期限

本合同所保货物发生保险范围以内的损失时，乙方应按制定的《关于海运进口保险货物残损检验和赔款给付办法》迅速处理。甲方应尽力采取防止货物扩大受损的措施，对已遭受损失的货物进行积极抢救，尽量减少货物的损失。向乙方办理索赔的有效期限，以保险货物卸离海轮之日起满一年终止。如有特殊需要，可向乙方提出延长索赔期。

八、合同期限

本合同自　　年　　月　　日开始生效。

甲方（签章）　　　　　　　　　　　　　　乙方（签章）

（二）补充资料

合同号：TX0253684

日期：2022 年 9 月 14 日

保险险别：一切险、战争险
保险费率：10%

扩展阅读/素养园地

中国货物运输保险行业发展情况分析

1. 货物运输保险的基本概况

货物运输保险是指承保运输中货物因自然灾害或意外事故所致损失的保险，按货物运输方式可分为海上货物运输保险、陆上货物运输保险、航空货物运输保险、邮包保险及联运保险。

货物运输保险的期限多以一次航程或运程计算。货物运输中的利益相关方均可投保，如货主、发货人、托运人、承运人等。货物运输保险承保的危险事故包括雷电、海啸、地震等自然灾害，船舶搁浅、触礁、沉没、失踪、碰撞等意外事故，火灾、偷窃、短量、破碎、船长船员恶意行为等外来危险等。承保保险事故造成的损失，从性质上分为单独海损与共同海损，从程度上分为全部损失与部分损失。所投保的险种不同，承保损失范围也不同，有的险种对单独海损不赔，有的险种对部分损失不赔，投保人视需要选择投保的险种。

2. 中国货物运输保险保费收入及赔付

货物运输是现代运输的主要方式之一，也是构成陆上货物运输的两个基本运输方式之一。它在整个运输领域中占有重要的地位，并发挥着愈来愈重要的作用。

保险作为风险管理的重要手段，是现代金融必不可缺的部分。近年来，我国保险行业发展快速，但由于货物运输保险期限较短、风险防范较难，理赔工作难度较大、技术要求高，操作复杂，加之业内专业人才相对匮乏，因此我国货物运输保险发展速度相对滞后。

近年来，我国提出"一带一路"倡议，这必将促进我国贸易业迅速发展，同时也有利于贸易市场的扩大。对我国保险业而言，这既是机遇，也是挑战。与贸易业相对应的货物运输保险并没有随着经济的进步而发展，从历史数据来看，货物运输保险近年来发展不稳定，与经济的发展不匹配，呈粗放式发展状态，其保费收入的增长速度远远落后于贸易业的增长速度。

3. 货物运输保险发展的途径

我国货物运输保险发展较慢，与其起步时间较晚存在一定关联。物流行业的高速发展，给货物运输保险带来发展机遇，使其业务量提升，但是其发展速度不足以满足企业发展需要。在"一带一路"倡议的推动下，我国在国际航运领域所占的份额逐步增加，影响力显著提升。对于运输企业来说，保险是使用最为广泛的风险转移方式之一，进一步完善我国货物运输保险保障系统已成必然。

素养点睛：请同学们从保险公司、政府角度出发，提出促进货物运输保险发展的相关意见，使货物运输发展得更加迅速。

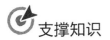 支撑知识

❋ 一、进口货物运输预约保险合同的含义

动画：进口保险单的制作

进口货物运输预约保险合同是保险人与被保险人预先签订的，具有较长期限的一揽子保险合同。该合同规定了承保范围、险别、责任、保险费率等，被保险货物一经装运，保险公司便自动承保。

进口货物运输预约保险合同要求进口商在收到出口商的装船通知后，填制国际运输启运通知书给保险公司，保险公司据此自动承保。如果进口商未发出装船通知，应予补报，则货物仍自装船时被保险公司自动承保。

❋ 二、进口货物运输预约保险合同的内容和缮制要点

1．保险类别

海洋运输保险一般包括基本险、一般附加险和特殊附加险。

基本险可以单独投保，被保险人投保时，必须选择一种基本险投保。

2．保险费率

保险费率是投保人向保险公司交纳的保险费除以所投保的财产金额的比值，以百分数计。此栏一般由保险公司填制。

保险金额以进口货物的 CIF 价格为准，若要加成投保，以加成 10%为宜。若按 CFR 或 FOB 条件进口，则按特约保险费率和平均运费率直接计算保险金额。

按 CFR 进口时：保险金额=CFR 价格×（1+特约保险费率）。

按 FOB 进口时：保险金额=FOB 价格×（1+平均运费率+特约保险费率）。

3．保险程序

在国际货物买卖过程中，由哪一方负责办理国际贸易运输保险，应根据买卖双方商订的价格条件确定。如按 FOB 条件和 CFR 条件成交，应由买方办理国际贸易运输保险；如按 CIF 条件成交，则应由卖方办理国际贸易运输保险。

办理国际贸易运输保险的一般程序如下。

（1）确定国际贸易运输保险的投保金额

投保金额是确定保险费的依据，也是货物发生损失后计算赔偿金额的依据。按照国际惯例，投保金额应按发票上的 CIF 的预期利润计算。但各国（地区）市场情况不尽相同，对进口贸易的管理办法也各有差异。向中国人民保险公司办理进出口货物运输保险有两种办法：一种是逐笔投保，另一种是按签订的进口货物运输预约保险合同办理。

（2）填写国际贸易运输保险投保单

投保单是投保人向保险人提出投保的书面申请，其主要内容包括被保险人的姓

名、被保险货物的品名、标记、数量及包装、保险金额、运输工具名称、开航日期及起讫地点、投保险别、投保日期及签章等。

（3）支付保险费，取得保险单

保险费按投保险别的保险费率计算。保险费率是根据不同险别、不同商品、不同运输方式、不同目的地，并参照国际上的费率水平制定的，分为一般货物费率和指明货物加费费率两种。前者是一般商品的费率，后者是针对特别列明的货物（如某些易碎、易损商品）在一般货物费率的基础上另行加收的费率。

交付保险费后，投保人即可取得保险单。在发生保险范围内的损失或灭失时，投保人可凭保险单要求保险人赔偿。

（4）提出索赔手续

当被保险货物发生属于保险责任范围内的损失时，投保人可以向保险人提出赔偿要求。

被保险货物运抵目的地后，收货人如发现整件短少或有明显残损，应立即向承运人或有关方面索取货损或货差证明，并联系保险公司指定的检验理赔代理人申请检验，获取检验报告，确定损失程度，同时向承运人或有关方面提出索赔。属于保险责任的，收货人可填写索赔清单，连同提单副本、装箱单、保险单正本、磅码单、修理配置费凭证、第三者责任方的签证或商务记录、向第三者责任方索赔的来往函件等向保险公司索赔。索赔应当在保险有效期内提出并办理，否则保险公司可以不予办理。

📖**案例分析：**

某日"京华"号货轮满载货物驶离上海港。开航后不久，由于空气温度过高，导致老化的电线短路，从而引发大火，装在第一货舱的1000条羊毛毯被完全烧毁。船到新加坡港卸货时发现，装在同一货舱中的烟草和茶叶由于羊毛毯燃烧散发出的焦味而受到不同程度的串味损失。由于烟草包装完好，串味不是非常严重，经过特殊加工处理，仍保持了烟草特性，但是等级大打折扣，售价将下跌3成。而茶叶则完全失去了特有芳香，不能当作茶叶出售，只能按廉价填充物处理。试分析上述货物损失属于什么损失？

1000条羊毛毯的损失是火灾引起的实际全损，属于实际全损的第一种情况：保险标的实体完全灭失。而烟草的串味损失属于火灾引起的部分损失，因为在经过特殊加工处理后，烟草仍然能保持其属性，可按"烟草"出售，三成的贬值是烟草的部分损失。至于茶叶的损失则属于实际全损，因为火灾造成了"保险标的丧失属性"，虽然实体还在，但是已经完全不是投保时所描述的标的内容了。

素养点睛：保险同运输一样，已经成为国际贸易的必要组成部分。货物从卖方送到买方手中，要通过运输完成，在这一过程中如遭遇意外损失，则由保险人进行经济补偿，以保证贸易的正常进行。各种对外贸易价格条件都需明确保险和运输由谁办理。在学习缮制进口货物运输预约保险合同的过程中，同学们要有意识地培养知法守法与运用法律保护自身合法权益的意识和能力，提高自身的职业素养，为企业实现盈利及正确行使权利提供支撑。

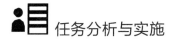**任务分析与实施**

根据支撑知识，完成训练任务，具体如下。

中国人民保险公司进口货物运输预约保险合同

合同号：TX0253684　　　　　　　　日期：2022 年 9 月 14 日

甲方：江苏时尚国际贸易公司

乙方：中国人民保险公司南京分公司

双方就进口货物的运输预约保险议定下列各条以资共同遵守。

一、保险范围

甲方从境外进口的全部货物，不论运输方式，凡贸易条件规定由买方办理保险的，都属于本合同范围之内。甲方应根据本合同规定，向乙方办理投保手续并支付保险费。

乙方对上述保险范围内的货物，负有自动承保的责任，在发生本合同规定范围内的损失时均按本合同的规定负责赔偿。

二、保险金额

保险金额以进口货物的到岸价格（CIF，即货价加运费加保险费）为准（运费可用实际运费，亦可由双方商定一个平均运费率进行计算）。

三、保险险别和费率

各种货物需要投保的险别由甲方选定并在投保单中填明。乙方根据不同的险别规定不同的费率。现暂定如下：

货物种类	运输方式	保险险别	保险费率
塑料轴芯	水路运输	一切险、战争险	10%

四、保险责任

各种险别的责任范围，按照乙方制定的《海洋货物运输保险条款》《海洋货物运输战争险条款》《航空运输综合险条款》中的规定和其他有关条款的规定为准。

五、投保手续

甲方一经掌握货物发运情况，即应向乙方寄送启运通知书，办理投保。启运通知书一式五份，由保险公司签字确认后退回一份。如果不办理投保，货物发生损失，乙方不予理赔。

六、保险费

乙方按甲方寄送的启运通知书照前列相应的费率逐笔计收保费，甲方应及时付费。

七、索赔手续和期限

本合同所保货物发生保险范围以内的损失时，乙方应按制定的《关于海运进口保险货物残损检验和赔款给付办法》迅速处理。甲方应尽力采取防止货物扩大受损的措施，对已遭受损失的货物进行积极抢救，尽量减少货物的损失。向乙方办理索赔的有效期限，以保险货物卸离海轮之日起满一年终止。如有特殊需要，可向乙方提出延长索赔期。

八、合同期限

本合同自 2022 年 9 月 14 日开始生效。

甲方（签章）　　　　乙方（签章）

**综合训练**

试根据下列资料缮制预约保险单。

（1）保险单位：江苏时尚国际贸易公司（68188567-X）

（2）信用证号：TX05112

（3）进口货物运输预约保险合同号：BX04401

（4）保险：按发票金额的 110%投保一切险和战争险

（5）货物名称：发光二极管

（6）包装：毛重 1.1 千克/ 箱，净重 1 千克/箱，尺码 0.1 立方米/箱

（7）运输工具名称：船舶 DONFEN V.841

（8）保险费：610 美元

（9）进口国家（地区）：中国

（10）保险合同签订日期：2022 年 9 月 25 日

任务 4.3　缮制进口货物报关单

**学习目标**

能力目标：

能根据合同、信用证和货物情况缮制进口货物报关单。

知识目标：

掌握进口货物报关单的内容和缮制要点。

素养目标：

遵守国家法律法规，拓展国际视野，与客户实现互利共赢。

训练任务

李华根据海运提单等有关内容填写进口货物报关单，在海关规定的时间内，及时办理进口货物报关手续。报关放行后，委托运输

图片：进口货物报关单样本

公司将货物运至江苏时尚国际贸易公司指定的仓库。根据任务 2.1 的相关业务资料缮制进口货物报关单。

（一）进口货物报关单样本

进口货物报关单

预录入编号：　　　　　海关编号：　　　　　页码/页数：

境内收货人	进境关别	进口日期		申报日期	备案号
境外发货人	运输方式	运输工具名称及航次号		提运单号	货物存放地点
消费使用单位	监管方式	征免性质		许可证号	启运港
合同协议号	贸易国（地区）	启运国（地区）		经停港	入境口岸

包装种类	件数	毛重（千克）	净重（千克）	成交方式	运费	保费	杂费
随附单证及编号							
标记唛码及备注							

项号	商品编号	商品名称及规格型号	数量及单位	单价/总价/币制	原产国（地区）	最终目的国（地区）	境内目的地	征免

特殊关系确认：　　　　　价格影响确认：　　　　支付特许权使用费确认：　　　　自报自缴：

报关人员　报关人员证号　电话　兹申明对以上内容承担如实申报、依法纳税之法律责任	海关批注及签章
申报单位　　　　　　　　　　　　　　　　申报单位（签章）	

（二）补充资料

商品编号：3923400000123

备案号：B23089450045

保费总额：1 060 美元

用途：加工返销

征免性质：全免

 扩展阅读/素养园地

进口转关货物的监管办法

转关货物应当自运输工具申报进境之日起 14 天内向进境地海关办理转关手续，在海关限定期限内运抵指运地海关之日起 14 天内，向指运地海关办理报关手续。逾期按照规定征收滞报金。

进口转关货物，按货物到达指运地海关之日的税率和汇率征税。提前报关的，其适用的税率和汇率是指运地海关接收到进境地海关传输的转关放行信息之日的税率和汇率。如果货物运输途中税率和汇率发生重大调整的，以转关货物运抵指运地海关之日的税率和汇率计算。

提前报关的转关货物，进口货物收货人或者其代理人在进境地海关办理进口货物转关手续前，向指运地海关录入《进口货物报关单》电子数据，指运地海关提前受理电子申报，货物运抵指运地海关监管作业场所后，办理转关核销和接单验放等手续。

提前报关的转关货物，其收货人或者代理人向指运地海关填报录入《进口货物报关单》后，计算机自动生成《进口转关货物申报单》并传输至进境地海关。

提前报关的转关货物收货人或者代理人，应当向进境地海关提供《进口转关货物申报单》编号，并提交下列单证办理转关手续。

（1）《中华人民共和国海关境内汽车载运海关监管货物载货登记簿》（以下简称《汽车载货登记簿》）或《船舶监管簿》。

（2）提货单。

广东省内公路运输的，还应当交验《进境汽车载货清单》。

提前报关的进口转关货物应当在电子数据申报之日起的5日内，向进境地海关办理转关手续。超过期限仍未到进境地海关办理转关手续的，指运地海关撤销提前报关的电子数据。

直转的转关货物，货物收货人或者代理人在进境地录入转关申报数据，直接办理转关手续。

直转的转关货物，货物收货人或者代理人应凭以下单证向进境地海关办理转关手续。

（1）《进口转关货物申报单》。广东省内公路运输的，交验《进境汽车载货清单》。

（2）《汽车载货登记簿》或《船舶监管簿》。

具有全程提运单、需换装境内运输工具的中转转关货物，收货人或者其代理人向指运地海关办理进口报关手续后，由境内承运人或者其代理人，批量办理货物转关手续。

中转的转关货物，运输工具代理人应当凭以下单证向进境地海关办理转关手续。

（1）《进口转关货物申报单》。

（2）进口中转货物的按指运地目的港分列的舱单。

以空运方式进境的中转货物，提交联程运单。

素养点睛： 海关总署多形式、多载体帮助企业掌握进出口货物享惠通关、原产地证书申领、自主声明开具等的要求。如今我国进出口环节需要核验的监管证件已从2018年的86种精简至41种，除保密等特殊情况外，其余的38种监管证件可全部通过国际贸易"单一窗口"实现网上申请、联网核查和无纸通关，通关物流环节单证无纸化、电子化和监管智能化、规范化水平大幅提升。在国际贸易领域，"经认证的经营者"（AEO）可谓通关"金名片"，各经济体之间AEO互认可为符合资质的企业提供更多便利。不同的国家（地区）在货物进出口上会有不同的要求和规定，我们必须要了解每个国家（地区）的进出口细节，才不会在关键时候出问题，才能保证货物进出口作业的安全快捷。

 支撑知识

❋ 一、进口货物报关流程

报关是履行海关进出境手续的必要环节之一，涉及的对象包括出入境的运输工具和物品、货物两大类。进口货物报关流程如下。

（一）进口货物的申报

进口货物的收货人或其代理人在货物进口时，应在海关规定的期限内，按海关规定的格式填写进口货物报关单，随附有关的货运和商业单证，同时提供批准货物进口的证件，向海关申报。

进口货物报关的主要单证如下。

（1）进口货物报关单

进口货物报关单是指进口货物收货人或其代理人，按照海关规定的格式对进口货物的实际情况做出书面申明，以此要求海关对其货物按适用的海关制度办理通关手续的法律文书。

（2）随报关单交验的货运和商业单证

任何进口货物通过海关，报关单位都必须向海关递交已填好的进口货物报关单。与此同时，报关单位还需提交有关的货运和商业单证，并接受海关审核。海关查验无误之后将加盖印章，报关单位可以此作为提取或发运货物的凭证。

随报关单同时交验的货运和商业单证包括：海运进口提货单，陆、空运运单，发票，装箱单及具体货物的特殊单证。

需要说明的是，如海关认为有必要，报关单位还应交验贸易合同、订货卡片、原产地证书等。

另按规定享受减、免税或免验的货物，报关单位应在向海关申请并办妥手续后，随进口货物报关单交验有关证明文件。

（3）进口货物许可证

进口货物许可证是国家管理货物入境的法律凭证。进口货物许可证包括法律、行政法规规定的各种具有许可进口性质的证明、文件。向海关提交的进口货物许可证并不是固定不变的，国家主管部门随时会进行调整，报关单位需要时刻留意。

（二）进口货物查验

查验是通关过程中必不可少的环节。海关查验分为 3 种：彻底查验、抽查和外形检验。海关自受理查验到完成查验并反馈查验结果，不超过 48 小时。

海关查验货物的具体要求如下。

（1）货物的收发货人或其代理人必须到场，并按海关的要求负责办理货物的搬移、拆装箱和重封货物的包装等工作。

（2）海关认为必要时，可以径行开验、复验或提取货样，货物管理人员应当到

场作为见证人。

（3）查验申请人应提供往返交通工具和住宿，并支付有关费用，同时按海关规定缴纳规费。

（三）进口货物的放行

当海关接受进口货物申报，对相关单证资料进行核查，查验实际货物，并在纳税义务人缴纳税费之后，即可在货运单证上签印放行。需注意，没有经过海关放行的监管货物，任何单位和个人都不得提取或发运。进口货物因各种原因需海关特殊处理的，可向海关申请担保放行。

扩展阅读/素养园地

海关科普：羽绒服进出口相关知识

北京冬季奥林匹克运动会（简称"冬奥会"）开幕式受到万众瞩目，各国（地区）运动员的入场环节成了大型羽绒服"种草"现场，被网友称为"国际冬季羽绒服展销会"。羽绒服进出口有哪些要求？一件羽绒服要经过哪些检验环节？怎样的羽绒服才称得上合格？

（1）羽绒服为什么保暖效果好？

根据GB/T 14272—2021《羽绒服装》，羽绒服是指以鸭和鹅的羽绒为填充物，含绒量不低于50%的服装，具有"轻、软、暖"的特点。由于空气是热量的不良导体，羽绒通过固定更大体积的空气层来保温隔热，起到阻止热量传导的作用。含绒量、充绒量、蓬松度这三大要素决定了羽绒服的保暖性能。含绒量越高，纤维间的空隙越大，保暖性能越好。羽绒制品与同样厚度的普通织物相比，导热性低20%～50%，保暖性高1～4倍。

（2）羽绒服出口要注意什么？

根据《中华人民共和国进出境动植物检疫法》的规定，出口羽绒填充物应由口岸动植物检疫机关实施检疫，获颁相关检疫证书后才允许出境。但出口商也需关注进口国（地区）的特殊要求，如某国农业部要求我国出口的羽绒填充物的检疫证书上必须详细声明"本批羽绒清洁、干燥，无血迹、粪屑、皮块，并经120℃、超过30分钟热处理，未暴露于或混杂其他动物源性材料"。

出口羽绒服还要注意，近年我国对海关商品编码项下的1507个一般性工业制成品不再实行强制出口商品检验，其中包括羽绒服。因此，出口羽绒服不需要进行出口商品报检。

（3）羽绒服进口有哪些要求？

如果海关现场要对进口羽绒服进行查验和抽样送检，海关人员将在现场对其进行货物信息核对，抽取样品送实验室检验，检验合格后予以放行，检验不合格的则不得进口。

海关对进口羽绒填充物需进行耗氧量、浊度、残脂率等相关检疫指标抽查，防止禽流感等禽类传染病传播。根据GB/T 17685—2016《羽绒羽毛》的规定，合格羽绒的判定标准应为：浊度应不小于500毫米，耗氧量应不大于5.6毫克/100克，残脂率不大于1.2%。

素养点睛： 我国主动扩大进口，是要充分发挥进口的重要作用，加快通过外贸“转动力、调结构”，推动形成全面开放新格局，也是推动供给侧结构性改革的有效措施，还是实现互利共赢、构建人类命运共同体的重要内容。

二、进口货物报关单的内容和缮制要点

进口货物报关单的填制必须真实，要做到单单相符、单证相符；不同合同的货物，不能填在同一份报关单上；报关单中填报的项目要准确、齐全；计算机预录入的报关单，其内容必须与原始报关单上的内容完全一致。为规范进口货物收发货人的申报行为，统一进口货物报关单填制要求，海关总署对《海关进出口货物报关单填制规范》进行了修订，修订后的进口货物报关单如图4-1所示。

新版的进口货物报关单中增加了9项：“页码/页数”“境外发货人”“货物存放地点”“启运港”“入境口岸”“最终目的国（地区）”“报关人员证号”“电话”及“自报自缴”（在表体商品项下方打印）。修改了5项：原“收发货人”修改为“境内收货人”、原“进口口岸”修改为“进境关别”、原“运输工具名称”修改为“运输工具名称及航次号”、原“装货港”修改为“经停港”、原“随附单证”修改为“随附单证及编号”。删除了2项：“录入员”和“录入单位”。发生位置变化的有“境内目的地”“申报单位”等。

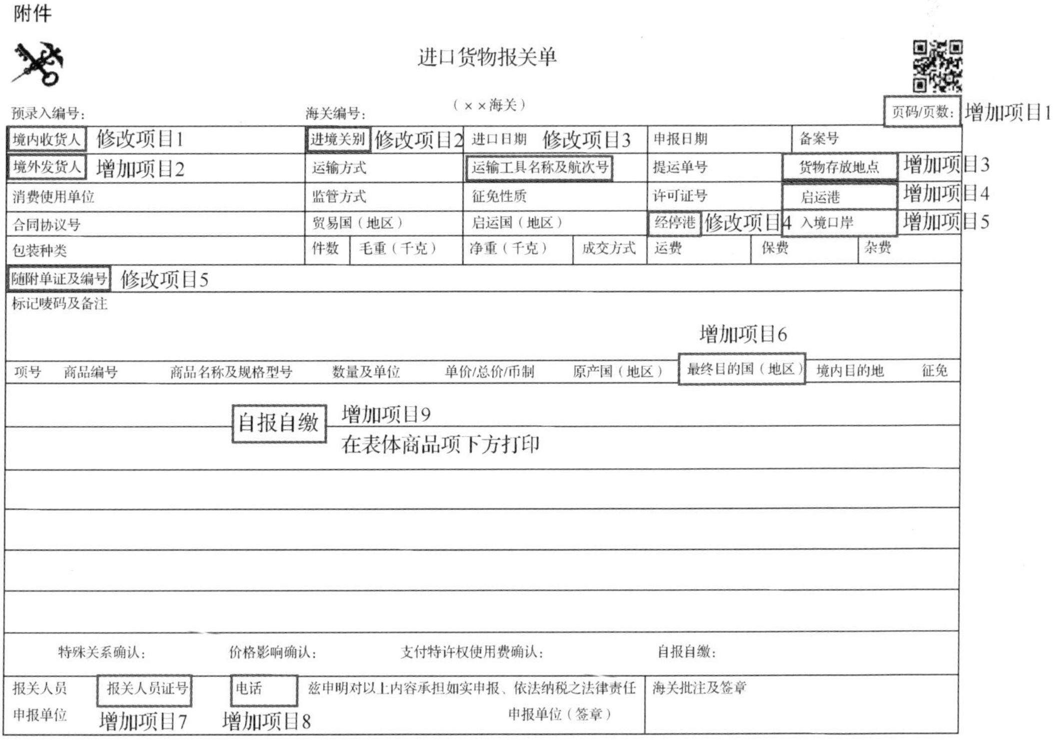
附件
进口货物报关单
（××海关）
预录入编号：　海关编号：　页码/页数：增加项目1
境内收货人 修改项目1 | 进境关别 修改项目2 | 进口日期 修改项目3 | 申报日期 | 备案号
境外发货人 增加项目2 | 运输方式 | 运输工具名称及航次号 | 提运单号 | 货物存放地点 增加项目3
消费使用单位 | 监管方式 | 征免性质 | 许可证号 | 启运港 增加项目4
合同协议号 | 贸易国（地区） | 启运国（地区） | 经停港 修改项目4 | 入境口岸 增加项目5
包装种类 | 件数 | 毛重（千克） | 净重（千克） | 成交方式 | 运费 | 保费 | 杂费
随附单证及编号 修改项目5
标记唛码及备注
增加项目6
项号 商品编号 商品名称及规格型号 数量及单位 单价/总价/币制 原产国（地区） 最终目的国（地区） 境内目的地 征免
自报自缴 增加项目9 在表体商品项下方打印
特殊关系确认： 价格影响确认： 支付特许权使用费确认： 自报自缴：
报关人员 报关人员证号 电话 兹申明对以上内容承担如实申报、依法纳税之法律责任 海关批注及签章
申报单位 增加项目7 增加项目8 申报单位（签章）

图4-1　修订后的进口货物报关单

1．预录入编号

预录入编号指预录入报关单的编号，一份报关单对应一个预录入编号，由系统自动生成。

2．海关编号

海关编号指海关接受申报时给予报关单的编号，一份报关单对应一个海关编号，由系统自动生成。

3．境内收货人

此栏应填报在海关备案的对外签订并执行进口贸易合同的中国境内法人、其他组织名称及编码。编码填报 18 位的法人和其他组织的统一社会信用代码；没有统一社会信用代码的，填报其在海关的备案编码。

4．进境关别

此栏应根据货物实际进境的口岸海关，填报海关规定的《关区代码表》中相应的口岸海关的名称及代码。

5．进口日期

此栏应填报运载进口货物的运输工具申报进境的日期。进口日期为 8 位数字，顺序为年（4 位）、月（2 位）、日（2 位）。

6．申报日期

申报日期指海关接受收货人、受委托的报关企业申报数据的日期。申报日期为 8 位数字，顺序为年（4 位）、月（2 位）、日（2 位）。

7．备案号

此栏应填报进口货物的收货人、消费使用单位在海关办理加工贸易合同备案或征、减、免税审核确认等手续时，海关核发的《加工贸易手册》、海关特殊监管区域和保税监管场所保税账册、《征免税证明》或其他备案审批文件的编号。一份报关单只允许填报一个备案号。

8．境外发货人

境外发货人通常指签订并执行进口贸易合同的卖方。此栏应填报境外发货人的名称及编码。

9．运输方式

运输方式包括实际运输方式和海关规定的特殊运输方式，前者指货物实际进境的运输方式，按货物实际进境所使用的运输工具分类；后者指货物未实际进境的运输方式，按货物在境内的流向分类。若货物实际进境，此栏应按照海关规定的《运输方式代码表》选择填报相应的运输方式。

10．运输工具名称及航次号

此栏应填报载运货物进境的运输工具名称或编号及航次号。填报内容应与运输部门向海关申报的舱单（载货清单）所列相应内容一致。

运输工具名称或编号具体填报要求如下。

（1）直接在进境地或采用全国通关一体化通关模式办理报关手续的报关单填报要求如下。

① 水路运输：填报船舶编号（来往港澳小型船舶采用监管簿编号）或者船舶英文名称。

② 公路运输：启用公路舱单前，填报该跨境运输车辆的境内行驶车牌号，采用提前报关模式的深圳的报关单应填报境内行驶车牌号+"/"+"提前报关"；启用公路舱单后，免予填报。

③ 铁路运输：填报车厢编号或交接单号。

④ 航空运输：填报航班号。

⑤ 邮件运输：填报邮政包裹单号。

⑥ 其他运输：填报具体运输方式名称，如管道、驮畜等。

（2）转关运输货物的报关单填报要求如下。

① 水路运输：直转、提前报关填报"@"+16位转关申报单预录入号（或13位载货清单号）；中转填报进境英文船名。

② 铁路运输：直转、提前报关填报"@"+16位转关申报单预录入号；中转填报车厢编号。

③ 航空运输：直转、提前报关填报"@"+16位转关申报单预录入号（或13位载货清单号）；中转填报"@"。

④ 公路及其他运输：填报"@"+16位转关申报单预录入号（或13位载货清单号）。

以上各种运输方式使用广东地区载货清单转关的提前报关货物填报"@"+13位载货清单号。

（3）采用"集中申报"通关方式办理报关手续的，报关单填报"集中申报"。

（4）免税品经营单位经营出口退税国产商品的，免予填报。

（5）无实际进境的货物，免予填报。

航次号具体填报要求如下。

（1）直接在进境地或采用全国通关一体化通关模式办理报关手续的报关单填报要求如下。

① 水路运输：填报船舶的航次号。

② 公路运输：启用公路舱单前，填报运输车辆的8位进境日期[顺序为年(4位)、月（2位）、日（2位），下同]。启用公路舱单后，填报货物运输批次号。

③ 铁路运输：填报列车的进境日期。

④ 航空运输：免予填报。

⑤ 邮件运输：填报运输工具的进境日期。

⑥ 其他运输方式：免予填报。

（2）转关运输货物的报关单填报要求如下。

① 水路运输：中转转关方式填报"@"+进境干线船舶航次。直转、提前报关免予填报。

② 公路运输：免予填报。

③ 铁路运输："@"+8位进境日期。

④ 航空运输：免予填报。

⑤ 其他运输方式：免予填报。

（3）免税品经营单位经营出口退税国产商品的，免予填报。

（4）无实际进境的货物，免予填报。

11．提运单号

此栏应填报进口货物提单或运单的编号。一份报关单只允许填报一个提单号或运单号，一票货物对应多个提单或运单时，应分单填报。

12．货物存放地点

此栏应填报货物进境后存放的场所或地点，包括海关监管作业场所、分拨仓库、定点加工厂、隔离检疫场、企业自有仓库等。

13．消费使用单位

此栏应填报已知的进口货物在境内的最终消费、使用单位的名称，包括如下内容。

（1）自行进口货物的单位。

（2）委托进口企业进口货物的单位。

编码填报要求如下。

（1）填报18位的法人和其他组织的统一社会信用代码。

（2）无18位统一社会信用代码的，填报"NO"。

进口货物在境内的最终消费或使用的对象为自然人的，填报其身份证、护照、台胞证等有效证件号码及姓名。

14．监管方式

监管方式是以国际贸易中进口货物的交易方式为基础，结合海关对进口货物的征税、统计及监管条件综合设定的海关对进口货物的管理方式。其代码由4位数字构成，前两位是按照海关监管要求和计算机管理需要划分的分类代码，后两位是参照国际标准编制的贸易方式代码。

此栏应根据实际对外贸易情况按海关规定的《监管方式代码表》选择填报相应的监管方式简称及代码。一份报关单只允许填报一种监管方式。

15．征免性质

此栏应根据实际情况按海关规定的《征免性质代码表》选择填报相应的征免性质简称及代码，持有海关核发的《征免税证明》的，按照《征免税证明》中批注的征免性质填报。一份报关单只允许填报一种征免性质。

16．许可证号

此栏应填报进口许可证、两用物项和技术进口许可证的编号。一份报关单只允许填报一个许可证号。

17．启运港

启运港是指进口货物在运抵我国关境前的第一个境外装运港。根据实际情况，此栏应按海关规定的《港口代码表》填报相应的港口名称及代码，未在《港口代码表》中列明的，应填报相应的国家（地区）名称及代码。货物从海关特殊监管区域或保税监管场所运至境内区外的，应填报《港口代码表》中相应海关特殊监管区域或保税监管场所的名称及代码，未在《港口代码表》中列明的，应填报"未列出的特殊监管区"及相应代码。对于其他未实际进境的货物，应填报"中国境内"及相应代码。

18．合同协议号

此栏应填报进口货物合同（包括协议或订单）编号。对于未发生商业性交易的进口货物，此栏免予填报。

19．贸易国（地区）

对于发生商业性交易的进口货物，此栏应填报购自国（地区）。对于未发生商业性交易的进口货物，此栏应填报货物所有权拥有者所属的国家（地区）。具体来讲，此栏应按海关规定的《国别（地区）代码表》选择填报相应的贸易国（地区）的中文名称及代码。

20．启运国（地区）

启运国（地区）是指进口货物发出后直接运抵我国或者在运输中转国（地区）未发生任何商业性交易的情况下运抵我国的国家（地区）。对于不经过第三国（地区）转运的直接运输进口货物，应以进口货物的装货港所在国（地区）为启运国（地区）。对于经过第三国（地区）转运的进口货物，如在中转国（地区）发生商业性交易，则以中转国（地区）作为启运国（地区）。具体来讲，此栏应按海关规定的《国别（地区）代码表》选择填报相应的启运国（地区）的中文名称及代码。对于未实际进境的货物，此栏应填报"中国"及相应代码。

21．经停港

经停港是指进口货物在运抵我国关境前的最后一个境外装运港。

此栏应根据实际情况，按海关规定的《港口代码表》选择填报相应的港口名称及代码。经停港在《港口代码表》中无港口名称及代码的，可选择填报相应的国家（地区）名称及代码。对于未实际进境的货物，此栏应填报"中国境内"及相应代码。

22．入境口岸

此栏应填报进境货物从跨境运输工具卸离的第一个境内口岸的中文名称及代码。采取多式联运跨境运输的，此栏应填报多式联运货物最终卸离的境内口岸的中文名称及代码；对于过境货物，此栏应填报货物进入境内的第一个境内口岸的中文名称及代码；从海关特殊监管区域或保税监管场所入境的，此栏应填报海关特殊监管区域或保税监管场所的中文名称及代码。对于其他未实际进境的货物，此栏应填报货物所在地的城市名称及代码。

23．包装种类

此栏应填报进口货物的所有包装材料，包括运输包装和其他包装，运输包装指提运单所列货物件数单位对应的包装，其他包装包括货物的各类包装及植物性铺垫材料等。此栏应按海关规定的《包装种类代码表》选择填报相应的包装种类名称及代码。

24．件数

此栏应填报进口货物运输包装的件数（按运输包装计）。

25．毛重（千克）

此栏应填报进口货物及其包装材料的重量之和，计量单位为千克，不足一千克的精确到小数点后 2 位。

26．净重（千克）

此栏应填报进口货物的毛重减去外包装材料后的重量，即货物本身的实际重量，计量单位为千克，不足一千克的精确到小数点后 2 位。

27．成交方式

此栏应根据进口货物实际成交价格条款，按海关规定的《成交方式代码表》选择填报相应的成交方式名称及代码。对于未实际进境的货物，此栏应填报 CIF。

28．运费

此栏应填报进口货物运抵我国境内输入地点起卸前的运输费用。运费可按运费率、运费单价或运费总价 3 种方式之一填报，注明运费标记（"1"表示运费率，"2"表示每吨货物的运费单价，"3"表示运费总价），并按海关规定的《货币代码表》选择填报相应的货币代码。

💡**扩展阅读/素养园地**

进口货物的各类运费申报指南

1．成交方式要准确

根据海关总署规定的《成交方式代码表》要求，可以填报的成交方式有 5 种：CIF、C&F、FOB、C&I（Cost and Insurance Terms，成本和保险费）、EXW（Ex Work）。其中，CIF 和 C&F 两种成交方式的运费由卖方支付，FOB 和 EXW 两种成交方式的运费由买方支付。

申报的成交方式一定要与实际贸易单证上的成交方式相同。

2．运费需完整

进口货物以 FOB 方式成交的，"运费"一栏填报货物从境外发货口岸运抵境内口岸以前实际支付的运输费用；以 EXW 方式成交的，"运费"一栏填报货物从境外交货地点运抵境内口岸以前实际支付的运输费用；以 CIF、C&F 方式成交的，且成交价格已包含前述运输费用的，"运费"一栏免于填报。

若申报 EXW 成交方式，填报的运费总价应包括从工厂至码头（机场）之间的运输费用及相关费用。

3. 杂费填报有正负

企业在向海关申报时，运输附加费用，如常见的滞期费，应填入"杂费"栏。

4. 滞期费区分很重要

滞期费指在规定的时间内未能将货物全部卸载完毕，致使船舶继续在港内停泊，使船方增加在港费用支出并遭受船期损失，由租船人向船方支付的约定款项。滞期费发生在货物起卸前，即货物实际卸货开始时已经产生滞期的，在企业向海关提交书面申请及相关单证，且有客观量化数据对起卸前和起卸后产生的滞期费进行准确区分的情况下，只将货物起卸前产生的滞期费计入完税价格（即起卸后产生的滞期费不计入完税价格）。

5. 速遣费正常不扣减

速遣费指在规定的时间内提前完成了货物卸载，缩短了船舶的使用周期，船方返还租船人的约定款项。速遣费发生在进口地货物起卸后，该笔费用不应从进口货物的完税价格中扣减。

素养点睛： 运输费用及其相关费用作为进口货物的完税价格的一部分，在报关单中十分重要，同学们应结合《海关进出口货物报关单填制规范》进行填报，保证运费申报无误，提高通关效率。

29. 保费

此栏应填报进口货物运抵我国境内输入地点起卸前的保险费用。保费可按保险费率或保险费总价两种方式之一填报，注明保险费标记（"1"表示保险费率，"3"表示保险费总价），并按海关规定的《货币代码表》选择填报相应的币种代码。

30. 杂费

杂费是指成交价格以外的、按照《进出口关税条例》相关规定应计入完税价格或应从完税价格中扣除的费用。杂费可按杂费率或杂费总价两种方式之一填报，注明杂费标记（"1"表示杂费率，"3"表示杂费总价），并按海关规定的《货币代码表》选择填报相应的币种代码。

31. 随附单证及编号

此栏应根据海关规定的《监管证件代码表》等选择填报除《海关进出口货物报关单填制规范》第十六条规定的许可证件以外的其他进口许可证件或监管证件、随附单据代码及编号。此栏分为随附单证代码和随附单证编号两部分，其中代码部分按海关规定的《监管证件代码表》和《随附单据代码表》选择填报相应证件代码，随附单证编号部分填报证件编号。

32．标记唛码及备注

此栏的填报要求如下。

（1）填报标记唛码中除图形以外的文字、数字，无标记唛码的填报"N/M"。

（2）填报受外商投资企业委托代理其进口投资设备、物品的进口企业名称。

（3）与本报关单有关联关系的，同时在业务管理规范方面要求填报的备案号，应填报在电子数据报关单中"关联备案"栏。

33．项号

项号分两行填报。第一行填报报关单中的商品顺序编号；第二行填报备案序号，专用于加工贸易及保税、减免税等已备案、审批的货物，即填报该货物在《加工贸易手册》或《征免税证明》等备案、审批单证中的顺序编号。

34．商品编号

商品编号由13位数字组成。前8位为《进出口税则》和《海关统计商品目录》确定的编码，9、10位为监管附加编号，11～13位为检验检疫附加编号。

 扩展阅读/素养园地

冬奥会装备归类指南

在北京冬奥会冰雪赛场上，中国奥运健儿展现了优秀的竞技状态和昂扬的精神风貌。"工欲善其事，必先利其器"，我们一起来看看冰雪运动的装备和它们各自的海关"身份证"——税则号列。

1．头盔

"道""路"千万条，安全第一条。大家在观看短道速滑、跳台滑雪等精彩冬奥会赛事的同时，也对冰雪项目的"高危"特性有了更直观的认识。下面就认识一下安全进行冰雪运动的核心保障装备——头盔。

短道速滑、跳台滑雪、有舵雪橇等冰雪运动对头部有不同的保护需求，分别对应半盔、3/4头盔、全盔等不同形式的头盔，运动者建议根据专业意见慎重选择。

冰雪运动的头盔一般应用高强度塑料、碳纤维及多种材料的复合材质制成，同时兼顾安全性、舒适性等多重指标。其中，高强度塑料制的头盔归入税则号列6506.9100，其2022年的进口最惠国税率为4%；碳纤维或者其他复合材质的头盔归入税则号列6506.9990，其2022年的进口最惠国税率为10%。

2．护目镜

冬日暖阳让冰天雪地中的人们倍感温暖，然而积雪反射的阳光易使眼睛受到刺激，反射光中的紫外线会对眼角膜和结膜上皮造成损害，导致运动员视力大幅减弱甚至短暂性失明，这就是俗称的"雪盲症"。因此，护目镜也是不可或缺的冰雪运动防护装备。除了应对"雪盲症"，护目镜还可以保护眼睛免受雪花、寒风等的侵袭。

根据不同的冰雪运动，护目镜可分为高山镜、跳台镜、越野镜、自由镜等。按照镜片类型，护目镜可分为柱面镜、球面镜、复曲面镜。无论如何分类，上述护目镜均应归入税则号列9004.9090，其2022年的进口最惠国税率为7%。

3. 比赛服装

为兼顾安全、轻便、保暖等多重需求，冰雪运动的运动员一般身着特制的连体服，手戴特制的手套，必要时还会配备护膝、护肘等护具。其中，短道速滑运动员的服装还必须达到防切割的标准。

总体来说，针织或者钩编的冰雪运动服装归入税则品目 61.12 项下，其 2022 年的进口最惠国税率为 6%、8%、10% 不等。非针织或非钩编的冰雪运动服装归入税则品目 62.11 项下，其 2022 年的进口最惠国税率为 6%、8%、10% 不等。

4. 手套

手套则按其构成材料归类，例如：皮革运动手套归入税则号列 4203.2100，其 2022 年的进口最惠国税率为 10%；高强度化纤机织手套归入税则号列 6216.0000，其 2022 年的进口最惠国税率为 6%。

5. 冰球裤

冰球裤由于内置了护具及护垫，应和各种护具一起归入税则号列 9506.9990，其 2022 年的进口最惠国税率为 6%。

6. 溜冰鞋

在速度滑冰、花样滑冰运动员的装备中，最引人注目的莫过于溜冰鞋。其中，固定在鞋底的冰刀由刀刃、刀管、刀桥等组成，刀刃一般采用硬度较高的优质高碳钢制成。调整冰刀的长度、角度、厚度，就能使溜冰鞋适应速度滑冰、花样滑冰以及冰球等的不同需要。

溜冰鞋归入税则号列 9506.7010，其 2022 年的进口最惠国税率为 6%。

7. 滑雪屐等

越野滑雪和跳台滑雪中五彩斑斓的滑雪屐应归入税则号列 9506.1100，其 2022 年的进口最惠国税率为 6%（年内暂定税率为 3%），滑雪板和滑雪杖则归入税则号列 9506.1900，其 2022 年的进口最惠国税率为 6%（年内暂定税率为 3%）。

值得注意的是，滑雪项目运动员在装备滑雪屐或者滑雪板之前所穿的滑雪靴，应按其外底及鞋面的材质归入税则号列 6402.1200、6403.1200 及 6404.1100，其 2022 年的进口最惠国税率分别为 4%、14%（年内暂定税率为 4%）及 10%。

8. 比赛器具

雪橇、冰壶、冰球等器具都属于体育活动和竞技用品，应归入税则号列 9506.9990，其 2022 年的进口最惠国税率为 6%。

9. 纪念品

奥运吉祥物"冰墩墩""雪容融"可以根据它们的形象进行归类，熊猫形象的"冰墩墩"应归入税则号列 9503.0021，其 2022 年的进口最惠国税率为 0%，灯笼形象的"雪容融"应归入税则号列 9503.0029，其 2022 年的进口最惠国税率为 0%。

素养点睛： 从百年前的"奥运三问"到今天的"双奥之城"，中国与奥运再次牵手。成功举办北京冬奥会、冬残奥会，不仅增强了我国人民实现中华民族伟大复兴的信心，也向世界展现了阳光、富强、开放、充满希望的国家形象。历史会镌刻下这一笔，世界将对中国道路有全新的认识。在百年未有之大变局的时代背景下，北京冬奥会成为世界再次认识中国的窗口。

35．商品名称及规格型号

商品名称及规格型号分两行填报。第一行填报进口货物规范的中文商品名称，第二行填报规格型号。

36．数量及单位

数量及单位分 3 行填报。

（1）第一行按进口货物的法定第一计量单位填报数量及单位，法定计量单位以《海关统计商品目录》中的计量单位为准。

（2）凡列明有法定第二计量单位的，在第二行按照法定第二计量单位填报数量及单位。无法定第二计量单位的，第二行为空。

（3）第三行填报成交计量单位及数量。

37．单价

此栏应填报同一项号下进口货物实际成交的商品单位价格。无实际成交的商品单位价格的，填报单位货值。

38．总价

此栏应填报同一项号下进口货物实际成交的商品总价格。无实际成交的商品总价格的，填报总货值。

39．币制

此栏应按海关规定的《货币代码表》选择填报相应的货币名称及代码，如《货币代码表》中无实际成交货币，则填报将实际成交货币按申报日外汇折算率折算成《货币代码表》中列明的货币。

40．原产国（地区）

原产国（地区）依据《进出口货物原产地条例》《关于非优惠原产地规则中实质性改变标准的规定》以及海关总署关于各项优惠贸易协定原产地管理规章规定的原产地确定标准填报。同一批进口货物的原产国（地区）不同的，分别填报原产国（地区）。进口货物的原产国（地区）无法确定的，填报"国别不详"。

具体来讲，此栏应按海关规定的《国别（地区）代码表》选择填报相应的国家（地区）名称及代码。

41．最终目的国（地区）

此栏应填报已知的进口货物的最终实际消费、使用或进一步加工制造国家（地区）。

42．境内目的地

此栏应填报已知的进口货物在境内的消费、使用地或最终运抵地，其中最终运抵地为最终使用单位所在的地区。最终使用单位难以确定的，填报货物进口时预知的最终收货单位所在地。

43．征免

此栏应按照海关核发的《征免税证明》或有关政策规定，对报关单所列每项商品选择填报海关规定的《征减免税方式代码表》中相应的征减免税方式。

44．特殊关系确认

根据《海关审定进出口货物完税价格办法》（以下简称《审价办法》）第十六条，填报确认进口行为中买卖双方是否存在特殊关系时，有下列情形之一的，应当认为买卖双方存在特殊关系，则填报"是"；反之，填报"否"。

（1）买卖双方为同一家族成员的。

（2）买卖双方互为商业上的高级职员或者董事的。

（3）一方直接或者间接地受另一方控制的。

（4）买卖双方都直接或者间接地受第三方控制的。

（5）买卖双方共同直接或者间接地控制第三方的。

（6）一方直接或者间接地拥有、控制或者持有对方5%以上（含5%）公开发行的有表决权的股票或者股份的。

（7）一方是另一方的雇员、高级职员或者董事的。

（8）买卖双方是同一合伙的成员的。

买卖双方在经营上相互有联系，一方是另一方的独家代理、独家经销或者独家受让人，如果符合前款的规定，也应当视为存在特殊关系。

45．价格影响确认

根据《审价办法》第十七条，填报确认纳税义务人是否可以证明特殊关系未对进口货物的成交价格产生影响时，纳税义务人能证明其成交价格与同时或者大约同时发生的下列任何一款价格相近的，应视为特殊关系未对成交价格产生影响，则填报"否"；反之，填报"是"。

（1）向境内无特殊关系的买方出售的相同或者类似进口货物的成交价格。

（2）按照《审价办法》第二十三条的规定所确定的相同或者类似进口货物的完税价格。

（3）按照《审价办法》第二十五条的规定所确定的相同或者类似进口货物的完税价格。

46．支付特许权使用费确认

根据《审价办法》第十一条和第十三条，填报确认买方是否存在向卖方或者有关方直接或者间接支付与进口货物有关的特许权使用费，且未包括在进口货物的实付、应付价格中的规定如下。

买方存在需向卖方或者有关方直接或者间接支付特许权使用费，且未包含在进口货物实付、应付价格中，并且符合《审价办法》第十三条的，填报"是"。

买方存在需向卖方或者有关方直接或者间接支付特许权使用费，且未包含在进口货物实付、应付价格中，但纳税义务人无法确认是否符合《审价办法》第十三条的，填报"是"。

买方存在需向卖方或者有关方直接或者间接支付特许权使用费，且未包含在进口货物实付、应付价格中，纳税义务人根据《审价办法》第十三条，可以确认需支付的特许权使用费与进口货物无关的，填报"否"。

47．自报自缴

进口企业、单位采用"自主申报、自行缴税"（自报自缴）模式向海关申报时，填报"是"；若未采用，填报"否"。

48．申报单位

自理报关的，填报进口企业的名称及编码；委托代理报关的，填报报关企业的名称及编码。编码应为 18 位的法人和其他组织的统一社会信用代码。

报关人员填报在海关备案的姓名、编码、电话，并加盖申报单位印章。

49．海关批注及签章

海关批注及签章供海关作业时签注。

任务分析与实施

根据支撑知识，完成训练任务，具体如下。

进口货物报关单

预录入编号：　　　　海关编号：　　　　页码/页数：

境内收货人 江苏时尚国际贸易公司 （68188567-X）	进境关别 南京海关 2300	进口日期 20221018		申报日期 20221019	备案号 B23089450045
境外发货人 LG 化学有限公司	运输方式 水路运输	运输工具名称及航次号 JIFA BOHAI949W		提运单号 SNKO010091200519	货物存放地点 南京
消费使用单位 江苏时尚国际贸易公司 （68188567-X）	监管方式 来料加工	征免性质 全免		许可证号	启运港 釜山
合同协议号 LGC_20220607	贸易国（地区） 韩国	启运国（地区） 韩国		经停港	入境口岸 南京
包装种类 木托盘	件数 30	毛重（千克） 4 401	净重（千克） 4 362	成交方式 FOB	运费 502/1180/3	保费 502/1060/3	杂费

随附单证及编号

标记唛码及备注
LG LGC_20111207 NANJING　1-30

项号	商品编号	商品名称及规格型号	数量及单位	单价/总价/币制	原产国（地区）	最终目的国（地区）	境内目的地	征免
1 B23089450045	3923400000123	塑料轴芯 400mm×1600mm	30 个	70.00 2 100.00 美元	韩国	中国	南京	全免

特殊关系确认：　　价格影响确认：　　支付特许权使用费确认：　　　　自报自缴：

报关人员　报关人员证号　电话　兹申明对以上内容承担如实申报、依法纳税之法律责任 李华　　　　×××　　0086-25-54530××× 申报单位 江苏时尚国际贸易公司　　　　　　　　　　申报单位（签章）	海关批注及签章

综合训练

根据以下所列资料缮制进口货物报关单一份。

（1）THE SELLER：WAN DO APPAREL CO., LTD, 550-17, YANGCHUN-GU, SEOUL, KOREA

（2）THE BUYER：JIANGSU FASHION INTERNATIONAL TRADE CORPORATION

（3）PORT OF LOADING：INCHON KOREA, FINAL DESTINATION：NANJING CHINA, VESSEL AND VOYAGE：DAIN/431E

（4）TERMS OF PAYMENT：DOCUMENTS AGAINST ACCEPTANCE

（5）

NO.S OF PACKAGES	DESCRIPTION	QTY/UNIT	UNIT PRICE	AMOUNT
260 CTNS	LADY'S JUMPER	1300PCS	FOB INCHON KOREA @ USD11.00	USD 14 300.00
	MAN'S JUMPER	1300PCS	@ USD11.00	USD 14 300.00
	TOTAL			USD 28 600.00

（6）B/L NO.：DAINE 431227, INVOICE NO.：HT01A08

（7）N.W.：2600kg，G.W.：3380kg，1×40' CONTAINER NO.：EASU9608490

（8）该男、女羽绒短上衣的商品编码分别为 6201931000、6202131000

（9）进口日期：Sep.28,2022

任务 4.4 审核全套进口单证

学习目标

能力目标：

能根据合同、信用证、货物情况等资料审核全套进口单证。

知识目标：

掌握审核全套进口单证的内容和审核要点。

素养目标：

发扬勇于探索的职业精神，刻苦钻研业务，不断创新工作方法，提高工作效率。

训练任务

江苏时尚国际贸易公司从日本 YAMAKO 株式会社进口了一批货物。日本 YAMAKO 株式会社根据合同与信用证的规定，按时发出货物，并在信用证规定的交单期内办理议付。江苏时尚国际贸易公司通过中国银行江苏分行收到全套单证（商

业发票、装箱单和海运提单等）后，根据合同与信用证的规定进行审单。核准无误后，办理承兑手续。由于付款时间未到，但货物已到达南京海关，为了能及时出售货物，江苏时尚国际贸易公司向中国银行江苏分行借单提货。请根据合同和信用证对以下全套单证进行审核。

（一）销售合同

YAMAKO CO.,LTD.

销售合同

SALES CONTRACT

TO:

NO.：<u>YA—198</u>

<u>JIANGSU FASHION</u>

DATE：<u>2021.11.12</u>

<u>INTERNATIONAL TRADE CORPORATION</u>　　FAX：<u>0086-25-54530×××</u>

THIS IS CONFIRM THAT THE SELLERS AND THE BUYERS HAVE AGREED TO CLOSE THE FOLLOWING TRANSACTIONS TO TERMS AND CONDITIONS STIPULATED BELOW：

NAME OF COMMODITY AND SPECIFICATIONS	QUANTITY	UNIT PRICE	AMOUNT
USED AUTOMATIC LAVER DETECTION MACHINE（MODEL：NAS-5） Manufacturer's serial number 355008	1 SET	CIF NANJING @JPY1,100,000	JPY1,100,000
USED AUTOMATIC LAVER DETECTION MACHINE （MODEL：NAS-5） Manufacturer's serial number 355030,335070,335089	3SETS	@JPY1,150,000	JPY3,450,000
USED AUTOMATIC LAVER DETECTION MACHINE （MODEL：NAS-5） Manufacturer's serial number 335118,335124,335125	3SETS	@ JPY1,200,000	JPY3,600,000
USED AUTOMATIC LAVER DETECTION MACHINE （MODEL：NAS-5） Manufacturer's serial number335160	1SET	@ JPY1,250,000	JPY1,250,000
TOTAL VALUE			JPY9,400,000

TIME OF SHIPMENT：DEC.9, 2021

LOADING PORT & DESTINATION JAPAN TO NANJING,CHINA

TERMS OF PAYMENT ：100% IRREVOCABLE L/C AT SIGHT

GOODS TO THE FACTORY,FROM THE SELLER TO SEND TECHNICAL PERSONNEL TO CARRY OUT INSTALLATION WORKS TO ENSURE THAT THE

PRODUCTS OF NORMAL SAFE USE.IF THE QUALITY OF THE SELLER SHALL NOT BEHOLD RESPONSIBLE FOR FAILURE OR DELAY IN DELIVERY IF THE ENTIRE LOT OR A PORTION OF THE GOODS UNDER THIS CONTRACT IN CONSEQUENCES OF FORCE MAJEVRE INCIDENTS.

SELLERS	BUYERS
119-1 KOYAMA,SHINDEN-CHO	#358 ZHUSHAN ROAD
ANJO AJOHI JAPAN	JIANGNING DISTRICT,NAN JING,CHINA
YAMAKO CO., LTD.	JIANGSU FASHION INTERNATIONAL TRADE CORPORATION

（二）信用证（节选部分内容）

SEQUENCE OF TOTAL:	*27: 1/1
FORM OF DOCUMENTARY CREDIT:	*40A: IRREVOCABLE
DOCUMENTARY CREDIT NUMBER:	*20: LC95AAO198/8
DATE OF ISSUE:	*31C: 211121
DATE AND PLACE OF EXPIRY:	*31D: 220220 PLACE IN JAPAN
APPLICABLE RULES:	*40E: UCP LATEST VERSION
APPLICANT:	*50: JIANGSU FASHION INTERNATIONAL TRADE CORPORATION
	#358 ZHUSHAN ROAD,JIANGNING DISTRICT,NANJING,CHINA
BENEFICIARY	*59: YAMAKO CO. LTD
	119-1 KOYAMA SHIDEN-CHO ANJO AJOHI JAPAN
CURRENCY CODE, AMOUNT	*32 B: JPY 9 400 000
AVAILABLE WITH⋯BY⋯	*41D: ANY BANK BY NEGOTIATION
DRAFTS AT⋯	42C: AT SIGHT
DRAWEE	42D: BANK OF CHINA JIANGSU BRANCH
PARTIAL SHIPMENTS	43 P: NOT ALLOWED
TRANSHIPMENT	43 T: NOT ALLOWED
PORT OF LOADING/AIRPORT OF DEPARTURE	44E: KOBE PORT
PORT OF DISCHARGE/AIRPORT OF DESTINATION	44F: NANJING PORT
LATEST DATE OF SHIPMENT	44C: 220210
DESCRIPTION OF GOODS AND /OR SERVICES	45 A:

USED AUTOMATIC LAWER DETECTION MACHINE（MODEL：NAS-5）

MANUFACTURER'S SERIAL NUMBER

355008	1SET	@JPY ￥1,100,000	JPY ￥1,100,000
355030,335070,33508	3SET	@JPY ￥1,150,000	JPY ￥3,450,000
335118,335124,33512	3SET	@JPY ￥1,200,000	JPY ￥3,600,000
335160	1SET	@JPY ￥1,250,000	JPY ￥1,250,000
TOTAL	8SET		

PRICE TERM CIF NANJING

DOCUMENTS REQUIRED   46 A:

*COMMERCIAL INVOICE IN QUADRUPLICATE

*FULL SET（AT LEAST THREE）ORIGINAL CLEAN SHIPPED ON BOARD BILLS OF LADING ISSUED TO ORDER OF SHIPPER, NOTIFY APPLICANT, SHOWING "FREIGHT PREPAID" AND BEARING THE NUMBER OF THIS CREDIT.

*PACKING LIST IN 3 COPIES.

ADDITIONAL COND.   47 A:

*INSURANCE WILL BE COVERED BY THE BENEFICIARY.

*ALL DOCUMENTS TO BE ISSUED IN ENGLISH LANGUAGE.

*TRANSPORT DOCUMENTS BEARING A DATE PRIOR TO THE L/C DATE ARE NOT ACCEPTABLE.

PERIOD OF PRESENTATION IN DAYS   48: 21

CONFIRMATION   *49: WITHOUT

……

（三）商业发票

YAMAKO CO.,LTD.

119-1 KOYAMA SHINDEN-CHO

ANJO AJOHI JAPAN

TEL：（0566）76-7611

FAX：（0566）76-7788

INVOICE

SOLD TO：JIANGSU FASHION   INVOICE NO.：YA08304

INTERNATIONAL TRADE CORPORATION   DATE：DEC.3,2021

ADD: #358 ZHUSHAN ROAD JIANGNING DISTRICT,   SHIPPED PER: COSCO

NANJING, CHINA   SAKURA 363W

ON/ABOUT：DEC.9,2021   FROM：KOBE   TO：NANJING

MARK &NO.	DESCRIPTION	QUANTITY	UNIT PRICE	AMOUNT
				FOB NANJING

USED AUTOMATIC LAVER DETECTION MACHINE（MODEL：NAS-5）

MANUFACTURER'S SERIAL NUMBER

JF	355008	1SET	@JPY1,100,000	JPY1,100,000
NANJING	355030, 335070, 33508	3SETS	@JPY1,150,000	JPY3,450,000
	335118, 335124, 33512	3SETS	@JPY1,200,000	JPY3,600,000
	335160	1SET	@JPY1,250,000	JPY1,250,000

| TOTAL： | 8SETS | JPY9,400,000 |

LC NO.：LC95AAO198/8   CONTRACT　NO.：YA-198

SIGNED BY _____

（四）装箱单

YAMAKO CO.,LTD.

119-1 KOYAMA SHINDEN-CHO
ANJO AJOHI JAPAN
TEL：（0566）76-7611
FAX：（0566）76-7788

PACKING LIST

SOLD TO：JIANGSU FASHION INTERNATIONAL

TRADE CORPORATION   INVOICE NO：YA08304

DATE：DEC.3,2021

ADD：#358 ZHUSHAN ROAD JIANGNING DISTRICT,NANJING,CHINA

ON/ABOUT：DEC.9,2021

FROM KOBE TO NANJING

MARK&NO.	DESCRIPTION	QUANTITY	N.W.	G.W.	MEASUREMENT
					CIF NANJING
	USED AUTOMATIC LAWER DETECTION MACHINE（MODEL：NAS-5）				
	MANUFACTURER'S SERIAL NUMBER				
	C/NO.1		720kg	1,050kg	6.805m^3
	355008	1SET			
JF	355003,335070,335089	3SETS			
NANJING					
	C/NO.2		720kg	1,050kg	6.805m^3
	335118,335124,335125	3SETS			
	335160	1SET			
	TOTAL	8ESTS	1,440kg	2,100kg	13.610m^3

SIGNED BY _____

（五）海运提单

FIRST ORIGINAL

Shanghai PANASIA Shipping Co., Ltd.	**FIRST ORIGINAL** TLX：33057 PANASIA CN FAX：+86（021）65953187 PORT TO PORT OR COMBIMEO TRANSPORT BILL OF LADING

1.Shipper YAMAKO CO.,LTD. 119-1 KOYAMA SHINDEN-CHO ANJO AICHI JAPAN	Booking NO. 5106610070 B/L NO. PASU5106610070
2.CONSIGNEE TO ORDER OF SHIPPER	
3.NOTIFY PARTY JIANGSU FASHION INTERNATIONAL TRADE CORPORATION #358 ZHUSHAN ROADJIANGNING DISTRICT,NANJING,CHINA	

4. Combined Transport Pre - carriage by	5.Combined Transport Place of Receipt KOBE ,CY	
6. Ocean Vessel Voy. No. COSCO SAKURA 363W	7. Port of Loading KOBE ,JAPAN	
8. Port of Discharge NANJING, CHINA	9. Combined Transport Place of Delivery NANJING ,CY	TYPE OF MOVEMENT CY / CY

Marks & Nos.Container / Seal No.	No. of Containers Or Packages	Description of Goods	Gross Weight	Measurement
JF NANJING MADE IN AMERICA	2 CASES	USED AUTOMATIC LAVER DETECTION MACHINE （MODEL：NAS-5） MANUFACTURER'S SERIAL NUMBER 355008 1SET 355030,335070 ,335089 3SETS 335118,335124,335125 3SETS 335160 1SET TOTAL 8SETS PRICE TERM CIF NANJING	2100KG	13.61CBM

FREIGHT COLLECT AS ARRANGED

TO BE CONTINUED ON ATTACHED LIST

SAY ONE CONTAINER TOTAL

Freight & Charges	Revenue Tons	Rate	Per	Prepaid	Collect
Declared Value Charge					

Ex. Rate：		Prepaid at	Payable at	Place and date of issue	
		Total Prepaid	No. of Original B（s）/L	Signed for the Carrier	
			THREE	COSCO CONTAINER LINES	

LADEN ON BOARD THE VESSEL

DATE	DEC.10,2021	BY	

SAY ONE CONTAINER TOTAL

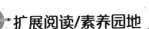

扩展阅读/素养园地

天津口岸"两步申报"显成效 货物申报到放行不到一小时

2021 年，北京汽车工业进出口有限公司采用"两步申报"模式向天津新港海关申报一批进口货物，从申报到放行，用时不到一小时。"两步申报"大大简化了申报环节手续。2020 年，该公司一共有1800 多票报关单采取了"两步申报"模式，货值超过1 亿元人民币，其中90%以上的报关单叠加使用了"提前申报"，无须查验的货物基本上实现了货到即可提离。

"两步申报"是海关总署落实国务院"放管服"改革要求，持续优化营商环境，在保留原有申报模式的基础上，以"概要申报""完整申报"为主要内容的货物申报新模式，着力构建高效便捷、灵活开放的申报制度。进口货物"两步申报"将"时点申报"变为"过程申报"，企业在申报环节无须将报关单的全部内容一次性填报完整，而是根据掌握的信息分步填报，最少仅需填报 9 个项目，海关对申报内容实施风险甄别后，无须查验的货物即可提离。

据了解，大宗散矿、新鲜水果等时效性强的商品的进口商，经常会遇到载货船舶已抵港，但因部分单证尚未准备齐全而无法及时申报的情况。而"两步申报"切实解决了企业这种"等米下锅"的困境，加快了口岸货物流转速度，为通关按下了"加速键"。

天津某货运代理有限公司负责人说："'两步申报'通关模式大幅减少了单证准备时间，从企业准备申报到准予提货，整个流程的平均时长由原来的1～2 天缩短至 2 小时。申报更准确，不用加班准备申报材料，漏报率、错报率也明显降低。"

自 2019 年 9 月进行"两步申报"改革试点，经历了一年"先行先试、先享先成"的探索期后，天津新港海关"多点发力"。2020 年以来，天津新港海关办理的"两步申报"的进口货物报关单共计 1.7 万余票，中国石油物资有限公司等 412 家进口企业享受到该项改革的红利。

在改革覆盖面不断扩大的同时，天津新港海关兼顾"两步申报"与"船边直提""汇总征税"等便利举措的"共振"效应，打出改革"组合拳"，真正为企业通关减费用、降成本，助力天津口岸整体营商环境再上新台阶。

素养点睛："两步申报"大大简化了申报环节的手续，使漏报率、错报率明显降低。近年来，"服务型政府"通过提高通关效率、优化服务流程、强化风险管理以及提升整体通关体验，为外贸单证员的工作提供了很大的便利。

支撑知识

进口单证的审核，是进口合同履行过程中的一个重要环节。进口单证不仅是进口商付款的依据，也是其核对出口商所供货物是否与合同相符的凭证。做好进口货物单据的审核工作是很重要的。在进口业务中，如采用信用证支付方式，则由开证行和进口商共同对进口单证进行审核，且通常是由开证行对进口单证进行初审，进口商进行复审。在单据符合合同及信用证规定的条件下，开证行和进口商应履行付款义务。

一、审单的一般过程

1. 开证行审单

我国进口业务大多采用信用证付款方式，出口商将货物装运后，即将全套单证交出口地银行转我方进口地开证行或指定付款行收取货款。按照我国现行的做法，开证行收到境外寄来的全套单证以后，应根据信用证条款全面地、逐项地审核单据与信用证之间、单据与单据之间是否相符。为了减少不必要的风险，开证行的审核应严格进行，特别要注意以下问题。

（1）所收单据的种类、份数与信用证的要求是否相符，与议付行寄单回函中所列的是否相符。

（2）汇票、发票上的金额是否一致，与信用证规定的最高金额相比是否超额，与议付行寄单回函中所列的金额是否一致。

（3）所有单据中对货名、规格、数量、包装等的描述是否与信用证的要求相符。

（4）货运单据的出单日及内容是否与信用证的要求相符。

（5）核对货运单据及保险单据等其他单据的背书是否有效。

开证行审单无误后，即交进口商进行复审，同时准备履行付款义务。

2. 进口商审单

进口商收到开证行交来的全套单证后，应根据合同和信用证的规定认真审核单据，首先应审核各种单据的内容是否符合信用证的要求，单据的种类和份数是否齐全，即单证（单同）是否一致。同时，以商业发票为中心，将其他单据与之对照，审核单单是否一致。进口商审单后，如在3个工作日内没有提出异议，开证行即按即期汇票或远期汇票履行付款或承兑的义务。进口商凭开证行的付款通知与收货单据进行结算。

微课：审核单据

二、审单要点

进口单证的审核与出口结汇单证的审核基本原则相同，只是当事人所处地位不同。进口单证的审核要点如下。

1. 海运提单（Bill of Lading）

海运提单是物权凭证，持单人可凭此提货，海运提单也是出口商用来议付货款的基本单据，进口商在审核时应注意以下要点。

（1）海运提单应具备全套可转让提单并注明承运人的具体名称，经承运人或作为承运人的具名代理、船长或作为船长的具名代理签署。

（2）海运提单上的文字如有更改时，应有海运提单签署人的签字，或签发海运

提单的公司的签章。

（3）海运提单的收货人（consignee）如是"To Order"或"To Order of Shipper"，应经出口商（发货人）做成空白背书，信用证要求为记名背书时，应做成记名背书。

（4）海运提单的收货人和被通知人的名称、地址应与信用证的规定相符。

（5）价格条件为 CFR 或 CIF 时，海运提单上应有"Freight Prepaid"字样；价格条件为 FCA 或 FOB 时，海运提单上应有"Freight Collect"字样。

（6）海运提单的装船日期不得迟于信用证上规定的最迟装船日期。

（7）海运提单须由受益人或其代表在不迟于所指的发运日之后的二十一个日历日内交单，但是在任何情况下都不得迟于信用证的截止日。

（8）海运提单的商品栏上不得记载信用证上未列明的商品。

（9）装运港的名称与卸货港的名称应正确。

（10）海运提单上不得有任何说明货物瑕疵的不良批注，除非信用证特准，否则海运提单应为清洁提单。

（11）除非信用证特准，不得货装舱面（On Deck Shipment）；如允许货装舱面时，应投保甲板险。

（12）海运提单上所载件数、唛头、号码、重量及船名等应与发票、包装单及重量单上所载内容完全相符。货物名称、描述不得与其他单据上的货物名称、描述相矛盾。

（13）海运提单上的发货人原则上应为信用证的受益人，如以第三方为发货人，应以信用证特许者为限，或在转让信用证项下。

（14）装船日期可以早于信用证的开立日期，除非信用证另有规定。但海运提单必须在信用证的有效期内和信用证规定的交单期限内提交。

2. 汇票（Bill of Exchange）

汇票的种类很多，在国际贸易中采用信用证或 D/P（Documents against Payment，付款交单）、D/A（Documents against Acceptance，承兑交单）付款的汇票都属于跟单汇票，也属于资金单据。如果是信用证项下汇票，除一般内容外，还应有信用证的开立日期、开证行名称及信用证号等出票依据。如果是托收项下汇票，除一般内容外，通常应注明合同号、商品名称、数量等，以说明开票依据。进口商审核时应注意以下要点。

（1）汇票一般为正本和副本共两份，其内容要和信用证的规定一致。

（2）金额的大小写要相符，支取的金额应与信用证的规定相符（一般应为发票金额，除非信用证规定汇票按发票金额的一定比例开立）。

（3）汇票的付款人应为开证行。目前，我国银行开出的进口信用证基本上是不可撤销议付信用证。在信用证项下，汇票的付款人应为开证行，而不是开证申请人。

（4）出票日期应在信用证的有效期内。

（5）出票条款（Drawn Clause）要正确，要与信用证规定的条款一致。

（6）出票人、汇票抬头及付款人的名称、地址要正确。出票人通常为出口商，汇票抬头通常为议付行，付款人（或被出票人）通常为开证行。

（7）出票人应为信用证受益人和受让人，出票人的名称应与信用证所载名称相符，并须经其负责人签章。

（8）若收款人为出票人指示抬头，则应由出票人背书。

（9）付款期限是否与信用证的规定相符，即期汇票或远期汇票不可弄错，对于远期汇票，须注意其期限。

3．商业发票（Commercial Invoice）

商业发票作为买卖双方交接货物和结算货款的主要单证，其上记载的内容必须详尽，计算必须准确，特别是货物的描述必须与信用证的规定完全相符。进口商在审核商业发票时应注意以下要点。

（1）商业发票的开票人应是信用证中规定的受益人（可转让信用证除外），与汇票的出票人应为同一人。

（2）商业发票抬头应是开证申请人。

（3）商业发票的开票日期不应迟于汇票的出票日期，也不应迟于信用证的议付有效期。

（4）商业发票上的商品名称、数量、规格、单价、包装、价格条款、合同号码以及货物描述必须与信用证的规定相符，单价与数量的乘积必须与商业发票总金额相符。如果商业发票分别记载每档费用金额，则 FOB 价、运费、保险费 3 档金额之和必须与商业发票总金额相符。

（5）按指定行事的指定银行、保兑行（如有的话）或开证行可以接受金额大于信用证允许金额的商业发票，其决定对有关各方均有约束力，只要该银行对超过信用证允许金额的部分未作承付或者议付。

（6）对于信用证规定的金额、单价及商品的数量单位（如磅、千克、码等），如果其前面有"About""Circa"或类似意义的字样，则意味着允许有不超过 10% 的差额。

（7）除非信用证另有规定，在所支付款项不超过信用证金额的条件下，货物数量允许有 5% 的增减幅度。如果信用证规定的数量以包装单位或个数计数，此项增减幅度条款则不适用。

（8）信用证上若规定了货物的单价并允许分批装运的，分批装运数量及相应的支取货款应与信用证上列明的总数量和总金额为同一比例。

（9）商业发票上的唛头、号码、货名、装船日期、启运地等应与提单或其他单据相符。

（10）如信用证上未有特殊规定，商业发票上不得列入仓租、佣金等额外费用，亦不得列入其他与货物无关的费用。

（11）商业发票上必须记载出票条款、合同号及发票日期，份数必须与信用证的要求相符，如果是影印件或复写件，其中一份必须注明"正本"字样。

（12）商业发票如果经过修改，应由出票人签章。

4．保险单（Insurance Policy）

如果合同规定由出口商负责为货物办理保险，进口商对出口商提供的货物运输保险单必须进行审核，审核时应注意以下要点。

（1）保险单应由保险公司签发，由其负责人签名。

（2）保险单的种类、正本份数必须与信用证的规定相符，全部正本均须提交银行。

（3）被保险人应与信用证的规定相符，通常为信用证受益人。

（4）除信用证另有规定，保险单可转让，并由被保险人背书。

（5）保险单中必须包括信用证规定应投保的险别。

（6）保险单的承保范围覆盖货物运输全部路程。

（7）投保金额应符合信用证的规定，投保金额的大小写应一致，投保货币应与信用证的规定相符。

（8）保险单上的运输工具名称、航程、装运港（地）、启运日期等内容，必须与运输单据一致。

（9）保险单应列明投保货物的名称、数量、唛头等，并应与运输单据、商业发票及其他单据一致。

（10）保险单应载明赔款地、支付赔款代理行及支付币种，信用证如无规定，应以货物运抵目的地为赔款地。

（11）保险单的生效日期原则上不得迟于货运单据上的装货、发货、承运日期。

5．装箱单（Packing list）或重量单（Weight Note）

装箱单或重量单是出口商制作的，用以说明所装运货物包装或重量情况的明细单，也是对商业发票的补充说明。进口商审核时应注意以下要点。

（1）进口商的名称、地址等应与信用证相符。

（2）货物的名称、规格、数量、唛头等应与运输单据等其他单据一致。

（3）数量、重量及尺码的小计与合计必须与信用证、商业发票及运输单据等相符。

6．原产地证书（Certificate of Origin）

原产地证书是出口商应进口商的要求向本国（地区）政府机构或商会申请签发的，是进口国（地区）海关征收关税的依据。进口商审核时应注意以下要点。

（1）原产地证书应由信用证指定的机构签署。

（2）进口商或收货人的名称、地址应与信用证相符。

（3）货物的名称、品质、数量、价格等有关商品的描述应与商业发票及其他单据一致。

（4）原产地证书应证明所载货物由合同规定的生产国（地区）所生产或制造。

（5）格式应符合进口国（地区）惯例的要求。

（6）原产地证书的签发日期不得迟于运输单据日期。

（7）原产地证书的份数应与信用证的规定相符。

除上述单证外，进口贸易所涉及的单证还有许多，如商检证书、领事发票等，这些单证均须符合信用证的要求，在相关内容上还应与其他进口单证相符合。

扩展阅读/素养园地

北京冬奥无纸化通关系统启用

2021年11月，首批通过冬奥无纸化通关系统申报的冬奥物资在北京海关所属首都机场海关顺利通关。这批物资主要为电视转播监视器，共12件，重40千克，总货值为2780欧元，将用于北京冬奥会比赛的电视转播。

"有了冬奥无纸化通关系统，资质审核、填报清单、提交单据这些原本要到现场办理的事情，现在都能在网上办了。"不到10分钟，北京某报关服务公司相关负责人就通过系统完成了申报。

冬奥无纸化通关系统的正式启用，让报关企业实现《北京2022年冬奥会和冬残奥会进境物资清单》《北京2022年冬奥会和冬残奥会进境物资证明函》的线上提交、线上审核、线上办理，进一步提高了暂时进境的冬奥物资通关效率。

北京冬奥组委物流部通过冬奥无纸化通关系统完成单据审核并出具电子版进境物资证明函，实现单据"无接触即时交接"，有效简化了流程，大幅提高了冬奥物资的通关效率，同时减少了人员流动。该系统的启用，聚焦技术创新与服务优化相结合，实现北京冬奥会通关便利化进一步升级，很好地诠释了"科技冬奥、智慧物流"的运行理念，为举办一届"简约、安全、精彩"的北京冬奥会提供了重要保障。

"冬奥无纸化通关系统是首个针对冬奥物资推出的通关服务平台，可以实现'一个平台、一次提交、一站办结'，优化冬奥物资海关监管模式，为冬奥物资顺畅、高效通关提供便利。在北京冬奥会结束后，该系统还可供中国国际服务贸易交易会这样的大型展会或活动继续使用，为服务首都的国际交往贡献海关力量。"北京海关相关负责人表示。

素养点睛：无纸化通关系统的使用使原先的审单要求及流程悄然发生变化，随着数字时代的开启，外贸单证员要熟练掌握运用数字技术处理工作的能力，做好单证审核工作。

任务分析与实施

根据支撑知识，完成训练任务，具体如下。

根据信用证中的内容，所有进口单证中所涉及的有关信用证的条款都必须与信用证上规定的一致。外贸单证员在审核过程中发现以下5个问题。

（1）商业发票中的交易方式"FOB NANJING"有误，应该为"CIF NANJING"。

（2）装箱单的货物信息有误，货物编号"355003"应按信用证的规定改为"355030"。

（3）海运提单中的运费支付情况"FREIGHT COLLECT"有误，CIF 条件下应为"FREIGHT PREPAID"，应对其进行修改。

（4）海运提单中的原产国（地区）为"MADE IN AMERICA"有误，应按信用证的内容改为"MADE IN JAPAN"。

（5）海运提单没有按信用证要求填信用证号码，应该在提单肚子里加上：LC NO.：LC95AAO198/8。

综合训练

根据下述信用证审核相关单据，找出不符点。（交单日期：20210428）

MTS 700 ISSUE OF A DOCUMENTARY CREDIT

Sender: BKCHCNBJ940

BANK OF CHINA JIANGSU BRANCH

NO. 2 GUANG ZHOU ROAD, NANJING, CHINA

Receiver: BKCHKRSEXXX

BANK OF CHINA SEOUL BRANCH

YOUNG POONG BUILDINGS FLOOR 1-2

SEOLIN DONG CHONGRO-GU33

110-752 SEOUL KOREA REPUBLIC OF

SEQUENCE OF TOTAL	*27: 1/1
FORM OF DOCUMENTARY CREDIT	*40A: IRREVOCABLE
DOCUMENTARY CREDIT NUMBER	*20: ABC12345
DATE OF ISSUE	*31C: 210315
APPLICABLE RULES	*40E: UCP LATEST VERSION
DATE AND PLACE OF EXPIRY	*31D: 210430 AT NEGOTIATION BANK
APPLICANT	*50：JIANGSU FASHION INTERNA-TIONAL TRADE CORPORATION #358 ZHUSHAN ROAD JIANGNING DISTRICT,NANJING,CHINA.
BENEFICIARY	*59: XYZ TRADING CO.,LTD NO.1 KING ROAD SEOUL,KOREA
CURRENCY CODE,AMOUNT	*32B: USD35 500
AVAILABLE WITH...BY...ANY	*41D: ANY BANK BY NEGOTIATION
DRAFTS AT...	42C: AT SIGHT
DRAWEE	42D: ISSUING BANK
PARTIAL SHIPMENTS	43P: NOT ALLOWED
TRANSHIPMENT	43T: NOT ALLOWED

PORT OF LOADING/AIRPORT OF DEPARTURE   44E: PUSAN, KOREA

PORT OF DISCHARGE/AIRPORT OF DESTINATION   44F: SHANGHAI, CHINA

LATEST DATE OF SHIPMENT   44C: 210425

DESCRIPTION OF GOODS AND /OR SERVICES   45A: HEFC BLEND-A

CIF SHANGHAI PORT AT USD 7.10/KG CHINA ORIGIN

DOCUMENTS REQUIRED   46A:

SIGNED COMMERCIAL INVOICE IN QUINTUPLICATE

FULL SET OF CLEAN ON BOARD OCEAN BILLS OF LADING MADE OUT TO THE ORDER OF BANK OF CHINA JIANGSU BRANCH MARKED"FREIGHT PREPAID"AND NOTIFY APPLICANT.

INSURANCE POLICY, CERTIFICATE OR DECLARATION IN DUPLICATE, ENDORSED IN BLANK FOR 110PCT OF THE INVOICE COST.INSURANCE POLICY, CERTIFICATE OR DECLARATION MUST EXPRESSLY STIPULATE THAT CLAIMS ARE PAYABLE IN THE CURRENCY OF THE CREDIT AND MUST ALSO INDICATE A CLAIMS SETTLING AGENT IN CHINA INSURANCE MUST INCLUDE：I.C.C.ALL RISK.

PACKING LIST IN DUPLICATE.

CONFIRMATION INSTRUCTIONS   *49: WITHOUT

（一）商业发票

ISSUER： XYZ TRADING CO.,LTD. NO.1 KING ROAD SEOUL,KOREA.	COMMERCIAL INVOICE		
TO： JIANGSU FASHION INTERNATIONAL TRADE CORPORATION #358 ZHUSHAN ROAD JIANGNING DISTRICT,NANJING,CHINA.	NO.： LT5067	DATE： APR.20,2021	
TRANSPORT DETAILS： SHIPPING TERMS：CIF PUSAN PORT LOADING ON BOARD：PUSAN PORT，KOREA FOR TRANSPORTATION TO：SHANGHAI PORT，CHINA	S/C NO.：	L/C NO.： ABC12345	
	TERMS OF PAYMENT： L/C AT SIGHT		
MARKS AND NUMBERS	NUMBER AND KIND OF PACKAGES；DESCRIPTION OF GOODS	QUANTITY	UNIT PRICE	AMOUNT
N/M	CIF SHANGHAI HEFC BLEND-A FIRE EXTINGUISHER	5,000KG	USD 7.10/KG	USD 35,500.00

TOTAL：SAY UNITED STATES DOLLARS THIRTY FIVE THOUSAND FIVE HUNDRED ONLY.
 	
             XYZ TRADING CO.,LTD.
                 （ SIGNATURE ）			

（二）装箱单

ISSUER： XYZ TRADING CO.,LTD. NO.1 KING ROAD SEOUL,KOREA.	PACKING LIST	
TO：JIANGSU FASHION INTERNATIONAL TRADE CORPORATION #358 ZHUSHAN ROAD JIANGNING DISTRICT, NANJING, CHINA.	INVOICE NO.： LT5067	DATE： APR.20,2021

MARKS AND NUMBERS	NUMBER AND KIND OF PACKAGES, DESCRIPTION OF GOODS	GROSS WEIGHT	NET WEIGHT	MEASUREMENT
N/M	HEFC BLEND-A FIRE EXTINGUISHER 5 CYLINDERS	7654KG	5000KG	7.0CBM
	XYZ TRADING CO.,LTD. （SIGNATURE）			

（三）海运提单

CROSS CARRY LIMITED	BILL OF LADING	
SHIPPER：XYZ TRADING CO.,LTD. NO.1 KING ROAD SEOUL,KOREA.	BOOKING NO.：ALS0606A106	
	EXPORT REFERENCES：NOLS329N513	
CONSIGNEE：TO THE ORDER OF BANK OF CHINA JIANGSU BRANCH	FORWARDING AGENT-REFERENCES	
NOTIFY PARTY：JIANGSU FASHION INTERNATIONAL TRADE CORPORATION	DOMESTIC ROUTING/EXPORT INSTRUCTION	

VESSEL&VOY.NO. TIAN SHUN V.329N	PORT OF LOADING： BUSAN	DELIVERY AGENT： JIANGSU FASHION INTERNATIONAL TRADE CORPORATION #358 ZHUSHAN ROAD JIANGNING DISTRICT,NANJING,CHINA.
PORT OF DISCHARGE BUSAN	FOR TRANSHIPMENT TO： SHANGHAI	

MARKS AND NUMBERS	NUMBER OF PACKAGES	DESCRIPTION OF PACKAGES AND GOODS	GROSS.WEIGHT	MEASUREMENT
N/M	5 CYLINDERS SAY：FIVE CYLINDERS	HCFC BLEND-A FIRE EXTINGUISHER CHINA ORIGIN CIF PUSAN PORT 1×20GP FCL CY-CY SHIPPER'S LOAD COURT & SEAL WSDU2066730/06661 SHIPPED ON BOARD APR.25,2021	7654KG FREIGHT PREPAID	7CBM

BY：CROSS CARRY LIMITED
AS AGENT FOR THE CARRIER CROSS CARRY LIMITED
SHANG ALS INT'L TRANSPORTATION CO.,LTD.
（SIGNATURE）

BILL OF LADING NO.：ALS0606A106	DATED：APR.25,2021

（四）保险单

PINGAN INSURANCE COMPANY OF CHINA,LTD.

NO.1206007787

CARGO TRANSPORTATION INSURANCE POLICY

INSURED：XYZ TRADING CO.,LTD.

POLICY NO.：1122200660606000688	CLAIM PAYABLE AT：SHANGHAI
INVOICE NO.OR B/L NO. LT5067	NUMBER OF ORIGINALS：2
PER CONVEYANCE S.S TIAN SHUN V.329N	SURVEY BY：
SLG.ON OR ABOUT APR.25,2020	
FROM：PUSAN VIA： TO：SHANGHAI	
DESCRIPTION,MARKS,QUANTITY,PACKING OF GOODS	CONDITIONS：
N/M HCFC BLEND-A FIRE EXTINGUISHER CHINA ORIGIN CIF SHANGHAI PORT	COVERING MARINE ALL RISKS AS PER INSTITUTE CARGO CLAUSES （A） DATED1/1/2009 SUBJECT TO TERMS AND CONDITIONS IN "YEAR 2006 EXCLUSION CLAUSES FOR PROPERTY INSURANCE"
DATE：APR.26,2021	FOR AND ON BEHALF OF PINGAN INSURANCE COMPANY OF CHINA,LTD. （AUTHORIZED SIGNATURE）